U0082335

樂果文化

樂果文化

叩問無常

一切都是最好的安排

Nothing stays still

陳炳宏、阿媞◎著

序

無常中，一切都是最好的安排

陳炳宏

隨緣自在，自在隨緣，
無常早已安排好
一切自然成的智慧，
以生活的無常
擁抱生命的如來。

人類要經過多少的歲月才能夠以人的存在來到這個世界？如果，人的生命是無比尊貴的，那麼，為什麼人的一生又充滿著各種痛苦、高低起伏、尊卑貴賤的分別？人是不是因為有他存在的重要性，才會在一切生命生活的議題中，反應出所有有待解決的問題？人與當世存在所有生命的本然，交織成人類目前當下的生活，生活中存在著所有生命形式的生命議題，而人類是在地球上唯一能夠覺悟、覺醒、解脫的最關鍵的生命型態，因此，人類如何演化自身的生命，等同人類如何去面對當世所有生命型態共同存在的問題。

所謂人世間的無常是所有地球上的萬有生命共同的問題而形成的時空，人以他存在的生命本質納入無常，面對來到世間之後最深的照見，同時，感同身受一切生命輪迴的痛苦，人在自身生命恢復其自主性的過程中，承載著當世所有其他生命形式等同恢復的契機。人類之外的一切生命以自己存在的基本價值無條件的供養人類生命生活所需的條件，透過這樣的狀態，也讓人們在生活中藉由世間萬物萬有的來去、生死、高低起伏，體悟生命中的一切本然狀態，其實早已是最好的安排。

人們因為落入眼前的固定狀態，而無法有宏觀的視野去了義在變化之中有其巧妙之處、在變動之中有其行深的智慧，更無法看到整個宇宙萬有示現的整體布佈局。當人們不往外的看到自己問題的所在，而能不斷的打破自己原有的框架與設限，如此不斷的深化自己的內在德性與自主自在的智慧，才能以大格局去看待所有一切無常背後的深義，以及可能會帶給我們的無限生機。當有這樣知見的時候，一切無常中的大風大浪，對我們來說都不會是什麼大問題了。

觀照於無常的，已是我們生命主體的巧妙布局，在無常中，所有的順逆境界都是慧命恢復的自然契機、善巧安排。生命如一，等同萬有不二，人生命之愛，一切即人自身存在等同之尊貴，人與一切生命共無常，而叩問生命共恆常；人與一切生命共因果，而叩問生命的共如來。人與一切生命在當世的當下，早已是生命共同擁抱的同一生命自主的本體。

關於樂生命系列

以無常見如來

阿媞

我自十七歲上高中一年級，就開始走上面對生命的路，因為那一年冬天，我背部疾病第一次發作，常常痛到無法走路，但父親堅持我一定要每天上學，所以，我每天忍著身上極大的痛楚，依然背著很重的書包走路、搭公車。常常，別人十分鐘就走到的路，我得花半小時才走完，滿身大汗，而且非常奇怪的是，沒有一個醫生檢查得出我的毛病出在哪裡，我那唸佛的母親說我這是因果病。這一痛，就是二十多年。

我換過不少醫生和療法，但都遇不到一個相應的，吃了不少苦。當時，我心中隱約覺得這個身體的痛一定在提醒我些什麼，不是現在所謂的正統醫療方式能夠解決，而必須要靠自己的心靈或精神上的意志。所以，我不再去醫院看病，只專注在自己的心靈上，我發現，當我漸漸懂得柔軟、放鬆，收起傷人的爪子時，背痛發作的次數也逐漸變少，疼痛的程度也減弱。別人正當十幾二十歲青春年華蹦蹦跳跳的時候，而我卻走路一拐一拐的，我的父母擔心我的身體，但是，正因為如此，我磨練出強韌的意志。

這些年來，我開始感恩於我的背痛，知道那是我深化、沉澱自己最好的提點，因為它，我有不同於同年齡人的深刻想法，很多人看不進去的點，我心中卻了然。原來，我竟在不知不覺當中，與我身體的無常苦難共修多年，淬鍊出清明透澈的素質。在一次與陳老師深談的時候，我提到我多年的背痛，他在紙上寫著幾個大字：「以無常見如來」，在看到「以無常見如來」這幾個字的瞬間，我放聲大哭，將多年來的心酸釋放出來，我說：「我知道，這是我從十七歲以來，至今一直在做的事」。

這就像是我的如來以身體的病痛設了一個結界，不讓我往外，拉回來，往自己的內在反省，思考人生的各種議題。這是一條不容易走的路，當中所有的心路歷程，唯有自己的內心深處最知道。而人世間的無常苦難豈止肉身病痛這一項，所有苦難的表象令人不忍，但除了不忍與傷心之外，苦難的背後一定有生命更深的奧義與密因，與真正通往解脫的關鍵點。我多年來與背痛共振，讓我體會到病的狀況就是某些慣性累積的結果。所以，一切的病相是不自主的照見，更是通往自主的關鍵，以病相叩問自身解脫之道，以無常叩問自身成佛之路。

如果生命真的是如一不二的，那麼，在生命最深最終極最不可說的地方，逆境一定也等同順境囉？快樂一定也等同悲傷囉？仁慈一定也等同殘忍囉？人類的生命一定也等同諸佛如來囉？究竟，我們應該以如何的眼光看待人世間一切的順與逆？如果我們只喜歡順境而抗拒逆境，是不是我們始終都達不到如一的境界？或者說，所有的兩極、所有的相對全是我們所做的人生大夢？

這是我多年來一直在自問的問題，當人們在為無常苦難無語問蒼天的時候，陳老師以他一個完全不落入人世間一切的眼光，傳達出這些訊息。這是《樂生命系列》之二《叩問無常》形成的原因。我們無法把人世間所有的無常苦難列出來，只想傳達出一個最核心的重點——如何以一個不同的自己，重新看待一切無常苦難。之所以覺得苦，是因為人們以相對性的識性與慣性來理解無常，所以，解苦的重點在於自己的不落入，更在於解除所有的識性與慣性。人類若要提昇自我，通往究竟解脫的路，就必須打破人世間既有的意識型態框架，不再以相對性來對應一切，才能真正體會到「一即一切」、「如一不二」的境界。

《叩問無常》與其他《樂生命系列》書的內容都是我和夥伴們與陳老師對談生命的重點紀錄，我們天南地北地聊，沒有什麼先後順序，也不分東方或西方的思想，所以既談到主，也講到如來佛。所有書中傳達的生命內涵，有些詞句用語也許與一般人的用法不太一樣，因為那是一種密碼式的表達，全來自於陳老師的自性法流的內涵。

有些時候，在與陳老師對談生命的時候，會覺受到來自不同時空的磁場力量或無形生命進入我們的時空，因此，陳老師有時候雖然是在對我們這些夥伴講解生命，但更常會相應這些無形力量的訴求，以他不可思議的智慧法流宣說無上深遠的生命內涵。有些所表達出來的內容，如佛經般無上深遠的智慧，像如來佛的指引，也像一盞明燈，充滿著自性法流不可思議的智慧能量；而那些一句一句重複的看不太懂的文字圖騰，像是千手千眼觀音菩薩的千手向宇宙虛空遍一切處地展開的另一種示現方式，有著等同於某種收圓虛空碎片的不可說的磁場力量。

這些特殊呈現的文字圖騰，無法以人類的識性知識來理解，每一個文字圖騰都有它們的生命、能量與意志，請以不思議、無分別的心念去覺受它，感應它，或依直心唱頌它，或以身口意任何相應的方式來對應它，不必拘泥。

《樂生命系列》的書，不同的人在不同的時刻會有不同層次的領悟與解碼，請讀者們以直心的覺受來納入，讓它們直接穿透到你的內在，不必用任何的頭腦思議去揣摩到底在講什麼，也不要預設讀後的結果會如何，慢慢地體會，慢慢地領悟，急不得，哪一天說不定會引動你的如來性出來，自然就會懂，但也無法強求。重點是，遞減閱讀時的慣性。

所有願意與苦難同行，以苦難淬鍊自己生命的人們，都值得我們敬佩與讚嘆。

推薦序

自己生命的試飛員

朝陽大學講師　張皓傑

打從求學時代起，自己雖然是唸理工組，卻對心理學有著濃厚興趣，之後這興趣又逐漸移到哲學，從哲學轉入宗教，再從宗教進入新時代，不知不覺數千個日子過去了，才意會到原來這個以興趣為起點的旅程，事實上就是我叩問生命的軌跡。每一個新的領域都為我打開了一些新視野，但也打開了更多的不滿足與困惑，最後從各種不同的派別走到了《奇蹟課程》，整個輪廓就很清楚了，只是仍不能滿足我對生命究竟的渴求。

這些都在成長過程對我有幫助，但到後來不斷在課程上精進，似乎只是加深自己對這世界的厭離，有時在路上看著平凡的街景與穿梭的人潮，會突然覺得自己是處在佛陀所說的「三世火宅」中，心中急切地想知道出口在哪裡，如何才能不為這火宅所困？另一方面也訝異於無常世界的人們怎能如此「淡定」於其中，竟對這火宅一無所覺？在這堪忍世間裡追求表象上的幸福，根本無法止息內心那焦急不安的烈火。

二〇一二年時我發覺自己已經走到一個關鍵點上，似乎從有路走到無路了，我不知道自己還能期待什麼，但又渴望能有個臨門一腳的力量推我一把，我像是一隻長成的雛仔，極力想破殼而出，卻又心有餘而力不足。就在這時候，一封《叩問生命》新書介紹的電子郵件輕輕地進入了我的信箱，沒想到卻把我一腳重重地踢出了識性之外。

我看了作者介紹後，我決定一定要見他，我發覺他就是能幫我從內打破厚殼的關鍵。因為當我讀到「以人類形式存在人世間，卻是非人狀態的男子」、「生命突然之間完全恢復，……眼中看出去的世界完全是佛的世界，街上行走的每一個人全都是肉身佛，只是眾生不自知而已」等文字時，當下我所意會到的就是「佛」。蓋「非人」者「弗人」也，弗人者「佛」也，只有從佛的眼中看出去，才會見到眾生都是佛。我見到陳老師時，告訴他我的看法。他很低調，只是簡單地表達我們都是等同等持的生命，不要讓神格化偶像崇拜所造成的卑仰情結阻礙了自己的生命恢復，這是各種宗教或派別的修行人常犯的毛病。他甚至要我直呼其名，不要稱他老師，為的是要打破那師尊生卑的慣性，甚至在諮詢時，他還會主動幫我倒茶水，那種無分別的心境讓我印象深刻，這時我才發現到：他在無常世界中所有行為舉動在身口意的對應上，無不是他書中內容的具體呈現。

其實在無常世界中的直接對應，才是真正的無上微妙法，而也是最困難的部分，這就是為什麼很多人在上心靈課程時可以法喜充滿，但回到現實生活不久後，又被滾滾紅塵捲得不知去向，等到傷痕累累快撐不住時，再找下一個課程療癒一番，重新來輪迴一遍。這是我自己曾有的寫照，為何會如此？原因就是禁不起無常的考驗，面對無常對應時沒有轉識成智的能力，承受不斷累積加重而不能消化，最後遲早要崩盤，這也是許多靈性追求者最大的隱憂。

我在親炙陳老師的同時，有幸能先拜讀《叩問無常》一書，親身見證其內容不可思議的力量。在閱讀的過程中，我正歷經自己房屋買賣的過程。大家都知道房屋的交易，是多數人一生中最大宗的買賣行為，所以其中對應到的身、口、意及其間來去的衡量往往也是最深重的，這時我《叩問無常》正好讀到福報與功德之金錢流的部分，我發現這文字圖騰會與我的生活情境共振。透過書的內容讓我去觀照買賣中的識性，而買賣的對應也讓我了義書中的內涵。我所在意的重點不再是如何與房客交涉，而是我與房客對應時自己有何慣性被照見？不是如何與買家議價，而是面對買家時有什麼是我要畏因的？過程中所震盪出對金錢的不安恐懼，都成了被照見到當場放下的關鍵點，無常世間的一樁交易事件，成了如來的無上教法。難怪陳老師會說：「這是書，但也不是書。」如果你能不被書的表象所限，它可以是無常世界的解碼器，端看你如何納入其內涵。

透過陳老師深入叩問系列的內涵後，整個人的內在也開始出現重大的轉化，對於無常不再視為畏途。原來會認為自己只能受命運捉弄、任無常擺佈，其實原因都是不能自主。

一旦能逐漸恢復自主性，就會發現無常世界已供養一切生命恢復的資糧，是個不折不扣的道場，若能了義這場域之中道，無常就不再是無常，當下明瞭那宅中之火並非要你塗炭，反而是助你解脫之動力。

記得自己在空軍服役時，待遇最高也最令人羨慕的就是飛行官，因為戰機造價極其昂貴，只有最優秀的一群學員才有機會成為飛行官，而在飛行官中只有最頂尖的少數能成為試飛官。因為新機型研發的試飛，每一次都是沒有經驗值可參考的試煉，必須接受無可預期的挑戰，稍一不慎就可能粉身碎骨、命喪九霄，面對這殘酷的無常，也只有高手中的高手方能勝任。但面對生活時，我們都是自己生命的試飛員，你可累積了足夠的厚度去叩問生命的無常？

然而閱讀叩問系列對我而言實非易事，因為陳老師的語言內涵既深且廣，而且還有很多像文言文般的表達方式，是幾乎看不懂的，但即便如此我並沒有放棄閱讀，反而是每天利用早上思緒最清明的時候讀上幾頁。逐漸將書的內容納入之後，慢慢地才理解到，原來那「看不懂」是因閱讀慣性的作祟，如果因此而將其束之高閣，那就等於落回自己的慣性，是叩問不到任何生命內涵的。對於這些書內容「看不懂或看不習慣」本身就是一種震盪，在這震盪之下原本的識性才會開始剝離，覆蓋也才會開始遞減，原本「看不習慣的」就會慢慢變得習慣。否則如果只挑符合自己過往閱讀習慣的書才去看，這種連外在習性都不願意改變的情況下，還奢談甚麼內在的質變呢？

其實「看不懂或看不下去」的地方就是自己的慣性被照見之處，這就是此書不可思議的地方。例如我有位朋友在讀《叩問生命》時，就一直卡在第一節「金錢」看不下去，原來這是其內在對金錢的運作有不安恐懼所造成，內在的力量在提醒他要對這個議題多加觀照。這個停滯不前就是如來「觀自在」的提點，要他能觀自己問題之所在，但若只是用「文字不熟悉、看不習慣」這種表相的理解去覆蓋，那就錯失一個行深恢復的機會了。整個看書的過程並不單單只是一種閱讀行為而已，這就是為什麼說「這是書，但也不是書。」因為連這樣一個看似平常的現象都是一種叩問。

所以叩問是隨時隨地都在進行的，其目的是在於：由無常引動解脫之道的可能，成為生命的遨遊飛翔，與自己生命自主的領航者。以無常叩問解脫之道，才是真正生命生活的重點所在。

#【目錄】

序——無常中，一切都是最好的安排　陳炳宏　2
關於樂生命系列——以無常見如來　阿媞　4
自己生命的試飛員　張皓傑　8

第一章　面對無常的態度與知見

等候，何等的痛楚　20
活著的面對　26
不用力的面對　33
福報的檢視　37
福報與功德　43
無分別的求財　50
無漏的金錢流　57
金錢的供養　66

病相即密因的提點 071
家族家人家業的密因 075
生活的苦難即是因果的排毒 081
進入無常只為成就自己的恆常 098
無常即如來 107

第二章　無常慣性的照見與轉化

「好可怕」心態的悲哀與殘酷 122
以不安恐懼解如來密藏 132
無所住於世界的慣性 139
生活的輪迴，生命的輪動 142
慣性的取捨 147
不以慣性理解一切的存在 155
攀緣與自主 160
主性以慣性檢視眾生 167
慣性即如來教法 172
專業的志業 177

如來的服務業 185
不落入地球慣性的自主力量是生命最後的出口 190

第三章 無常識性的遮滅與解除

生命為何要解脫？ 202
放下熟悉世界的意識型態 211
識性的遮滅 218
意識型態的解除 229
光明與黑暗等同等持 242
不以識性看待生死 250
相對性的功德 265
自性的功德 280

第四章 無常苦難的提點與自主生命的變革

天災地變的提點與畏因 294

宇宙生靈的一切不圓滿處皆為夢相 305
在無常面前放下無量的法教法執 312
把自主的內涵變成是面對無常的厚度 321
無常苦難即自主的正法 325
在無常中顯相主性 335
自主入一切世代的無常 344
從無常苦難中生起自我質變的革命 351
佛殺慣性，寶生如來 359
佛殺妙行，佛法奧義 378

第一章

面對無常的態度與知見

等候，何等的痛楚

誰是誰的天？誰是誰的地？誰必然在哪一個時間空間或在無盡的輪轉當中守候或等候？等什麼？等到了嗎？或等不到？為何等不到？或是還沒有到？或者還在面對的過程？或者已經在那邊等著，只是時間點的問題？這一切的一切都必須去品嚐那必然的過程嗎？

在誰的天？在你我之間，承載的地，我們又何必以慣性相對立。

在誰的歲月？在你我之間，守候的心意，只剩善逝的虛空。

每一個人都很想知道，當他獨自在面對辛苦和苦難的時候，當他支撐到快要無法支撐的時候，當沒有任何人來善護他協助他的時候，何等的煎熬！這種孤獨淒清與難以下嚥的酸甜苦辣，滄茫的苦和說不盡又不能說出的痛楚，是誰都會想知道的密因。你想知道，我想知道，他想知道，這等的痛苦到底是在守候著些什麼？或等候著什麼？

時空無盡等候生死無盡守候，等不到的等到。

時空無盡等候生死無盡守候，等到的等不到。

時空無盡等候生死無盡守候，守候的守不到。

時空無盡等候生死無盡守候，守不到的守候。

時空無盡等候生死無盡守候，等到的生滅無法思議。

時空無盡等候生死無盡守候，守候的生死無法揣測。

時空無盡等候生死無盡守候，等到的不等同於守候的。

時空無盡等候生死無盡守候，守候的不等同於等到的。

這樣的等候，究竟是為了什麼？

而能解除痛苦的那一個人，為何不在最痛苦的時候出現，讓苦減輕呢？有誰能夠知道，在最痛苦的時候，所守候的會是什麼？所等待的又會是怎麼樣的時機，才是最恰當適合的？所等待的那一人，是否真會出現？甚至他是否真的存在呢？在苦難中提點我們的又會是什麼？

無法說的時空，無可求的虛空，真假一念，層次有別，人性的盲點，穿梭所有時空的各種自我的狀態。等候的人，是自己，更是別人。守候的誰，不是自己，又會是怎樣的別人？一切都在誰的掌握中？

什麼樣的原因怎麼樣的痛苦，那樣的難處向誰去問？

什麼樣的原因怎麼樣的痛苦，那樣的難處向誰傾訴？

什麼樣的原因怎麼樣的痛苦，那樣的難處無法覺受。

什麼樣的原因怎麼樣的痛苦，那樣的難處如何堪忍？

每一個生命的角色是沒有辦法評估的，在無盡小我的痛楚中，隱藏了無盡大我的可能性。而當終極的角色扮演著人類回歸的最後機會與無量女相解碼的最後圖騰的時候，我們必須反躬自問：「我們如此地等候與守候，只是為了解除自身之苦？還是正法與如來為了一切人類存在最後密因的解碼而做的重要布局呢？」

在我們尚未能夠等到那一個能令我們生命回歸的最後一人的時候，我們如何懂得對自己善護？如何懂得對自己守候？這中間的所有過程，往往就是為了做最大的準備。

一個人，無量世界，無量的生生世世，在同樣的當下，運作無量的事，一種人，無量種類別，一種心情，無量種可能的延伸，伸展出多少不可預設的可能？一種念頭，曾經的、未來的都含括在所有的情緒當中，如一的、不二的，一個怎樣的自己？看怎麼樣自己對自己的不思議？

懂得的機會，最後竟成渺茫的失落。

我不懂，而世界竟已是無法再真實的存在。

我已懂，而世界竟已是那無法善護的毀滅。

我懂或不懂，都已不重要，只想自己不在任何的世界。

在這過程當中，你的如來每一天都在評估著——你的生命如何面對苦難、當下的你是什麼階段、在未完全恢復的時候你能承載些什麼、面對些什麼考驗？**往往，在你尚未恢復的狀態下所能承受的考驗與面對生命的厚度，也決定了往後你在扮演你真正角色時的必然覺受和對應的磁場條件，與面對無常苦難時所能消化與轉化的程度。**

在等候與不等候之間，相應的時間點或人事物到底出現了沒有，往往取決在當自己還沒有完全恢復的情況下，如何面對苦難和無常的考驗，那是為一切即將啟動所做的重要準備。有的時候，等候不只是單單為了個人問題的解決，更在於為了將要回歸的夥伴所做的重要連線與布局，在一切未啟動之前就已經在布局了。

所以，守候與等候不只是時間和空間的狀態而已，不是等到那個確定的答案、確定的人事物、確定的時空來臨才算數，這是不能落入時間和空間來評估的。

狀態不可說情境不可為，生死命運中。

狀態不可說情境不可為，人性慣性中。

狀態不可說情境不可為，時空一切中。

狀態不可說情境不可為，隨緣自在中。

若現在的你已經與那最後一人重逢了，但是當你回首過去曾經歷經的所有考驗、痛苦、不知能不能等到的等待……，還是會落入記憶中承受痛苦情境的話，那種尚未解除的震盪就會反應出來，好像又再次經歷那個苦。但其實那也是如來的妙用，因為你必須把與最後一人連線裡面尚不圓滿的部分做終極確定的解除，以利自己的圓滿，也以利所有夥伴回歸時有前例可循，不再有任何落入的過程，因為我們沒有辦法預知後來回歸之人的承受、經歷的苦難與狀態，或是他密布局的狀態到什麼樣的程度。與最後一人連線的真正厚度是必須評估後續回歸者有多少機會的。

相逢的必然是曾經的，彼此守候過的，更是共同經歷過的，曾經的曾經，是在宇宙最深的某一個狀態下，為彼此的願力，入無量世界的示現，無量劫，求一種最後的重逢，在瞬間的誕生中，重逢無窮盡的時空，哪怕是恆河沙數的一抹微笑，也必然是我永生永世最深無法抹滅的感動。

所以，**守候與等候是沒有正確時間與答案的**，而每一個人都很想知道答案，但是，就是因為不知道，才更應該在未能完全清楚的狀況下，就把一切該面對的人生課題都在我們的經驗值裡確定下來，沒有任何的閃失，不管有多痛楚。

守候之因，善護之根本。在生命尚未完全恢復之前，所做的每一個人生經驗的重新審視，從中再做深遠的轉化以及必然產生的解因解碼，是我們對自身生命真正的面對與善護。在正法即將開演的當下，對自身做深遠的觀照，不但有利於自己終極角色的扮演，也有利於所有夥伴在回歸當下的連結都能夠永不再落入。

碎片扮演觀照逆密，深遠之處深不可測。
碎片扮演觀照逆密，永恆之處永生存有。
碎片扮演觀照逆密，不再落入的觀照。
碎片扮演觀照逆密，人性緣起的性空。
碎片扮演觀照逆密，人本如來的妙法。

這樣子，你就能夠瞭解到，當自己在最痛苦之時未曾有相應的人來守護的那時候的你，和現在的你能夠守護身邊每一個有需要的人，不忍讓所有重要的夥伴或無量眾生因為等不到而痛苦，如此有內涵的你與面對生命有如此厚度的你是何等的不同。

在誰的心意？在你我之間，無法守候的行進，誰的祕密？究竟的相應，感動一時，無法再回歸的曾經的承諾，如來傾訴無盡，彩虹橋的彼岸，唯佛與佛能知的密因。如來守候的等候，主早已親臨。

活著的面對

地球的磁場是無量世界重大根本的最後機會所示現的終極之地，地球的毀滅非毀滅就是指——人類是無量世界無量生命所變現出來的肉身的運作方式，在日常生活中進行一切的面對。

一指天地，天地指向何方？所有的機會，當世的最後，最後的機會，神祕卻不可說的磁場，近於瘋狂的運作。

對應著無法相應的面對，活著是另一種死亡的狀態，方式不在方法，恆常之中，但看如何面對相對無常的審判。

密世界毀滅無上非毀滅當下不生不滅，一切面對當來下生面對一切。

密世界毀滅無上非毀滅當下不生不滅，一切面對當來下生生生不息。

密世界毀滅無上非毀滅當下不生不滅，一切面對當來下生非生非滅。

密世界毀滅無上非毀滅當下不生不滅，一切面對當來下生莊嚴毀滅。

密世界毀滅無上非毀滅當下不生不滅，一切面對當來下生毀滅解碼。

密世界毀滅無上非毀滅當下不生不滅，一切面對當來下生覺空生滅。

人類的毀滅是指——在正法即將開演的歲月裡面，以非毀滅相來毀滅，肉身不會毀滅，但是肉身活著等同毀滅地活著，人活著，但也等同毀滅。

地球的磁場會讓人類愈來愈知道自己的問題出在哪裡，但是又死不掉，愈來愈清楚自己的包袱，那樣的承擔、那樣的覺受愈來愈清楚，但卻已經沒有任何改變的機會。那時候，那樣的痛苦會是什麼？這才是真正活著的毀滅。

怎麼活，如何引動我肉身內在功德的力量？

怎麼活，一種說不出來的感動，允諾的必將成為生活的事實，自己活過的必然是承諾過的軌跡，在相對中，更在絕對的當下，怎麼活，活過的也是當下的必然。

無生毀滅，萬有不生不滅。

即身成佛，毀滅妙義，妙法生滅正法。

覺非毀滅之不思議，示現毀滅寶生一切如來不動本位。

人類如果不在正法開演之前做重大的調整的話，之後就會開始真正進入一個以苦難的毀滅相來面對無常世界，面對每一個人自己慣性的輕重，一層一層地開演出去，一層一層的透澈清楚，在人類的生活中，公開讓人們知道自己本身的慣性之重與覆蓋之重，能改變的只在哪一個範圍，不能改變的又不斷地遞增的痛苦是什麼？

密覺時空輪動無量層次變動不動，改變的改革層次分明。

密覺時空輪動無量層次變動不動，改變的改革分別清楚。

密覺時空輪動無量層次變動不動，改變的改革無上不二。

密覺時空輪動無量層次變動不動，改變的改革生死自在。

生命本身如果不能改變，就只有帶著那麼重的慣性與覆蓋繼續遞增下去。不管擁有什麼，不管失去什麼，都只有以活著的毀滅來讓人類面對，直到生起願意改變的意志和心態為止，也讓人類了解到過去的追求到底價值是在哪裡，或者也只是創造了一個無法改變的自己而已。

改變生命的能量，打破所有生存的法則，覆蓋不是問題，如何解除放下的，其中的條件，是一個意會到必須改變的自己。如何改變？能否承擔改變？不帶舊有軌跡改變，因果之中，改變因果。

這只是一個初步的狀態，而當有一些人曾有機會改變卻執著於自己的慣性，等到他驚覺失去了改變、轉化、提昇的機會之時，那才更是帶著某種覺知的毀滅。活著的每一刻，又有機會、又沒有機會的那一種狀態，是另外一種更深沉的痛苦。

深遠的深層，人類以毀滅相究竟自身的本源。

覺受之傳承，覺知世代苦難再造之機的奧義。

生活之無常，恆常以平常心之等同等持。

人類沒有辦法預設正法開演之後顯相的收圓狀態是什麼樣子，收圓的過程就是讓人類清清楚楚因了什麼而什麼、為了什麼而什麼，在無量劫的當下進行這樣子的事情。

有一種狀況是肉身直接結束掉的，那個過程是分毫不差地直接被收圓掉的，何等殘酷的一種死亡的法供養，沒有辦法預測到那死亡的形式和時間，這種狀況以後會愈來愈明顯。每一天人們都會透過電視看到各種不同死亡的法供養，來供養人類清楚看見在正法開演之前所造成的沉重累積，這裡面還包括大自然的天災地變對人類生死相的重大提點，那是分毫不差的。

讓一切的愛，收圓在供養的流程中，宗教有無盡的辯證，修行有無量的檢視，方法不是方法，究竟只在一念，存在的尊嚴，肉身反應，天災是一種呼喚，地變是一種懇求，能贖罪的行法，日月同悲，乾坤無所，人世間但求最後彩虹橋上的彼岸解脫正法的彰顯。

當全面性公開的時候一到，一層一層地公開，包括人類內在無量痛苦的公開，包括人類自身在這樣前後夾殺的過程裡面無能為力的痛苦，全部包括在裡面，這樣如何生活？如何去面對？

無上逆收圓圓收法供養生死正法本義，莊嚴終極非生非滅無量回歸。

無上逆收圓圓收法供養生死正法本義，莊嚴終極不生不滅無量清淨。

無上逆收圓圓收法供養生死正法本義，莊嚴終極非空非有無量圓滿。

無上逆收圓圓收法供養生死正法本義，莊嚴終極佛因佛果無量如來。

這就是所謂正法所示現的毀滅相，**是正法示現唯佛與佛之間能知的解碼。一切慣性的生死相，就是當來下生，放下生死，放下苦難，是正法對世界的無上法供養。**當無預設來臨的時候，人類既然不能在一定的時間點裡面做一種重要的轉換，那麼，如果人類要等到公開的時候，那就用公開的方式、直接的方式、殘酷的方式，全面性地在世界的當下直接讓人類看到自己所造成的後果。

佛殺妙法，殺於非殺，慣性之殺，習性之滅，識性轉換，如來共願，即身本我，肉身佛果，佛殺當下，殺於生滅，殺於生死，寶生一念，善逝佛殺，直接間接，當來無量，放下無盡，生所非生，滅所寂滅。

不再提昇的人類，終將如何被毀滅是什麼樣的狀態都無法預設，人類要選擇這樣的生活嗎？但是人類不就是這樣對待萬物的嗎？終將也會被自己以同樣的方式所對待。

再也無法預設任何的結果，都必將是一切的等候，納不納入，是不是萬物的存有，在宇宙呼吸之間，是不是萬法的存在，在虛空的空性當下，若有所求，一切再也不必多說。

如果，無量劫的輪迴都沒有辦法使生命放下慣性，那就只好用殘酷的方式讓人類放下慣性，解除覆蓋，才能夠生生不息。人類的另外一個生機就是——自己的畏因到什麼程度，自己對生命的態度，對地球、對萬物、對整個正法當來下生力量的尊重到什麼程度。

以一切毀滅收圓一切非毀滅之靈魂體。

一切類別，無上無分別，等同之悲智，雙修之中道。

當下究竟，無量無傷，國度歲月，陰陽太平。

所謂**重大的毀滅相就是正法要善逝掉無量劫來人類所累積的慣性**，無邊無量的毀滅本身是人類自己的累積造成的，也等同於人類自身共同的業力和訴求正法來臨的願力，所以，毀滅也是人類自己另外一種「密的訴求」。

人類對於滅掉自身慣性的企求，必然會與大自然共同的宿願，共同祈求正法的示現，這是中道正法無邊無量的妙用與妙法。**不以地球覆蓋的相對性知見來看待所謂的毀滅相**，對正法的尊重和禮敬莊嚴的納入，才是人類的生機所在。

不可說的創造，神祕其中，通達其外，內外皆密，因果等同，不可說的意念，訴求密行的解碼，仁慈無智，慈悲無所，無量劫說了所有的無窮盡，若有所說，說於非說，莊嚴之境，永生之愛，妙答人世間一切的悲歡離合。

即身成佛萬民共有共願等同正法示現，生活無始無終生命無邊無量。

即身成佛萬民共有共願等同正法示現，供養無始無終慧命無邊無量。

即身成佛萬民共有共願等同正法示現，當下無始無終時空無邊無量。

即身成佛萬民共有共願等同正法示現，無常無始無終恆常無邊無量。
即身成佛萬民共有共願等同正法示現，空行無始無終空性無邊無量。
即身成佛萬民共有共願等同正法示現，觀照無始無終覺照無邊無量。
世尊世代，志業功德，當世天下，世代自主，世間無上，結界無量，佛果一切，因果自在，人生幾何，無問自答，覺所無所，乾坤清明，生活圓滿。

不用力的面對

面對生命的時候，過於用力的慣性，就會落入精進的相，自身對生命過度的誠意、過度的用力，雖然不往外，但是卻產生另外一種徹底往內的狀態。這種過度的用力會發生一些非常無法解釋的現象，就是你的內在如來會變現各種不同的狀態，像是不對稱、逆向衝突、矛盾、自殺、類似魔性的影像或念頭來對付自己，自殘自己的六根六塵，自殘自己的眼耳鼻舌身意。

即身苦難寂滅生死密覺無上不生不滅，不滅生命非滅生死佛說眾生說。

即身苦難寂滅生死密覺無上不生不滅，不滅生命非滅生死真假非真假。

即身苦難寂滅生死密覺無上不生不滅，不滅生命非滅生死人性空本性。

即身苦難寂滅生死密覺無上不生不滅，不滅生命非滅生死慣性法如來。

即身苦難寂滅生死密覺無上不生不滅，不滅生命非滅生死一切自有情。

即身苦難寂滅生死密覺無上不生不滅，不滅生命非滅生死天地不二心。

即身苦難寂滅生死密覺無上不生不滅，不滅生命非滅生死乾坤不動地。

即身苦難寂滅生死密覺無上不生不滅，不滅生命非滅生死即身成佛處。

這種狀態就是在透過自殘的影像或自我消弱的情形，來表達你已經太用力了的重要提醒，用逆向衝突的狀態與對待，讓你的身口意或在夢裡面產生很多自殘、自毀、自砍、自責、自消弱的景象，用這些方式不斷地在提醒你，不能夠用力去面對自己存在的身口意，不能用力去消耗自己存在的狀態。

滅之智，無生法忍。

滅之智，深遠無所。

滅之智，極樂世界。

滅之智，不可思議。

這類過度用力面對生命的人，內在如來會用一些比較特別逆向的景象與對待，讓你有一些莫名其妙和無法解釋的一種衝突性的情景或某些心念、某些行為，對自己的肉身存在做一種自砍的對待，以表達不能用這種方式來用力地面對自己存在的一切，這是密因之一。

妙法無上妙解，妙法行法，一切自解。

人性之存有，個性之存在，解碼不思議之相應，解脫不可說之自性。

感動宇宙之本念，感受虛空之密藏，於當下已不可說。

你是傷害你自己唯一的對象，怎樣的你傷害怎樣的你。你想要消滅掉慣性，但以自砍的方式卻會因此而消滅掉自己存在的機會，因為當你有肉身存在的時候，才能夠有改變慣性的機會。所以，你真正要處理的是——解除掉自己的慣性，而非自責、自砍這個肉身的存在。

你如果不斷自我消弱，真的有一天把這個肉身給處理掉了，也等於沒有任何機會，因為任何以後的重來都不知道會是怎樣的時空跟人生課題。所以，當下尊重珍惜生命，在面對生命的時候，不能夠傷害自己肉身的存在。

會產生這種狀態的人，有時是存在著更深的密因的，但是今天我們不深究裡面深遠的密因，而是基本的通達了義。我們要有一個寧靜和平的狀態，就是在任何狀況下都要削弱那個自砍的力道，保持一個穩定的狀態來操盤自己生命的恢復。

密因無上解碼寂滅，滅輪迴解輪動生命清明。
密因無上解碼寂滅，滅輪迴解輪動示現不可測。
密因無上解碼寂滅，滅輪迴解輪動變動動一切。
密因無上解碼寂滅，滅輪迴解輪動天地本天下。
密因無上解碼寂滅，滅輪迴解輪動如來自來去。
密因無上解碼寂滅，滅輪迴解輪動觀照自照見。

最重要的是你自己面對生命的那種模式，要覺察而放下自砍。我們講放下屠刀，但是你的刀卻是屠自己，你屠不了慣性，反而屠掉了自身的慧命與面對機會的肉身。有時候，在你還沒有累積那麼重，真的把自己給砍掉之前，你內在的力量會變現某一些比較衝突性的情境或心念，就是在提醒你，不能做那種事情。

換個角度來看，有時候，你也會累積到連自己都很討厭自己，甚至想毀滅掉自己。當你完全沒有或幾乎沒有面對生命的機會之時，也會產生另外一種類似精神上的不確定的痛，它會不定時地透過某一種觸動去傷害你自己的身口意，那也在表達你累積的狀態，因為自砍過度而傷到自己內在的精神狀態，所產生的不穩定的現象。所以，要徹底地放下這個模式，放下自我砍殺的屠刀，才能立地究竟成佛。

究竟果位善逝本因如來正法，即身寂滅即因寂果如來不可說。

究竟果位善逝本因如來正法，即身寂滅即因寂果眾生自說法。

究竟果位善逝本因如來正法，即身寂滅即因寂果一切自有無。

究竟果位善逝本因如來正法，即身寂滅即因寂果來去本自主。

佛因佛果，一切無所，畏因畏果，當下不二。

非因非果，如來本有，空因空果，自主因果。

福報的檢視

世人皆希望自己是個有福報的人，也羨慕讚嘆有福報的人。什麼是福報？以智慧的會通來看，福報是一個假象，但以如來的角度上來看，它是一個妙用。它的妙用在哪裡？用在檢視你自身當下金錢流的某一些狀態——金錢流的擁有或失去或在不完整的福報缺口當中，對金錢流來去取捨的心態。

當福報崩解或不足的時刻，是否引發你自發性的觀自在的檢視？檢視你本身受制在哪裡、不受制在哪裡、承受在哪裡、不承受在哪裡。而真正面對金錢流的擁有與失去之間所做出來的自我檢視、觀照、運作、回應和對應，就是自身如來迴向給肉身面對金錢流時，讓肉身不承受的功德。

密眾生福報覺如來功德，迴向一切的相應功德主。
密眾生福報覺如來功德，迴向一切的相應功德義。
密眾生福報覺如來功德，迴向一切的相應功德因。
密眾生福報覺如來功德，迴向一切的相應功德果。

密眾生福報覺如來功德，迴向一切的相應功德佛。

密眾生福報覺如來功德，迴向一切的相應功德心。

在面對金錢流的改變當中，你在其中的每一個人事物的對待中，所有的重新布局、重新來過，都是你本身善逝自身過去慣性、過去無量劫不圓滿的法緣與機會，因為過去你的金錢流都是被牽動的不自主，而在你變動之後所要示現的，是能夠真正不承受，能夠走上自主的自性之德。

心性之德，福報不二。

心性之德，福報善逝。

心性之德，福報供養。

心性之德，福報自性。

「德」是在於一念之間的自在，生起自身在這一些所愛的人、在意的人、承受的人、或必須割捨的人事物、或必須再前進的人事物裡面的重大觀照。從即身的當下，若你能夠即時放下你所在意的，也就是你所受制的，能夠在自我檢視裡面放下你受制的那一些心念、觀念、價值，才能真正不受制於金錢流的來來去去，才能真正承受得起無常的考驗，才能夠真正的悠遊，這樣的悠遊與在山林裡的悠遊是不一樣的。

德之親臨，福報回應，報之因果，畏因自性，仁慈本心，即身觀照，一念人間，人間

永恆，福德生死，功德空性。

有些人的悠遊是「我有錢，所以我沒有任何的不安，因為我所有的事情都可以用金錢去解決」，但在這種情況下，人就會在使用金錢的動作和心念裡面不斷地流失自己本身的福德與觀照力，不斷地流失而不自知。「有錢時就用金錢解決」的心態，讓自己的一切都無法有顯相和面對的契機，被金錢流所包圍住的結果是——人與人之間沒有任何機會直接會通，彼此之間重大修正的法緣與契機也永遠出不來。

覺永生福德觀永世萬福萬靈之德，密自性福德不可說。

覺永生福德觀永世萬福萬靈之德，密自性福德不思議。

覺永生福德觀永世萬福萬靈之德，密自性福德法自在。

覺永生福德觀永世萬福萬靈之德，密自性福德法供養。

若是你的福報不俱足，而你可以不落入不俱足並觀照自己落入不足的不安恐懼，從不安恐懼中拉回來，不期待何時再擁有所謂足夠的金錢，不以金錢解決外在的不安恐懼，或者不像大部分的人以金錢去取得在世間所有外在所需要的生活條件，或是所謂的保障。當你不再受制這些的時候，你唯一要考量的是——你自己的功德是什麼？還有哪些受制的、被牽動的、被檢視的？當你能在福報不足的當下，一樣不受制、一樣自在，所有被牽動的部分能夠轉化掉，那才是重大格局的開始。

因為那表示你有一個穩定的承載力，才能夠真正在菩薩道上面對所有眾生，面對那些給你機會的人事或不給你機會的人事。任何的因、任何的果來到你面前，透過任何平台，透過任何可能的取捨、判別，遞增或遞減彼此的慣性。任何的苦難或非苦難你都能夠不受制，以此功德，你就能夠在一個重大智慧的尊重上面對曾經給過你機會、幫助過你的人。

機會智慧，功德身即肉身之對應。

機會法會，福報即身解密碼之相應。

機會無上妙法，功德觀自在來去自得。

雖然自身的福報不俱足，但當有另外一種通路，例如說透過某一些擁有資糧的人事物給你通路或平台運作的時候，你能夠判別對方因果的輕重，對方在金錢流上善護於你的各種狀態，你都能夠轉識成智，在更尊重及更不承受的智慧裡面，開啟彼此之間共振的功德，而引領其福報的善用，共同把彼此之間不自主的部分，以功德的智慧善護彼此，解除落入福報或擁有太多表象金錢的承受。

福報就是落入金錢流的運作，功德就是不落入金錢流的運作。所以，大菩薩們未來在所有的商業平台上、所有的社會經驗值上，最重要的是要能夠對應所有給我們機會的人。你要扮演的角色就是燃起他人的自性功德，而能夠讓他自己提昇他自己，引動他的人生的質變，在本質上起重大的改變，因為他親近了你，他善護你在金錢上的不俱足。

改變的肉身，功德的本身，密行的本因，本心是所有功德的自身。示現的密身，功德的自性，密用的佛果，空性是所有諸佛的法身。

但你對自己所要下的功夫是——不受制自身金錢流的不俱足，要去面對，然後提昇，以自性功德轉換自身所有為何受制的本因，不受制的當下，也以了然了義的基礎來善護所有協助過你的人事物，提昇他們的狀態，因為他們也一定在自己的某一些範圍裡面，悖離了功德之事而不了因了然。

了義之德性，以不二之天命，運作當下之生命。

第一義之福德，善逝之如來，寶生之心性之德。

覺德密福慧雙修之功德自主，寶生觀妙法諸佛，密藏供養一切人事物。

有許多人很會玩金錢遊戲，然而內心深處卻非常的痛苦，又不清楚自己，這是很多擁有福報、依賴福報的人最大的悲哀。你自己不受制於金錢福報的厚度與承載力，就是你能夠悠遊的重大格局與視野。

在每一個人生階段裡面，任何表象福報檢視下的厚度，都等同自己當下功德的恢復，這才是真正的自性之德，在福報不俱足的無常裡面，解除所有不安恐懼的那份磨合的功夫，叫做功德。

不受制於福報，而以自性之德善用所有給我們機會的有緣人的福報，協助他們轉化掉他們在福報裡面所有的承受之苦，讓他們走上真正自性了然的基礎與智慧，在他們的日常生活中。

這是真正入世的重大基礎，走上無常世界，以無常成就自己恆常自主的路。

在無常之路已是主恆常之處，人性之功。

在無常之路已是主恆常之處，自性之德。

在無常之路已是主恆常之處，心性如來。

在無常之路已是主恆常之處，體性大用。

福報與功德

我們日常生活中所講的福報，都是用相對性的思維、行為去運作所有的金錢流、所有擁有的資糧，而所謂的功德就是用不思議的方式、不落入思議的方式來運作所有的金錢流與一生當中所擁有的一切資糧。

無上無量功自性自主當下德，德之生死福報應之自然成。

無上無量功自性自主當下德，德之生死福報應之自主義。

無上無量功自性自主當下德，德之生死福報應之法自說。

無上無量功自性自主當下德，德之生死福報應之妙覺醒。

世間大部分的人為什麼會苦？因為他無法覺知到他用相對性的思維去評估所擁有的一切。因為以相對性來思維，所以當擁有的金錢或人事物與資源是不及於自身的存在需求時，就會變成是一種對立的、相對的、沒有辦法等同的狀態。這種狀況下，任何覺受都無法等同等持，所以，人與人之間彼此再怎麼對待都是消耗的、辛苦的。

不落入的金錢流，法身的解碼。

不可說的相對性，佛身的解密。

不思議的相應性，肉身的解苦。

這就是為什麼打破所有相對性的狀態是非常關鍵的，而首先就是要不落入，不落入就能遞減思議，遞減相對性，遞減你和所有萬物萬有一切對應當下的相對性時空及磁場。遞減的過程中，不受制於所有外在的狀態，就等同內化的深度，一方面擁有外在的資糧，一方面又能夠逐步地恢復自己的內在智慧與能量，福報俱足，功德、自性之德也俱足。

遞減牽動的思議，以福報的識性轉識成自性之智的功德，相應於一切資糧，本然俱足一切不可思議的萬有，金錢是觀自在的密行，轉動出背後無量人性當世必成的沉澱與面對。

更重要的是，完完全全以功德之力、心性之力來運作慣性的福報，在回歸自性之德的同時，善用所有的福報，當以自性的功德之力運作一切的福報時，一切的福報就變成是如來重大的微妙法。所以，在此情形下，功德與福報是等同等持的，是中道的狀態。

諸佛本心妙覺福德之功萬有之力，時空無盡處入如來之身。

諸佛本心妙覺福德之功萬有之力，時空無盡處入眾生之果。

諸佛本心妙覺福德之功萬有之力，時空無盡處入生死之義。

諸佛本心妙覺福德之功萬有之力，時空無盡處入世間之愛。

相對性的世界本身就是一個苦難的世界，就是由眾人的相對性所形成的無邊無量的相對性的世界，它是一個無比沉重的思議的世界，這背後就是眾人用無盡的思議來衡量所有的資糧。所以，在萬有的資糧裡面有著生命的一切無邊無量的不安恐懼。

功過生死福德自在，無染無情天之世代。

功過生死福德自在，無染無情天之天地。

功過生死福德自在，無染無情天之存在。

功過生死福德自在，無染無情天之慣性。

所以，當我們在對應且擁有資糧的時候，一個大智慧的人本身就要懂得第一、不被攀緣；第二、在每一個轉識成智的過程裡面，要觀照到並轉化掉他自己過去生生世世在運作相對性金錢流時偏向依靠福報的運作慣性。當他被相對性的福報打到的時候，或者，當福報有缺口不俱足的時候，就是他要彰顯自性如來無邊無量功德的時候。所以，福報本身也可以是恢復自性之德的重大契機。

以思議之思維所做之一切金錢流之衡量，皆識性攀緣之表象福報，牽動的心性，是無量不安恐懼對金錢來去傷神的消耗。不思議的心念，相應金錢流成如來無上之法流，不動之一念，以無生安住在一切金錢本身的妙法，成就諸有情於世間恆常的有情天。

福報本身就是有因緣的果報，世間人對於表象的福報已經變成一種習性的使用，「我有錢，我用金錢解決」、「我有錢，我什麼都要用最好的」、「我有錢，我讓別人服務我」，這是一種奴役性的狀態，人與人之間、人與萬物之間成了一種奴役性的、不對等的狀態。

功過之智，生死之義，人間無常，世間恆常，一念畏因，緣起果報，心性福德，人性當下，功德無量。

遞減這個過程就是恢復彼此互為世間尊重的過程。檢視自己，是不是有類似的心態？是不是也偏向以習性享受福報？是不是有金錢上的不安恐懼？是不是以相對性的思議來對待，甚至掠奪萬物萬有？是不是有等同的慣性？是不是以思議來運作金錢流？這些全部都必須要放下、不斷地放下，遞減所有用相對性思議去運作一切萬有的慣性。

福慧密雙修無上人世間廣三廣傳，廣三密福德聖賢人間情境。

福慧密雙修無上人世間廣三廣傳，廣三密福德聖賢人間生死。

福慧密雙修無上人世間廣三廣傳，廣三密福德聖賢人間變動。

福慧密雙修無上人世間廣三廣傳，廣三密福德聖賢人間恆常。

如此，你內在的自性之德就會不斷地湧動恢復，湧動到一個厚度時，將不承載所有相對性的福報，而更進一步，不但能夠承載，更能夠善巧運作，甚至完完全全達到一種境界——福報就是功德，福報就是自性之德，福報本身就是自性如來彰顯的密因。

萬靈之德，在於萬有之擁有，不以慣性入一切金錢流，而應以畏因本心入金錢流於世

間成即身成佛法供養之肉身成佛。

相對性非相對性，以不落入相對性彰顯所有落入相對性的一切苦難，彰顯就是為了顯相照見彼此之間在相對無邊無量金錢流裡的不安恐懼，要彰顯得出來，才震盪得出來，才有機會轉化掉。

福報本身其實就是眾生的碎片，碎片不等同於表象的悲苦。有些人很有錢，並不悲苦，但他卻滿身碎片，只是他不自知！他的碎片就是一大堆的不安恐懼與傷神煩惱。

今天這個世界，金錢買賣了多少人的自尊？檢視了多少人的不安？揭露了多少人的嘴臉？

所以，無論有錢或沒錢，任何形式的金錢流都是彼此之間用慣性檢視著彼此福報裡面的因緣果報。

福報的碎片是我佛如來寶生的功德。

碎片的收圓是我身即身成佛的供養。

收圓的圓收是我皈依諸佛的實相。

這個時候，更是要自問：我落入金錢有多少？我落入表象的、相對性的福報有多少？而不落入的我是什麼樣子？所有人皆不落入之後的世界是什麼樣子？

不落入之後的金錢流就是中道的金錢流、空性的金錢流。空性之智、空性之功，解一切福報之畏因。這個時候的你在重大的願力上，在日常生活中以通往即身成佛的方向和狀態去運作每一個階段，不斷地轉識成智。

福報難免有識性的軌跡，不自主的慣性在運作金錢流的因果，慣性福報，成就自性功德的願力，福報之於功德，相應之功德在一切金錢流轉識成智的空性之了義，於世間尊重金錢流的相應如來妙法。

識性就是福報，自性、如來性就是功德。所以，當你以如來性去運作萬有資糧的時候，就是功德力，就是願力，就是志業。這樣的運作會讓所有跟你相應的人，不管他現在擁有什麼福報，不管他的果報有多輕或多重，你都能夠在他的法緣裡面讓他畏因，恢復他自己本身的修法，成為他事業體上的光明燈，自己不承受，也協助所有的夥伴不承受。

所以，在修法上，大家都是共同的如來、共同的正法、共同的福德、共同的功德力，等同等持的正法中道。在日常生活中，自己是世間金錢流中道正法的左右手，功德於左，福報於右，或是功德於右，福報於左。福報與功德等同等持，都是非常殊勝的實相功德力。

功德福報，雙修無上，共同如來，共主共佛。

一切的中道，福報示現於人世，反應的因果報應，無不是相應於自性功德的乾坤，天下廣三，正法中道於生活行法一切，覺有情，入福德不二之智。

智者將無邊無量金錢流的檢視都納入自己本身的法流，成就自己的妙有，於當下一切金錢流的狀態，與無邊無量生命的苦難等同等持。金錢流的來來去去，不管是大筆的、小筆的或自己的、別人的，或有關無關的一切金錢流，都成為檢視自己有哪裡受制或功德力有哪裡不圓滿的觀自在，而完全恢復不受制於無量金錢流的狀態，成就自己實相莊嚴無上自主的功德力。

所以重點是，運作所有的金錢流，永不被金錢流背後的無量苦難攀緣，而更能夠善用一切的金錢流，讓所有在無量金錢流背後無邊無量相對性思議的不安恐懼全部獲得解除。這就是無上正法彌勒乾坤袋裡面的正法金錢流，這是主性無上金錢流妙法等同等持的承諾。自性之功德，就是以一切福報的運作成就不往外的心性之德，於日常生活中，生活自主的圓滿。

空性密福德覺金錢流無上自性法流正法，人間滿乾坤因緣畏因。
空性密福德覺金錢流無上自性法流正法，人間滿乾坤因緣空性。
空性密福德覺金錢流無上自性法流正法，人間滿乾坤因緣中道。
空性密福德覺金錢流無上自性法流正法，人間滿乾坤因緣緣起。
緣起一切福德，無上之智，以福報之因果，相應自性之功德，佛果戒定慧，如來不思議，一切有情天，滿人間已是不可說的世間尊重，滿天下已是自性傳承的生死自在，觀福德，覺人間，空性之諸佛，眾生之福德，不二法門，滿天下成一切永恆的功德主。

無分別的求財

求財，所有眾生都求財，以無邊無量的不安恐懼求財，求財本身就是人類面對生命的一種模式，當所有的眾生都求財的時候，那個財裡面就有所有眾生的不安恐懼。眾生在求財的過程裡面，把他無量劫來需要面對的課題，都隱藏在求財的動作與心念裡面，以求財的過程與狀態來求一個真正的面對。

密無傷無求一切金錢自主圓成，無來無去金錢流慧命寶生。

密無傷無求一切金錢自主圓成，無來無去金錢流如如不動。

密無傷無求一切金錢自主圓成，無來無去金錢流不可思議。

密無傷無求一切金錢自主圓成，無來無去金錢流覺照妙用。

對於生命的通達者、清明者來講，對於不落入求財的人來講，我們必須要有一種觀照——求非求，求財非求財，求而走上無求。

今天一般的眾生若沒有「求」的過程，他沒有辦法了解「無求」是什麼，「無求」不是要求或不要求，無求是在求當中無傷。財神本身是如來的一個重大妙法，我們與財神結緣的目的，端看你自身生命恢復的臨界點到什麼樣的層次和清明，你可以不需要這樣的對應，也可以無所住，安住於這樣與財神的對應當中。

所有的苦難世界都在求財，他們都是往外求，財的背後都是人們無量的不安恐懼。我們要在這個苦難的世界中示現出無上無求無分別的財神法，將妙法示範給眾生看的時候，那個重大的奧義就出來了，他們才有辦法同樣地在求財的表象裡面達到無求，而逐步在這過程當中，能夠去照見與面對他自己所有如恆河沙數般的不圓滿。

密無傷空行一切金錢佛果因果正法，當來下生無求無上金錢莊嚴終極。

密無傷空行一切金錢佛果因果正法，當來下生無求無上金錢文化文明。

密無傷空行一切金錢佛果因果正法，當來下生無求無上金錢志業事業。

密無傷空行一切金錢佛果因果正法，當來下生無求無上金錢自性空性。

我們要示範出一個真正無分別的求財，讓所有的求財者能夠拉回去面對他自己。今天如果不做這個示範與連結的話，當眾生求財累積到一種臨界點的時候，他們的慧命也就沒有了，資糧也都沒有了，所有的一切都埋葬在求財之下。

我們對應金錢流的重點是在於我們要超越求或非求，財也非財，財的本身也是空性。今天眾生必須要有一個通路來面對自己，如果他們有很多的不安恐懼，也等於是透過了求財的方式面對了他們自己。所以，以這個角度來看，求財也可以說是眾生面對自己的一種通路。但重點是，我們能不能觀照到我們本身到底有多少不安恐懼呢？到底有多少執著呢？

求於當下，放下畏因，錢財來去，生死無畏。

求於善逝，寶生佛果，人生了義，生活無所。

求於無求，慧命自求，一切當來，自來自去。

求而不能自主，無求而能自主，主性以一切妙法——包括求財之法——來照見一切慣性，但自己的慣性自己要懂得解除。所有的眾生通通都要有回歸的路，而回歸的路都隱藏在他們的慣性裡面，隱藏在他們的不安恐懼裡面，求財也是眾生面對不安恐懼與苦難更全面性的一種模式。今天幾乎全世界的人都是透過求財的方式在對應錢財，當對應錢財能逐漸變成沒有求不求的問題的時候，變成無求於錢財的時候，就是能逐漸回歸到自主，不受制於錢財的時候。

今天人類所有可能的慣性與所求的一切幾乎通通都跟金錢有關，正法就以金錢這個妙法來讓眾生面對，讓眾生在金錢流的對應當中逐漸了然了義，也面對了自己。但如果我們以強迫的方式讓眾生不能再求財，那也是一種分別心，因為今天若有眾生就需要用這種方式來面對，我們若硬是將其抽掉，在他們尚未成熟到某種階段的時候，反而會造成他們更大的恐慌。如果我們在看到眾生求財時生起了厭惡心，就表示我們在「金錢等同於空性」

的法義上瞭解得不夠清楚，或者說，我們還有類似的不安需要沉澱與解除。

但是，如果我們清楚了，我們就會瞭解到在金錢流背後，眾生所求的那個部分，透過求財而曝露了他所有的不圓滿。所有在金錢背後的無量不圓滿與不能自主之處，很多生命在金錢流裡面沒有辦法自主的部分全部反應出來，而不是有錢或沒錢的問題，因為不能自主有太多狀況了。

金錢流如來妙法照見，一切安住無我，功德運作自主。

金錢流因果無染當下，虛空密藏人性緣起，不可說之本然俱足。

金錢流世間尊重，功德乾坤，自性自覺，如來能量，金錢正法。

所以，金錢流當中求出什麼？也就是為了要求出一個如來，求出一個自主啊！因為眾生在求財的過程裡面有太多的不安恐懼，全部反應照見出來，這是財神的重大護持。

如來等同於存在，所有的一切金錢流就是如來的運作、如來的存在和自性，金錢就是空性，這是重大恢宏的格局。當你對金錢有這種了義的時候，你任何的評估觀照就會清楚看到在錢財的來去裡面有多少不安恐懼需要解除。所以，在錢財的來去裡面，它檢視出了所有眾生多少的不安恐懼。

人類的金錢流就是各種失去者與擁有者之間在彼此照見、彼此震盪、彼此磨合，透過金錢的掠奪反應了大家對金錢無邊無量的不安恐懼，彼此在給對方機會面對、翻動、震盪，這是非常重要的如實觀照，是莊嚴慎重而不可思議的事情，當下就是要所有人放下。金錢流的對待裡面都在衝撞著人類最深沉的不安恐懼，人類必須靠金錢才有辦法安頓，那麼，當金錢在變動的時候呢？

所以，所有的財神都在表達著眾生在金錢上的精神問題，你求多少，就有多重，那麼，當無求於金錢的時候是什麼？

當我們安住在正法和本位的時候，也要非常清楚地在深遠的制高點、在智慧的根本，了義第一義的空性，知道所有的生命也終究會在關鍵的地方，透過金錢流的流程去照見他自身慣性而通往回歸的路，這是如來在財神法無上的妙法裡面的示現。如何在擁有與失去當中完全不受制於金錢，如何善用這一些金錢，金錢的佈施或流轉，它的重點都是要讓生命恢復。

密金錢流奧義修行結界中道密藏皈依境，佛果終極金錢流法供養第一義。

密金錢流奧義修行結界中道密藏皈依境，佛果終極金錢流佛說不可說。

密金錢流奧義修行結界中道密藏皈依境，佛果終極金錢流變動不動處。

密金錢流奧義修行結界中道密藏皈依境，佛果終極金錢流示現一切相。

金錢是如來當下的對待，空性正法對應出去無量金錢的狀態會讓無量眾生在金錢的對待裡面全部被照見，所以無量的金錢流都是如來要所有眾生當下放下的一個關鍵點。

正法所要示現的是一個無分別的金錢流，透過金錢流的共振，人類也都能夠接受那是等同等持的一個妙法。人類最不安的地方就是金錢，正法就用人們熟悉的方式去解除他們所有的狀態，很多事情不是用說的，也不是用書本，而是用金錢的方式。眾生在金錢中的所有慣性也都是佛法本身的傳法與傳遞，在那樣的傳遞流動的法流裡有多少的承受，都是眾生必須自己去覺受的。

到了一定階段的時候，每一個人的如來會安排讓每一個人在金錢流的整個對應當中轉化與超越，而在慣性金錢的轉換當中啟動生命如來的恢復，不斷地轉化與超越，對金錢的不安恐懼不斷地解除，這就是真正的正法財神。

許多人在面對金錢的工作流程裡面，幾乎喪失了自我，身體也幾乎毀壞掉，但在彌勒正法的財神法裡，不斷地釋放，不斷地供養的過程裡面，卻能養出自己完全不同的存在與內涵，這就是財神，密財神無上正法的莊嚴身口意的即身成就。

金錢流諸國土自淨化。

金錢流不思議自妙用。

金錢流不生滅自覺受。

金錢流不可說自觀照。

眾人的世界、一般的世界需要有一個回歸的通路，所以，還是要有一個基本的結緣，他們當然就會不斷地透過夥伴去互相結緣，讓他們有通路回歸，直到他們面對金錢流有了一定的厚度的時候，才能共同護持這樣的無上正法。也讓所有現在往外求的所有眾生隱藏在金錢流中的不安恐懼，都能夠因為往外求財而全部被翻動出來，解除所有在求財過程當中無量劫的不安恐懼與慣性，而達到他們在金錢流裡面被綑綁的部分，全部解除掉。

結緣性空無上義，金錢法流自圓成。
結緣性空無上義，金錢法流自正法。
結緣性空無上義，金錢法流自照見。
結緣性空無上義，金錢法流自妙用。
結緣性空無上義，金錢法流自覺受。
結緣性空無上義，金錢法流自自主。
密藏妙用金錢流，金錢當來無上義，法流本源法報化，一念三千自輪動，無傷無我無承受，觀因觀果觀自在，空行世尊乾坤袋，如一不二中道義，自主國度皈依境，無關結界清淨智，終極不動自莊嚴。

無漏的金錢流

肉身本身就是金錢，肉身本身就是價值，人類本身存在最大的圖騰就是肉身，所有的金錢流是誰在運作？是肉身當下自己的存在。請問自己以何層次運作所有的金錢流？是以慣性來運作金錢？還是以解除慣性來運作金錢？還是轉換慣性的過程，解除慣性的流程當下來運作金錢？

無上無漏無關法流金錢流，佛首金錢流密一切生死示現。

無上無漏無關法流金錢流，佛首金錢流密一切法供養不思議。

無上無漏無關法流金錢流，佛首金錢流密一切慧命解脫。

無上無漏無關法流金錢流，佛首金錢流密一切自主廣天下。

無量的境界，無量的層次，運作無量金錢的當下就有無量的涵義與法義，重點是在於觀照自身在運作金錢流的時候有沒有任何傷神的衡量，因為**凡傷神之處皆有漏之處，有漏之處就是慣性要解除之處**，就是透過金錢流的運作來審判自己的慣性。

所以，重大空性之圓滿，以無量金錢流之來來去去等同檢視我們所有運作金錢時的慣性，以金錢流審判自身，慣性之所在即傷神有漏之所在，覺所有當下自身傷神之處，解一切而當下放下，判別自身在無量金錢流的運作與衡量裡面尚有所漏之處的慣性，全面性解除，那就是無漏的金錢流，乃如來善護之所在，是人類最後的機會與法緣所在。

逆順之間，金錢法流對應對待，解如來無傷之本法。

逆順之間，金錢法流等同等持，解觀照無傷之修法。

逆順之間，金錢法流共願共果，解因果無傷之妙法。

無量之眾生，無量之慣性，無量之往外，無量之掠奪，所有金錢流之所在等同慣性之所在，是所有一般世界無量存在唯一的事實。當生命在無量世界當下覺一切金錢流等同覺一切慣性之所在的時候，轉一切慣性成一切清楚清明，解一切慣性而恢復如來性，以如來性運作所有的金錢流，無所住於所有的金錢流。

人世人性，因果金錢，金錢因果。

逆金錢順生死，覺金錢法義本源。

有情之妙法金錢，有義之無染金錢。

金錢本身即是審判本身，所有判別的衡量皆能夠解除之，在解除無量慣性的當下，所有金錢流將以另外的法緣、另外的變現、不可說之傳承，示現如來之本義，以金錢流之來來去去。

原罪法義無上義，金錢判別無量分別，一念金錢，念念因緣因果金錢法流，正法金錢，不落入之判別，即身當下，行為金錢，解除解脫，共解原罪金錢慣性。

正法以一切金錢審判所有末世的眾生，萬民能否成為萬主，在於能不能在金錢流當中自主？金錢流的自主與否，在於萬民能否當下放下無量劫來受制於金錢流的痛苦？唯自身存在於每一個運作金錢的當下解除慣性，解除多餘傷神的衡量，無所住於金錢的來來去去，才能不受制於金錢，凡受制的地方皆是不能自主的地方。

金錢傳承，能量等同等義，解承受之妙智，解眾生金錢之綑綁，金錢結界，無關金錢法流，供養生活生生不息之修行正法。

以金錢買賣的當下，自身以任何次第、任何狀態運作對應出去的金錢流，對應各種不同的商業形式，每一個對待金錢進進出出的共振當下，都是要通往共願、共圓滿、共解脫、共成就、共入諸國土、共如來的各自主、互自主、共自主的狀態。透過金錢流的運作當下所形成的對自主的訴求為最後之終極點，因為在無量的存在裡面，金錢流反應了眾生無量劫來不能自主的狀態。

密如來家業共願本業無盡藏金錢流，佛無上本智如來皈依終極大圓滿。

密如來家業共願本業無盡藏金錢流，佛無上本智如來皈依如本如一切。

密如來家業共願本業無盡藏金錢流，佛無上本智如來皈依妙法妙皈依。

密如來家業共願本業無盡藏金錢流，佛無上本智如來皈依行法行當下。

密如來家業共願本業無盡藏金錢流，佛無上本智如來皈依修法修善逝。

密如來家業共願本業無盡藏金錢流，佛無上本智如來皈依收圓圓太極。

主性之所在，解碼一切金錢流，自主之正法，就是無量金錢流之所在，金錢流之無量來來去去為如來加持眾生之共願法流，金錢流本身就是如來共願之重大教法，如來共願以金錢審判、照見所有眾生在使用金錢背後被金錢牽動的不圓滿與思議。

所有面對金錢的不安恐懼都是落入金錢流來來去去的牽動，把自己生命恢宏的如來性全部框死在所有小我對金錢的判別裡面而不自知。所以，智者在一切金錢的對待裡面，面對金錢所有的被牽動之處，全部善逝之，善逝的當下，就是成就的當下。大智慧者當把自身存在於金錢流裡面的綑綁，視之為等同自己自主恢復的重大法緣，在緣起當中落入了金錢等同自身的審判，所判別出落入金錢限制的小我，全部解除掉，這就是金錢來去對自身格局重大根本恢復的妙用，以金錢善護自身如何不落入。

佛圓滿天地自性法流金錢舞動，密行金錢無上智。

佛圓滿天地自性法流金錢舞動，密行金錢終極世代。

佛圓滿天地自性法流金錢舞動，密行金錢實相中道。

佛圓滿天地自性法流金錢舞動，密行金錢虛空遍滿。

故必須莊嚴正視自身存在的各種不同的意識型態，在日常生活中所落入的點點滴滴，各種不同小錢大錢的衡量裡面的不圓滿與落入、被牽動的狀態，必須莊嚴正視之，那是對自身通往自主的重大善護。

密無上當來下生，終究法義金錢流大智慧。

密無上當來下生，終極了義金錢流大圓滿。

密無上當來下生，無關示現金錢流大成就。

密無上當來下生，結界自主金錢流皈依境。

金錢的大小本身即重大的善護，照見自身落入金錢無量劫來的不圓滿，金錢的來去都是在善護著每一個生命如何通往自主，恢復自己如來性的重大照見的根本與如來善護的本義。

終極之共願夥伴，其本身在檢視所有共願、共振、共密碼、共解碼、共成就的當下，在金錢共震盪的當下，觀照金錢妙用的提點。皈依境的完整在於所有眷屬祖先恢復在皈依境上的主位，都等同正法善護之金錢流之所在，其唯一之準則在於一切存在皆等同正法之善用。終極之原點本身等同皈依境之存在，其共願的夥伴在皈依境上無上的金錢流為正法皈依之所在，令自身及皈依境上無量生命存在自主，為所有金錢流重大磁場之法供養，令其安頓在無上皈依境之妙法。

共願原點一切金錢流圓收無量苦難。

共願終極一切金錢流變現無量密碼。

共願皈依境一切金錢流示現無量密行。

無量密皈依境金錢流收圓磁場無上供養，妙法莊嚴世尊成就世間功德。

無量密皈依境金錢流收圓磁場無上供養，妙法莊嚴世尊成就世代傳承。

無量密皈依境金錢流收圓磁場無上供養，妙法莊嚴世尊成就世界圓滿。

無量密皈依境金錢流收圓磁場無上供養，妙法莊嚴世尊成就世人清明。

無量密皈依境金錢流收圓磁場無上供養，妙法莊嚴世尊成就萬代成就。

無量密皈依境金錢流收圓磁場無上供養，妙法莊嚴世尊成就萬有存有。

共願主位之皈依境上首位自主者當以此觀照之，此乃皈依境上無上金錢流主位之基本正法也，得以令所有皈依境上無量眷屬之本靈，在本位當中安住無所住而圓滿自主，以此妙用金錢流。

共願之夥伴彼此在系統上各有不同之皈依境、各種不同對待苦難金錢的納入與領眾之成就，故皆有無量世間尊重的自主夥伴，互為提點、互為共願、互為共佛果、共佛首、共密不可說之傳承與不可思議之圓滿，共願共世尊，互自主共自主之所在不可思議，乃共同終極圓滿之時輪金剛輪動之原點。

金錢所在，如來之根本，金錢流反應到哪裡，無量眾生自我判別到哪裡，令無量眾生自主的法緣當下，成就在他生活的一切對應。

金錢法流，妙結界佛首根本當下。

金錢法流，妙解碼修行層次相應如來。

金錢法流，妙行法緣起性空生活清明。

無量之存在、有形之存在、無形之存在，所有的操盤，金錢之來去本身就是密不可說之操盤，震盪出無量眾生在金錢當下最深的不圓滿。**金錢即如來義，金錢之流向即無量法流之共振**，震一切、解一切乃因金錢本身就是如來之意志。所有金錢無邊無量之分別就要成就所有眾生在無量金錢落入的分別全部判別出來、照見出來，得以走上真正不可思議的生命自主。

逆密之變動，金錢流之無上，自性之金錢流、第一義金錢流、虛空性金錢流、諸國土密供養之金錢流、所有當下放下之金錢流、眾生存在所有無常苦難之金錢流、生死金錢流、男女金錢流、逆向金錢流、苦難金錢流、遍一切處萬有密不可說一切金錢流之存在等同於如來密藏之變現，操盤所有眾生之苦難得以照見，所有金錢的衡量等同本身受制之存在，故密正法金錢流等同密金錢流之正法。

如法金錢，正法能量。

妙法金錢，密覺磁場。

行法金錢，修法供養。

無住金錢，示現天下。

無染金錢，男女世尊。

不受制於無量金錢等於無上金錢之妙用，故終極重大如來之本願在無量密諸國土示現終極金錢流之不可思議，令所有眾生在逆密不可思議的重大金錢流之面對當下，自我審判自己存在之該放下於所有金錢流之檢視，正視之當下，莊嚴其生命所有輪動，以金錢輪動所有無量生死之慣性。

如來藏密不思議變現金錢流輪動一切，金錢本智如來不動。

如來藏密不思議變現金錢流輪動一切，金錢本智還原本源。

如來藏密不思議變現金錢流輪動一切，金錢本智非因非果。

如來藏密不思議變現金錢流輪動一切，金錢本智功德空性。

金錢檢視慣性，慣性放下而妙用金錢流，恢復如來之解脫，乃生命本身生活在一切當下正法妙用金錢之應有空性第一義，正知正覺之生活態度，對應相應於金錢流而不落入，解碼所有如來金錢流之密因密碼。

世尊金錢流，世尊肉身，金錢不往外之教法，等同究竟本心運作金錢之不動性，妙用金錢於一切變動當下，令自身永生永世在金錢流中恢復生命本來面目於生活，生生不息。莊嚴生活及妙用清明清楚第一義空性金錢流，正法中道金錢流及如來正法法流遍一切諸國土，令眾生在肉身等同如來之金錢流當下，法流圓滿而實相莊嚴。

世尊正法金錢流主結界皈依無上無關，主金錢流空性空觀。
世尊正法金錢流主結界皈依無上無關，主金錢流肉身如來。
世尊正法金錢流主結界皈依無上無關，主金錢流空性密藏。
世尊正法金錢流主結界皈依無上無關，主金錢流自性萬有。
世尊正法金錢流主結界皈依無上無關，主金錢流奧義乾坤。
世尊正法金錢流主結界皈依無上無關，主金錢流中道功德。
世尊正法金錢流主結界皈依無上無關，主金錢流當來下生。
世尊正法金錢流主結界皈依無上無關，主金錢流主皈依境。

正法金錢，法流一切無上本智，如來善逝寶生。
正法世尊，自性妙用金錢流，覺照圓覺一切法緣。
正法中道，空性無關，解一切慣性金錢流，圓收主皈依境，生命圓滿。

金錢的供養

金錢的落入就是落入無常世界的時空，就是共主的距離，人類的共同存在，就是共同選擇要不要自主、共自主或共不自主。在共同的時空、共同的世界裡面，存在著共同的苦難，透過金錢遊戲反應出一切的不安恐懼，就是反應出在共同狀態下的生活不能自主的部分，所以人類在生活中不斷地落入金錢遊戲，也在金錢遊戲的每一個交換裡面，買賣著交換著人類的生老病死。

彌勒乾坤袋密金錢納入佈施空性無上，覺金錢法流當下遊戲自在。
彌勒乾坤袋密金錢納入佈施空性無上，覺金錢法流當下自在人間。
彌勒乾坤袋密金錢納入佈施空性無上，覺金錢法流當下人間神通。
彌勒乾坤袋密金錢納入佈施空性無上，覺金錢法流當下能量供養。
彌勒乾坤袋密金錢納入佈施空性無上，覺金錢法流當下共生共滅。
彌勒乾坤袋密金錢納入佈施空性無上，覺金錢法流當下正法如來。
彌勒乾坤袋密金錢納入佈施空性無上，覺金錢法流當下智慧運作。

彌勒乾坤袋密金錢納入佈施空性無上，覺金錢法流當下慈悲納入。

或者說，一生當中的生老病死裡面各種不同情境上的對待，都完完全全地以金錢運作交換所有萬物萬有。所以，萬物萬有等同於金錢在檢視人類的不安恐懼，萬物、萬有、無形世界存在的一切生命，都在金錢當下的對待當中，反應出了人類的一切狀態。

萬有一切情境，對應無量金錢，相應之不可說，金錢檢視萬有之照見。

金錢之智，法流入無生法忍即身肉身一切之對應。

金錢之妙用，其價值在自性功德，會通深化生命無量之回歸。

當人類所有不自主的部分，反應在對金錢存在的一切價值當中，就必須要走上最後的機會——如何自主，與如何面對自主。所有無量的不自主透過金錢遊戲反應照見出來的，就是你與自主的距離，萬物萬有透過金錢，透過一切生活上的點點滴滴，檢視著人類不能自主的部分，當我們畏因於不能自主的部分，在放下被牽動之處時，我們就能彰顯出自性如來的存在，在生活當中，生生不息。

所以，當來下生的正法，就是共一切天下的當下，放下自身所有慣性的等同供養。人類在金錢的遊戲當中，在金錢裡面被牽動的狀態中，全面性地放下，共同解除不自主的狀態，走上一切生生不息的共如來、共觀照、共佛果、共自主的莊嚴生活。

供養之金錢，在牽動全面性天下所有之不動，金錢不二，神通遊戲，涵養之第一義，

萬民共生活，入不二中道尊重之金錢法則，戒之於界別，定之於本位，會通無上本有如來，金錢即共如來之生活生存之道。

供養，供一切無常，透過金錢流，供一切苦難、無常，養當下放下之生命恢復。供養，涵養，供天下之共主，養當下之佛果。

萬物的存在，萬有的示現，萬法的圖騰，無不是一切眾生生生不息的慧命，慧命於一切，當下金錢的妙用，都是萬有本身的示現，所展現出來的就是苦難本身的放不放下的對應與對待，生活本身就是生生不息地活出如來的共願，所有的意願都在苦難當中展現出重大生命恢復的決心。

金錢無常密修行金錢共願究竟，共願行之。

金錢無常密修行金錢共願究竟，本願妙之。

金錢無常密修行金錢共願究竟，一念結界。

金錢無常密修行金錢共願究竟，願力無窮。

金錢無常密修行金錢共願究竟，空性無生。

金錢無常密修行金錢共願究竟，如來本念。

所以，存在於生活中的一切，透過金錢流對待一切萬有萬物萬靈存在的當下，都在檢視人類生活當下每一個金錢對待裡面的供養，養出我們本身重大的內涵，恢復我們的如來性是唯一正法的供養。在生活裡面的對應，金錢流背後的萬有萬物萬靈有形無形一切的存在，都在檢視著我們當下存在被牽動的狀態是什麼，所有的萬物萬有透過生活，在檢視、對應、震盪我們本身的慣性。

所以，萬有的檢視透過金錢的交易與對待，牽動著我們一切的不安恐懼，當下的放下，走上生活生生不息的當來下生正法，就是生活的基本態度，當下的放下就是世間尊重的等同等持的生活，以世間正法的放下來運作金錢本身的妙有。

供養的生活，相應在對應的辯證中，萬物皆有靈，金錢是生命流動的風水，用之引動人即身的不圓滿，金錢是世間是否能互相尊重的即時即刻的反應，若等同也非等持，若等持也非等同，金錢解生活中的落差，圓生命中的知見，金錢即行法上的修行，覺諸有情的苦難在金錢的來去中，圓成即身成佛的本志。

所以，人間的一切生活，在金錢萬有的擁有中，供養世間人性根本清明的生活，人間有愛，情境金錢，金錢妙用，行無行之金錢流，用無用金錢於戒定慧無生功德，成人人信奉之正法。

萬有的檢視本身就是當下的救渡，所以，一切存在的時空，所有無量輪動的存在，永生永世的不滅，就是在恢復如來妙法。在生活當下的不動地，不動而一切存在的本身在存在的當下，都無所住地面對他自己牽動與不被牽動的每一個行為的自我判別，為自身的存在判別自身之生滅，成就自身之對待，相應於自身如來之自主，成就自身存有之永生永世之終極莊嚴的世尊中道正法。

覺金錢萬能密行結界金錢萬有，我以如來行金錢之密因。

覺金錢萬能密行結界金錢萬有，正法以金錢示現。

覺金錢萬能密行結界金錢萬有，肉身即金錢之等身。

覺金錢萬能密行結界金錢萬有，智者以金錢輪動正法。

覺金錢萬能密行結界金錢萬有，覺有情金錢流。

覺金錢萬能密行結界金錢萬有，金錢之愛，眾人納之。

覺金錢萬能密行結界金錢萬有，金錢之情，眾人用之。

覺金錢萬能密行結界金錢萬有，金錢之能量，眾人生活之。

愛之無量義，金錢本質皆解脫之心念。

行之一切法，金錢清明所有解脫的內涵。

用之一切用，金錢是世代傳承必然的道場。

病相即密因的提點

當我們用慣性的方式去處理世間一切人事物的時候，就會累積慣性，而得各種累積所造成的不同病相。但是，當我們往解除慣性、恢復內在如來性的方向去對待我們存在的一切身口意的時候，病相非病相，病相本身就是密因的提點。

無不是的人事物，病因畏因，一切慣性之病，覺觀諸病，一切病即一切如來提點渡化之慣性所在，畏因密因，納入一切肉身之病相。

病即世間一切相對之累積，病於無所，安住於病，畏因本念，一念之無量因果之病相，病之結果，業力之輕重，肉身納入，反應病相之苦，一切病即肉身之眾生相也，消耗用力的人生流程，病之示現，累積之解除，病相密行，善了因果，解碼即身成佛之正法藥師。

佛首一念，念念因果輕重，覺念之落入相對性，覺照心念輕重之意識型態，覺知心念執著臨界之分別，覺苦於心念悖離佛念之知識障，覺所之處，覺念無所，無住之念，無病心念，佛首佛念，念佛觀自在，念念本佛念。

密如來病非病解因解碼當下示現，肉身身口意逆病因畏因生命本然。

密如來病非病解因解碼當下示現，肉身身口意逆病因畏因生活本義。
密如來病非病解因解碼當下示現，肉身身口意逆病因畏因生死本位。
密如來病非病解因解碼當下示現，肉身身口意逆病因畏因男女不二。
密如來病非病解因解碼當下示現，肉身身口意逆病因畏因供養法緣。
密如來病非病解因解碼當下示現，肉身身口意逆病因畏因佛說非說。

慣性即是一種病，如來藉用病相來對應人類的的慣性，讓人們由病的痛苦之中明白自己有哪些慣性的累積。所以，如果不以有問題來看，而以解脫的角度來看的話，病相就是往如來性方向恢復的提點。

病生死之本因，病成佛之當下。

慣性之病，提點相應法流之佈施。

放下慣性即養生即藥師本願。

當你了然了義了很多各種不同介面的提點的時候，你的內在如來也會透過很多有形無形的磁場與因緣來轉化存在於你肉身的病相。所以病相的轉化不是個人表象的因果化解而已，而是引領你在對應所有芸芸眾生或自己身口意的時候，能夠相應於內在如來。**這整個轉化的過程就是病相逐步恢復的過程，也是自身生命恢復的過程。**

無上本智，一念無量密藏，一念無窮因果，一念之觀念，一切執著分別無量之清楚判

別，覺佛首之一念，觀生死無量劫輪迴之存有，靈魂意識，累世慣性之意志，一念記憶，無量輪迴之承載，無上心念，修行無量苦難之轉化於一念，善逝寶生。

一念之分別，無量之輪迴，一念之界別，無量生死之病因，心念之病，病於落入心念本身之分別。

一切生活轉化共同共不同諸病相，病解如來真實義。

一切生活轉化共同共不同諸病相，病解共願真實義。

一切生活轉化共同共不同諸病相，病解苦難真實義。

一切生活轉化共同共不同諸病相，病解存在真實義。

一切生活轉化共同共不同諸病相，病解因果真實義。

一切生活轉化共同共不同諸病相，病解生死真實義。

一切生活轉化共同共不同諸病相，病解肉身真實義。

一切生活轉化共同共不同諸病相，病解宇宙真實義。

病相背後密因的解因解碼就是內在如來法流的流露，有一些人的病痛不是單純的所謂因果病，而是背後有重大的密碼隱藏其中，需要在生命恢復的過程中一步一步解因解碼，有時候是自己個人的，有時候需要與夥伴或眷屬一起解開，在解的過程中逐步恢復生命，病相也慢慢解除。病相若仍有殘留，也許是慣性仍有殘留，也許是密碼解開得不夠，或有更深的密因。

所以，有時候如來會就你現在整個志業當中進行的狀態，衡量你本身恢復生命所需要的能量，同時也檢視你在面對無常時的慣性輕重，來決定你病相解除的多少，讓你能夠在穩定當中逐漸恢復生命，完成志業。

密逆非病密非病無量空性，示現病因善逝慣性。

密逆非病密非病無量空性，示現病因大捨生死。

密逆非病密非病無量空性，示現病因生死放下。

密逆非病密非病無量空性，示現病因如來妙用。

不以識性解讀一切的生老病死，則一切的人生起承轉合不落入一切相對性的慣性之病因，不落入識性，即不落入一切病相的畏因，不必經過一切病相的承載過程，無病不動，非病無生，善逝無量病因，解碼病因畏因即身成佛之莊嚴生活。

密覺一念之密因，密觀無念之本因，密行如來佛念之解因解碼，密病非病，一切病如來密藏之佛念無盡藏，一念無染，萬病解除，萬有生死，無攀無所，一切病一切如來一切慧命，恢復根本重大之資糧。

家族家人家業的密因

在一個家庭家族裡面的所有關係，與所有透過日常生活的一切互動，其中的每一個人把他所有不圓滿的心念與邊角透過家庭當中的情境與情牽，在一個家庭家族的輪迴裡面，不斷地彼此磨合那一份不圓滿的狀態。透過血緣和親族關係，把所有的不圓滿集中在一起，包括過去無量祖先的，以及未來無量子孫的，都在當代以無盡的情牽情絆的慣性和被牽動的部分，大家互相丟來丟去丟給對方，而形成了所謂的家的業障，那叫家業。

家人一切人，一人一因果，一人無量因果，一家無量因果，畏因解果，佛首佛果，因果能量，即身肉身，因緣血緣，解因密行，觀照當下，無預設生死輕重，家人覺受，生死相應，生活對應，生滅即刻，承受輪迴，存在一切，共業共果，如來家業，本生寶生。

無上血緣密家族，緣起分別，修法修行修無上。

無上血緣密家族，緣起生死，共因共果共清淨。

無上血緣密家族，緣起生滅，不生不滅共了義。

無上血緣密家族，緣起供養，不二法供涵養中道。

無上血緣密家族，緣起陰陽，非陰非陽男女共世尊。

無上血緣密家族，緣起智慧，共慣性解因解碼。

因為彼此之間這麼親近，彼此有共同的意願、因果、生死願力、苦厄，一起共振所有的圓滿或不圓滿，通常，那樣的累積對彼此來說都是負面的，都是逆向的。對於那些不能以解脫的角度來看待這些事情的人，這裡面所有的折磨與無奈，是人世間家庭家族的痛苦。

密覺本家無量劫歷代傳承，如來密家業一家共如來。

密覺本家無量劫歷代傳承，如來密家業一家共生死。

密覺本家無量劫歷代傳承，如來密家業一家共法緣。

密覺本家無量劫歷代傳承，如來密家業一家共修行。

密覺本家無量劫歷代傳承，如來密家業一家共祖先。

密覺本家無量劫歷代傳承，如來密家業一家共輪迴。

密覺本家無量劫歷代傳承，如來密家業一家共慣性。

密覺本家無量劫歷代傳承，如來密家業一家共解脫。

但是，正因為這麼親近，彼此之間頻繁地互相牽動與震盪，才能很容易地知道自己和對方的問題出在哪裡。這樣的過程，背後隱藏了真正的正法，它所要引動出來的是如何能真正解除家人共同苦難與慣性的重要內涵。

血緣血親，親人親族，共無量劫之願力。

血緣血親，一切家人家族，出離共家族之慣性。

血緣血親，緣起家族，親近一切苦難，親近一切慣性。

血緣血親，家人家族，共深遠之法緣，共佛果之因果。

血緣血親，家人家族，密皈依境上共祖先共子孫共當世之家人家族，皆如來本家族。

血緣血親，血親非親，生死輪動，解除無盡家人家族之輪迴。

所以，每一個親人都在以自身無量劫的不圓滿來互相照見不空之處與苦難之處。每一個親人，不管任何角色或輩分，不管任何向度與可說不可說的狀態，都是共同修行的法緣。透過家庭的共振，將自己無法自主的地方全部得以被反應出來，其最大的期待與最深的訴求就是──家裡的每一份子通通走上自主的路。他們靈魂體和如來的意願就是要讓親人之間的每一個震盪都能使他們通往成就之路，所以，親人之間的每一個折磨，其訴求都是要使家庭家族的成員全面性地成佛，全面性地圓滿。但這其中最大的條件就是──自主之前要把未能自主的部分全部反應在家人互相牽動的逆向對待中。

家業不空，家人之慣性存在靈魂體之苦難，反應諸苦，覺一切家人之當下生死業力，成佛本因，會通存在之所有順逆等同非等同之處，圓成一家，收圓無量如來本家。

這個知見一定要先建立起來，當有了這個知見的時候，我們就能夠確定，所有家業裡面的困難，它最深的目的都是為了讓所有的家人都走上圓滿的自主之路，這是確定的事實。

家族家人共輪迴共輪動，共密牽動共解家人無量慣性。

家族家人共輪迴共輪動，共密解脫解家族生命恢復之密碼。

家族家人共輪迴共輪動，共密世尊出離家族慣性無上功德。

家族家人共輪迴共輪動，共密輪動家族共圓成無上法緣。

當所有的人類都往這個方向走的時候，就能夠全面性地恢復自主。從此，這個家業就轉變成了「如來家業」，每一個人通過了家人的「考核」之後面對天下，讓更多其他的人得到等同自主的善護與善待。

每一個家庭要面對的是什麼？自己的父母與自己的子女，三個世代有一個基本的和合之後，大道才會產生。當這和合的三世有一個確定的自主性的時候，就能夠在一個共同的家族裡面做為示範，由一個家庭變成整個家族來共同親近善護，就能夠翻動整個原本逆向的部分。

三世家族共無量壽，共三世輪動空性志業大用。

三世家族共無量壽，共三世男女世尊中道無上。

三世家族共無量壽，共三世子孫祖先共自主圓滿。

三世家族共無量壽，共三世因果輪迴輪動本家本業共佛果。

這裡的基本功夫就是「當來下生彌勒正法」，人與人之間、家庭與家庭之間、夫妻之間，親情當中任何被照見的地方，不管來自親人當中的哪一個方位、角色或哪一個世代，都能夠放下，徹底放下，不被牽動，這就是當來下生的正法與磁場。當每一個家人若能夠這樣，每一個家庭就能夠這樣，那就開始全部改變了。

在家的生命、家的實相、家的慧命當中，所有的尊重都必然在當下以微妙的世間法回應在每一個家人的本心，在家人彼此之間的善護當中，也會有由正法所變現出來的世間逆向的觀照，令家人本身的自性功德生生不息的在家的共願當中，以一切可能的苦難，做為相應的解因解碼不可說的內涵，成為整個家庭真正提昇的莊嚴之力，在家的所有生活流程裡面，安住在家的本心當中。

無上家族家業家人無關之觀照，觀生生不息正法本家密大用。
無上家族家業家人無關之觀照，觀無邊無量中道本家密大行。
無上家族家業家人無關之觀照，觀有關無關當下本家密無所。
無上家族家業家人無關之觀照，觀不空成就寶生本家密不動。
觀家人諸有情，佛說家人所說。
觀家人諸有情，無量劫輪迴說。
觀家人諸有情，家業示現不動說。
觀家人諸有情，男女家族不可說。

生活的苦難即是因果的排毒

這個世代人類最大的福報就是我們有非常多的健康資源、養生之法、許多科技下的健康食品，直接就是用最簡單的方式養生。這些複雜的養生食品與藥品吃下去之後，一進入肉身會產生一種初期見效的排毒現象或轉化現象，這點很多人都清楚，人類的壽命得以延長，身體更強健。但是，我們必須想想：為什麼人類的苦難並沒有因此而改變？為什麼人類的識性並沒有減輕？

無不是的生老病死，最深遠的存有，在即身諸苦的轉換。無不是的生老病死，最不思議的存在，在即身不預設的示現。無不是的生老病死，最不可說的存有，在即身最自主的生死不二之運作，宇宙萬靈，本自空性，直心大道，有為無為，輪動以生老病死，無量自在，無窮自主，肉身即身，即身無所不在。

生老病死無不是即身的排毒，即身出離，自有其妙。
生老病死無不是即身的排毒，即身出離，生滅轉換。
生老病死無不是即身的排毒，即身出離，轉化相對。

生老病死無不是即身的排毒，即身出離，即身清淨。

人類並沒有因為外在形式的各種不同科技性的保健養生產品散佈在生活周遭，而使人類的苦難稍微獲得減輕，為什麼？因為人類都是用不安恐懼去建立這些保養養生的知見，這是形式上的寶生。然而，人類內在的寶生是什麼？人類不能只停留在外在形式肉身的排毒，人類必須有個重大的知見，**任何的苦難就是即身無量劫累積以來的排毒，苦難本身就是因果的排毒。**

所以，地球的可貴就是讓無量的生命，以肉身的形式把無量劫來累積的苦難與不能自主的部分全部排出來，排在哪裡？當然是排在我們的日常生活當中，排在我們的身、口、意當中。

苦難必有其義，在身口意了不了義。苦難必有其義，無量劫之所，形當下一肉身之行。苦難必有其義，其義無上尊貴，其密無量劫不二奧義。苦難必有其義，苦難即身覺無所，等身佛成就。苦難必有其義，苦難本無常，叩問畏因處，第一義當下，苦難身即佛身。

不要落入外在的保養保生保健，能生的是即身本身的力量。

不要落入外在的保養保生保健，能相應的是即身本身的力量。

不要落入外在的保養保生保健，能轉換的是即身本身的力量。

不要落入外在的保養保生保健，能示現的是即身本身的力量。

所以，我們身體五臟六腑裡面的毒素，利用健康食品或養生之法排出來，只是因果排毒裡面最表象的淺層。而這種表象淺層的排毒知見，往往卻更加深鞏固人類對死亡的不安恐懼。

身體的排毒是為了讓我們有一個基本的保養之後，以一個比較健康的身體，有更多的能量去面對自身生命，走上一個不安恐懼與識性慣性解除的重要道路。

然而，現在很多人卻把身體的保健鞏固在自己對死亡與老化的不安恐懼上，當然它會有一定的養生功效，但是身體表象的保健養生卻不等於同人類在這整個過程當中照見了自己的根本問題。反而變成顛倒過來，當人們有了外在的健康之後，反而不觀照不面對自己的不安恐懼了，以外在的養生之道來覆蓋自己對死亡與老化的害怕。這是現在許多保養之道背後的最大問題，保養系統建立在不安恐懼之上，所以全是覆蓋性的狀態。

身體本身就是一個覺的能量場，覺之身有其本願之功德。

身體本身就是一個覺的能量場，覺之身有其解除之力道。

身體本身就是一個覺的能量場，覺之身有其莊嚴之究竟。

身體本身就是一個覺的能量場，覺之身有其善護之微妙。

今天我們要提出一個重要的知見：生活上的一切苦難、那些不在我們安全範圍之內的、不在我們預設之內的逆向衝擊，都是因果的排毒。

我們身口意的不安、我們心念裡面所有的意識型態、我們生活中的所有慣性，以如來的立場和解脫的角度來講，那些全都是被「照見」出來的狀態，照見我們所有的思議。所有相對性的心念、所有我們生活中的習性、我們身體所有往外的言說、行為、表達，其本身就是如來在協助我們排毒的過程。只是人類以自己相對性的思維來看它，但是如果是一個大智慧者去看，這些都是排毒現象。

身體密碼的宣告，開演在身口意對應生活的當下，佛身即身，本不思議。

身體密碼的宣告，開演在身口意對應生活的當下，順逆等身，一念無量。

身體密碼的宣告，開演在身口意對應生活的當下，意識型態，解除識性。

身體密碼的宣告，開演在身口意對應生活的當下，畏因畏果，佛首無畏。

因為，我們即身肉身裡面的所有經絡輪脈，裡面藏著無邊無量的密碼，肉身等同於宇宙無量劫的存在狀態，輪脈輪動輪轉因果，排出我們無量劫來即身的因果狀態，輪脈輪動的解苦解難，是出離無量相對的識性，因而我們肉身輪脈與經絡裡面覆蓋的識性之毒得以震盪而出，經由身口意排出肉身之外，這才是真正的因果排毒。所以，我們應該以無分別的本心對應此事。

當我們講功德，功德本身是中性的，一種是恢復如來性叫功德，另外一種是什麼？就是生命的一切好好壞壞，無量劫以來的存在裡面都是功德，任何的功過都存在於即身的肉身裡面。但是如果你今天要通往一個解脫的方向，甚至是即身成佛，你一定會經過排毒的過程，就是你即身肉身所有的經絡輪脈裡面存在的一切密藏、識性和無量因果，在生活中，透過自己或別人，透過一切無常對應所產生的震盪，把所有累積的識性因果全部震盪出來，成為生活中你必須知苦的畏因。當你能知其苦，你才知道你自己有哪些不圓滿、哪些不能自主的地方，這就是在排毒，排識性因果的毒。

身體是生命的有機體，自有其功德身，能反應照見身體的累積。身體是生命的有機體，排出體外，令身體行深轉換。身體是生命的有機體，讓經絡輪脈打破結界，恢復無上密碼。身體是生命的有機體，即身的傳承，無量劫當下身口意，生命之妙用，身體之叩應，生活之相應。

所以，人類的進化過程就是我們必須要把「不乾淨」的部分全部排出來，那就是所謂的苦難。之所以苦，是因為它是一種因果上的毒素。

所以，智慧的人知其苦，面對苦，相應苦的提點。

當我們知道自身問題出在哪裡的時候，把它轉化掉，解除掉，才能真正把毒排掉，要不然，就會一直卡在那個地方。如果今天我們沒有這個知見與智慧的話，會用更大的不安恐懼去強化它，反而阻塞了整個排毒的過程，毒素反而排一半。或者說，在排的過程中，還沒有完全解除的部分，又把排出來的毒素變成製造更多毒素的因而不自知，這就是現在眾生的問題。

身口意排毒的過程，就是轉換的當下，行深的必然。身口意排毒的過程，就是解苦的過程，告別慣性。身口意排毒的過程，就是解除識性，能排得出去的，才能告別辛苦能量的狀態。身口意排毒的過程，就是對應無常中的因果，解除生死中的來去。

所以，我們本身必須面對苦難，觀照整個苦難排毒的過程，在排的過程中，以更大的智慧讓它排得順、排得究竟、排得徹底，不要造成自身另外一種干擾，也不要造成別人的干擾。這就是為什麼我們一定要從面對自己的苦難開始，而且，不是苦難消失就沒事了。當苦難沒有了，但是習性還是一樣，那麼，還是在製造毒素，或者說排掉以後，又往外了，又放縱了，又跟有染的世界開始混在一起了，這樣，還是會承受到別人排出來的各種不安恐懼的氣場。

生命的氣場，即身肉身輪脈的轉化，排除一切識性之毒，排除一切慣性之毒，排除一切苦難之毒，排除一切業力之毒，排除一切輪迴之毒，輪動所有生命恢復的契機。

生命的能量，能所無量，化於轉化，即身普渡，所渡之苦，排毒於即身之肉身，究竟的排毒，在排毒的過程，應不思議之，應不可說之，應觀自在之，排毒是一種法供養，是解除所有分別心的即身出離。

什麼是毒？在哪裡排？有形的是毒，無形的也是毒，我們心念裡面的思議不斷地加重，就是一種看不到的毒素，就是一種苦。因果的排毒是人類目前沒有的知見，這也是在此要傳達給人類的重要訊息與知見。

排毒是解除所有分別心的即身出離，出離知見之毒，出離判別之毒，出離取捨之毒，出離是非之毒。

排毒是解除所有分別心的即身出離，分別之一切，界別之無量，排毒於即身之外，行深於即身究竟。

排毒是解除所有分別心的即身出離，排毒之所，功德顯相，排毒之相，即身轉化之能，能量恢復，如來磁場。

地球的可貴是在於它讓所有地球眾生在一生當中全部把因果給照見出來，顯相在地球上，那就是真正因果的排毒，所以，在地球上生活的輪動是非常不可思議的。地球的日夜時空，其本身就是一種相對性的世界，無論白天黑夜，我們都必須要面對，一天之內的生活就可以面對自身被相對性牽動出來的無量識性。地球所屬的這個太陽系，它的日夜非常的清楚，在其內的生命，都必須面對自身的相對性。陰陽乾坤，日夜輪動，男女對應，相對時空的存有存在世界，令在其中的人類以此面對所有識性的陰陽相對即身生活，以此照見知苦，調整日夜乾坤陰陽的識性。

一個大智慧的人會在地球當世照見的諸苦中，觀照自身應該解除的一切識性慣性，關鍵核心就是觀自在。透過即身肉身每一個輪脈、每一個細胞的每一個對待，當下即身寂滅所排出來的因果識性，這就是無形的排毒。

無量識性，即身排毒，感應觀之，即身不思議之，無上法供養。因果識性，出離肉身，排毒即身，排靈魂體之識性之毒，排肉身轉識成智進化過程之殘留能量，此為排毒之無上功德。

在排毒的過程，應不思議之，應不可說之，應觀自在之，排毒是一種法供養，排毒妙法，無分時空，即身轉換。

在排毒的過程，應不思議之，應不可說之，應觀自在之，排毒是一種法供養，當下排毒，無量劫排毒，生死排毒。

在排毒的過程，應不思議之，應不可說之，應觀自在之，排毒是一種法供養，排毒妙有，覺一切排毒，觀排毒之密因。

在排毒的過程，應不思議之，應不可說之，應觀自在之，排毒是一種法供養，輪動排毒，因果排毒，即身肉身排毒不思議。

在一切相對性當中，我們無量劫來相對性的因果狀態，都會在即身的生活中輪動出來，淺層的、深層的、無量層次的因果狀態都會被照見，這是地球重大的功德。所有相對性的、不能自主的部分，透過肉身的形式，顯相在日常生活當中。

所有在地球的生命形式，以人類的覺性為最高，當人類以飲食方式納入了眾生的生命，結束了這些覺性比較不夠的生命形式，但它裡面的毒素與因果也會等同納入到我們肉身之內，它在功德上形成我們每一天的動力，讓我們能夠活著來面對生命。所以，人類的志業不僅僅是在自身因果的排毒，同時，我們也有責任與萬有萬物共振，是萬有生命共同的排毒。

萬有之有形無形，覺生命生活之一切肉身形式，身口意中一切識性等同無量劫之毒，生活排之，生命寶生，萬有一切等同等持之。如一排毒，即身排毒，無量劫無量世當下排毒，覺萬有之諸苦，排萬相顯相之慣性之毒，肉身排毒，轉無量因果之功德，此為排毒之奧義也。

即身經絡輪脈，即身萬有共振，即身生命共排毒，輪脈靈體，共生命，共轉化。

即身經絡輪脈，即身萬有共振，即身生命共排毒，輪脈靈體，共形式，共有無。

即身經絡輪脈，即身萬有共振，即身生命共排毒，輪脈靈體，共輪迴，共行深。

即身經絡輪脈，即身萬有共振，即身生命共排毒，輪脈靈體，共自性，共自主。

我們日常生活中的身口意，要觀自己即身之苦，不是用意識形態的思議去理解苦是什麼，因為，**意識形態本身就是要被覺知的苦**。重點是我們怎麼去看待自己的肉身，我們想想看：為什麼肉身會具備排因果的功德？而且，為什麼肉身在生活當中能夠輪動出無量劫來的因果慣性？

肉身等同如來之機制，肉身是如來的願力，以肉身排毒方能解因果之累積。生活慣性即輪迴之毒也，生死承受，排毒肉身，肉身排毒，排毒之軌跡即肉身畏因之行深也，當以此視排毒之妙法也。

肉身在進行演化的過程中，能夠轉化無量劫不圓滿的地方，在自身的輪動裡面，形成一個生活的軌跡，和所有當世的眾生萬有共同輪動無量劫共同之苦，大家在共演化、共進化的過程裡面，共同排毒。

所以，我們必須要在生活上有一個戒定慧的功夫，每一個最細微的心念、行為、眼神、言說都要有戒定慧的基礎。因為，無量之細無量之原點，最無邊無量的細就是最無邊無量的大。

即身無量層次之心念識性，引動之身口意，排毒當下，成就無分別於一切無量細微之無窮盡，排除識性，心念排毒，排毒心識，佛首無上，此為心念排毒，即念即解念中一切識性之毒，方能即刻成就念念皆為生命無量細之原點。

被覺的，所覺的，共眾生的，共當代的，一切苦，排毒之，演化無上無量智。

被覺的，所覺的，共眾生的，共當代的，一切苦，排毒之，功德肉身即身觀。

被覺的，所覺的，共眾生的，共當代的，一切苦，排毒之，自古以來一念功。

被覺的，所覺的，共眾生的，共當代的，一切苦，排毒之，演化進化有其義。

若是覺性不夠，不知道自己在排毒，由於往外看的原因，那麼，就會被那個排出來的苦限制住，而造成更大的障礙。

知排毒，知轉化，知不受制，知不往外，所知排其一切之毒，無承受，無所住，覺的當下，即身排毒之。

在覺性的心性中，生命早已有其即身當下的結界，無量劫的無量劫，劫之後，劫之前，劫之中，無不在肉身即身之覺，結界無關於諸有情，諸苦皈依，即身主性，出離肉身，排除排毒，一切自有其無上的本願功德，一切在其中，了義必當下，能出離，解一切承受之處，排毒排慣性，排一切辛苦的狀態，覺之必然，解之必要，有關無關，總在覺諸有情。

這裡所講的因果排毒有很多層次，我們永遠不知道自己的因果有多深多重。很多的狀況是排毒過程不夠完整，因為常會受到干擾，人類並不了解生命與生命的連結性是全面性的，是無所不在的，生活中的干擾無所不在，人際關係牽動的任何情緒、情境、情識，都是等同必須排毒的識性所在。生活無常，無常引動的無量層次無所不在，等同排除排毒，這是非常重要的知見。

我們要在排毒的過程裡面體會排出的識性之毒，從過程中知道自己造成更深毒素的因。所以，必須給自己一個結界的寂靜環境，寂靜才能寂滅。觀自己一切身口意每一個輪脈的因果，為何而排？排掉了什麼？要轉化什麼？如何在生活中找到一個相應的因果排毒過程，又能同時進化自己的功德力？因為排毒的過程就是我們即身的法會，肉身是無量劫因果的交會所在，排毒即身，輪脈輪動即是無上妙法之法會，一切排毒之法，皆是無上甚深微妙法。

生命的法會，那無量的磁場，轉其苦，行深無上，誰在其中？誰慈悲誰？無量排毒，解一切無常，生命的寧靜，身體的排毒，應以平常心待之，平實觀自在，當下即排毒，排毒非排毒，是無常轉恆常的關鍵，一切法無量交會，因果無所不在，第一義遍一切處，即身即排毒，無量連結，無量解決，一排毒無量排毒，生命清明清淨，無上總持。

我們不能一直停留在外在的排毒方法，因果是一種無形的狀態，光靠肉身的養生排毒是無法清除掉因果的，如果一個人的慣性一直在輪迴著，那麼，雖然以外在的方法排了，但又要再排，還是在輪迴當中。排掉了某一個範圍，更深的卻沒有辦法，自己輪迴在那個慣性的行為裡面，也沒有辦法清乾淨那個苦難的形式，同時也會承受到別人排出來的負面能量。

所以，生活中必要的戒定慧、必要的結界與必要的內外在時空寂靜的完整性，必須要建立起來。對自己善逝，排毒到究竟叫善逝，過程裡面找到自己不再去製造這些毒素的妙法和智慧，好好地善待自己即身的肉身，同時，不再以識性運作任何事情。

我們不能一直停留在都是外在的排毒方法，排毒不能只是方法，或落入方法。排毒應是即身提昇的相應，應以恢復生命的自主機能為主，不能只是生理的排毒，更是無上智慧的恢復，更是肉身「覺」、「觀」的能量恢復。排毒不是局部性的，不是預設性的，不是相對性的，排毒是無量劫來的整體照見，知苦是生命本願的訴求，要有這樣的基準，相應排毒之事。

排，一定是把識性的狀態和能量場排出去，所以最關鍵的就是在於自己如何在一個寶生的結界裡面，讓排的過程同時恢復如來性。我們必須很清楚地知道，人在生活中已經在進行因果的排毒，那就是苦本身背後的真正法義。一定要從即身寂滅，自己要成熟到懂得滅掉自己的苦。

寂滅諸苦，即肉身排毒，排掉任何有干擾的能量狀態，不以識性見肉身之存在存有。非識性之智排無量之毒，排毒俱足一切轉換跟轉化，當如此視之。

我們要正視整個識性毒素轉化的過程，要知道為什麼今天生命會有毒素產生？找到根本的因，整個排毒的過程就是轉化的過程，就是進化的過程。

身在其中，身不在其中，身解其義，即身寂滅，識性之毒，排除之。

身在其中，身不在其中，身解其義，即身寂滅，人性慣性，排除之。

身在其中，身不在其中，身解其義，即身寂滅，一切因果，排除之。

身在其中，身不在其中，身解其義，即身寂滅，所有往外，排除之。

能把因果之毒排掉，是無上功德，但大部分的眾生都是卡在那邊，人類以識性存活，以慣性存在，習慣於辛苦、消耗且不相應的生活模式。排不掉的毒製造更多的毒，諸如情緒等等毒素，無任何覺性，因果累積，生死其中，只能在生死當中輪迴，發生一個意外就可能死亡。

人類要進化成為一個覺醒的生命，甚至通往即身成佛，最關鍵的重點就是不思議，不再用不安恐懼去思議任何因果排毒的外在或內在形式，讓整個排毒的過程自進行，它自進行的過程裡面，因你的不思議，而漸漸轉化，你的妙法就會生出來了。所以，不思議會讓你的苦難逐漸遞減，因果遞減，甚至可以讓你不思議的狀態進入到不可思議的境界。

能排毒是無上功德，覺醒的狀態，輪動中的妙法。

能排毒是無上功德，不在形式，本不可說，願力解碼。

能排毒是無上功德，一切情境，善逝當下，寶生無量。

能排毒是無上功德，境界界別，即身莊嚴，解密解碼。

排毒的狀態，在生活的對應中，觀所有的起伏，即身即刻即排除。功德所，本願力，不思議之境界，一苦難一結界，排毒轉化，磁場能量自有其妙義，有形無形有其共同之本然。

排毒的狀態，身覺受之，成就無上之身，一肉身不落入因果，即身承受，即身排毒，即身轉換，即身行深，即身示現，即身解脫，即身莊嚴，即身究竟，即身寶生無量，即身本願等身，即身主皈依境，即身壇城密佛身，即身圓滿。

所有的苦難本身都是生命的有機體，它自己會轉化，但重點是我們不能夠用力，如來自有安排。不要在苦難的過程當中，又用一大堆會造成更多苦的識性去用力做些什麼，結果反而落入了苦難的假象狀態，抓下更多的苦難去排自己的苦難，現在很多的保健系統都是這樣混淆著。

有些各行各業的大菩薩把他們自身的經驗值推廣出去給一般的眾生，協助他們，然後成立保健養生系統。一開始的時候，能夠轉化掉一些基本的問題，但是之後問題來了，他們在擴大系統的過程裡面，自己的內化深化都不夠，結果與眾生結緣一起排出來的負面能量一直卡在系統裡面，轉化不掉，整個系統和裡面的人事物、和延伸出去的保養品或課程變成了一個毒素的集中營，更深的內在性的問題與因果無法轉化。到最後，這樣所形成的菩薩道就完全扭曲變成另外一種形式上的救渡而已，累積嚴重者，甚至會整個系統崩解掉，或者主持者承受不住。在因果當下所輪動出來的苦難狀態，當轉識成智的功德力不夠的時候，也沒有意識到的話，整體的力量就會產生背離正法的狀態，反而變成累積更大的苦，卡在系統裡面。

無量系統，無量識，無量境，無量果，無量有所，眾生處，非眾生遍一切處。

無量系統，無量識，無量境，無量果，無量有所，因果處，非因果遍一切處。

無量系統，無量識，無量境，無量果，無量有所，靈魂處，非靈魂遍一切處。

無量系統，無量識，無量境，無量果，無量有所，來去處，非來去遍一切處。

所以今天我們要強調的是，肉身在生活中的一切輪動，所有的苦難就是整個因果排毒的過程，包含有形的、無形的。除了一般身體的保健養生之道，我們更要觀自在，以不思議而令所有的排毒成為恢復如來性生命自主的重大功德力。以無所住的大威德力，照見一切自身之苦難，自滅一切苦難之因果，以不生不滅的功德力，妙覺無量劫來所要轉化的識性慣性，恢復生命的自主性，於日常生活當中。

即身排毒，即身莊嚴，即身無住，即身寂滅，即身佛成，日常生活，排毒無量。

即身排毒，即身莊嚴，即身無住，即身寂滅，即身佛成，即身當下，排毒不二。

即身排毒，即身莊嚴，即身無住，即身寂滅，即身佛成，平凡人性，排毒究竟。

即身排毒，即身莊嚴，即身無住，即身寂滅，即身佛成，皈依情境，排毒清淨。

無住之身口意，無常叩問於即身無量經絡，出離排毒，出離大捨，出離善逝，告別因果，戒定慧之，無關之，成就之，收圓之，無住無為，無上功德。出離諸有情，出離一切處，出離相對性，出離識性性別，無上出離，究竟排毒，轉識成智。即身身口意，太極身口意，終極身口意，自主身口意，排毒一切苦難處，因果了之，生死了義，佛身肉身佛，無上主性身，莊嚴一切身。

進入無常只為成就自己的恆常

無常的本身就是照見的當下，進入無常的世間，就是要在日常生活中所有來來去去的對待裡面，活出另外一種無傷的自己。

無常之無量層次，一層一次第，一層一無常，一層一情境，無量無常，無常無量，無窮無常無窮盡，無邊無量無常存有存在，等同恆常永世無常無窮盡存在恆常無常。

密無窮根本無常永世覺恆常永生，永恆之智無常之時。

密無窮根本無常永世覺恆常永生，永恆之智無常之義。

密無窮根本無常永世覺恆常永生，永恆之智無常之人。

密無窮根本無常永世覺恆常永生，永恆之智無常之法。

無常見真章，恆常永世真。

真理無上義，永恆無常智。

平凡無所，恆常妙法。

人生大部分是因為不能覺照而被牽動，牽動之本因成就了一切痛苦的本源。所以，人間一切對待裡面的衡量就是要能夠「平常」，平常就是平其心的人生過程，每一個歷程就是一個形成，都是每一個當下所歷經的每一種傳承。人與人之間都在傳授著那一個被牽動的承受，都是有傷的，在有傷之間就是照見不能平其心的狀態，心未平所以傷其肉身存在的狀態。

密覺無常本因恆常畏因永生如來本位，肉身無常非肉身恆常密肉身妙傳承。

密覺無常本因恆常畏因永生如來本位，肉身無常非肉身恆常密肉身法身義。

密覺無常本因恆常畏因永生如來本位，肉身無常非肉身恆常密肉身空性智。

密覺無常本因恆常畏因永生如來本位，肉身無常非肉身恆常密肉身本心戒。

即身成佛的當下就是放下自身在肉身每一個輪脈、每一個經絡、每一個存在裡面被牽動的部分，那些被牽動的地方就是無量劫來尚存的點點滴滴的碎片，收圓圓收一切的目的就是不二、不落入，解除所有互相傳遞的承受。

人類的世界中，最大的困境就是未知未覺地承受一切，互相讓對方承受，也互相承受著對方，所以人存在的世界裡，當被牽動的時候，就變成是一種情緒的病毒，傳遍了整個天下。

人類無常之人性，眾人恆常之本心，感動天下傳承。

人類無常之人性，眾人恆常之本心，感恩當下仁義。

人類無常之人性，眾人恆常之本心，感謝無別等同。

人類無常之人性，眾人恆常之本心，感情一念佛首。

無常的本義就是人在一切照見的當下，能夠無傷而平其心地真正進入自己的恆常——永恆的平常。當能夠平常平其心的時候，就是進入一個永恆的狀態，在不承受的厚度與功德裡面，真正切入如來的本心本性，而開啟重大的解因解碼。

世法時空輪動無上，人心人性本法畏因。

世代藥師生老病死，慣性本性妙法善逝。

世間無常生離死別，世界永恆如一不二。

真正的平常就是凡經驗過的都能平其心，在不承受的覺受裡面，觀照生活中每一個因緣對待緣起的本因，了解在一切萬有萬物的節奏當中，自身如何在行進中修正所有的對應。以這樣的觀照和覺察力，將妙法運作在日常生活當中，調伏自身的本心，那就是我們轉識成智的功夫。

人之說法，以無常示之。

人之妙法，以恆常現之。

人之正法，以平常行之。

人之行法，以平凡用之。

人之不二法，以平實變之。
人之世尊法，以當時覺之。
人之如來法，以即時觀之。
人之終極法，以非時圓之。

所有被牽動的部分都是識性與慣性，所有被牽動的當下都是被照見的當下，我們**落入被牽動的震盪裡面而不自知就是一切無常的本因。**在每一個關係的對待裡面，一切的苦難就是來自慣性的對應和對待，當我們有辦法觀照到一切被牽動的情境，而能夠不落入那個情境，納入所有逆向慣性的供養，才有辦法修正而解除。

密空覺實相佛首恆常當下無常密解碼，無常義法報化恆常肉身示現變現。
密空覺實相佛首恆常當下無常密解碼，無常義法報化恆常肉身生命慧命。
密空覺實相佛首恆常當下無常密解碼，無常義法報化恆常肉身生活出離。
密空覺實相佛首恆常當下無常密解碼，無常義法報化恆常肉身當下解脫。

真正的納入才有辦法真正的收圓，當你覺照到震盪的時候，當下修正一切行為，那就是真正的修行。修正被牽動的當下，行一切正法，解除被牽動的情境，在解除的過程當中，行於無所，無所而住於當下生活每一個關係的對待。

當你納得進來那個震盪，在解除的同時才是真正的放下，無所住而真正的納入就是平其心，當你平其心的時候，你就能夠收圓。當不斷納進來震盪的同時，你就不斷地在收圓自己無量粉碎在虛空中的碎片，你會感念、感動、感同身受，不斷地進化你的無分別心。無分別心對應的每一個行為本身都是一種志業，每一個對應的當下都用無分別心才是真正的收圓。

這對人世間是最大的禮敬、尊重、與莊嚴的讚嘆，而完全了然了義，每一個在各種不同關係裡面的不預設的逆向慣性供養，供出所謂的逆向的震盪，養出真正不落入慣性的互相對待，這就是慣性供養的法義。

法義無常了義恆常，義之不二當下時空。

法義無常了義恆常，義之中道不落時空。

法義無常了義恆常，義之無常存在時空。

法義無常了義恆常，義之恆常萬有時空。

所以，無常所進行的照見，就是為了成就一切生命在當下生活中肉身即身成佛的永恆，永世的存在，等同等持的平等。所有的等候與善護都是為了平其心，一切都要能夠在當下放下而善逝大捨，而有真正觀大自在之生活態度。所有的世態都是為了渡化，每一種行為本身就是一種渡化的轉化，但必須要能夠覺受得到，觀照得到，那一定要有知苦的知見，覺所覺空，空掉所有的慣性。

一個大智慧者的無分別心就是——無量世界只要有任何生命有任何慣性，都等同我本身的慣性。在無量無分別裡面，所有無量生命的不圓滿、所有無量生命未能平其心的部分，都是當下等同我生命存在無邊無量的不圓滿。

無分別就是成就自身平其心的恆常，永恆的平常，永恆平常的歲月所進入的時空與世代就是永世的存在，它就在生活裡面，但是必須要有平其心的厚度，這個功夫就在生活的每一個對待裡面。

永恆恆常無所平常，一念時空不二無量。

無量無常無盡平常，無窮善逝無法妙法。

天地平凡天下平靜，平常安住平等覺受。

每一個逆向都在成就自身永世永恆的時空，當你**落入對方慣性的牽動，那就是無常，**覺照而不落入而能夠平其心，才能真正成就一種平常心，平其心的進入日常生活的態度就是平常。然後，在平其心的厚度裡面成就一種不落入任何對待的狀態，那就是真正永恆存在的時空。在永恆存在的時空裡面的生活與狀態，那個世代本身就是一種永世的生活，永世永生的存在，它在每一刻的當下存在著，永恆存在在永生永世。每一個逆向供養上來的牽動都在成就我們永恆的存在，永恆的存在在平常裡面叫恆常，但是它取決在於你的不落入，**不落入牽動就是不落入無常。**

我們覺照一切而納入收圓，以無常照見一切被牽動的狀態，而成就永生永世的永恆，在平凡的生活裡面，進行著每一個人碎片的收圓。所以，洗滌自身慣性的原罪，就是為了成就自己本來面目的永恆。無量生命無量碎片都等同自己生活中點點滴滴的提點。因此，不能輕忽任何的對待，不要落入任何的對待，不落入的本身就是相應的開始。

無常逆即身法供養成佛佛成，永世之無量。

無常逆即身法供養成佛佛成，永生之無窮。

無常逆即身法供養成佛佛成，永久之傳承。

無常逆即身法供養成佛佛成，永世之存在。

所有的諸相，我們都應該視之為等同自己慧命進入永恆的供養，一切的提點都是重大的法供養，人與人之間任何的行為、來來去去的狀態，皆以無分別心對應而能夠真正地納入。在每一個層次的無分別裡面，在每一個生活當下的供養裡面，每一個法緣都要通往本性的空性。空其一切的重大基礎是——我們能不能納得進來？納得進來才有放下的機會，但是要觀得到，觀自在要成為自身生活中自然的態度。

一切提點，機微妙智。

空所空滅，無為大法。

肉身觀自在，人性觀一切。

來去不可說，神通通神通。

所有的生命來到地球即身成佛的本願，其本然就是一定會在生活的對待裡面相應出一種牽動當下的照見，而在即時即刻當下的行為中，運作出真正永不被牽動的永生的生生不息，在平凡的歲月當中平其心。所以，在日常生活中就要淬鍊出不被牽動的平其心的功德，才有自性之德的恢復。

主性的承諾在如來的本然裡，映照在我們千江歲月的平凡生活當下，江湖的風景就在生活的起心動念，風吹草動無不是如來的不可說之拈花微笑。笑傲江湖在於不被牽動，所有一切關係的無關都在重大的結界裡面所決定的戒定慧。智慧的慈悲就是在於能夠以無分別善護每一個存在，而讓所有的苦難得以不再延伸的結界，就是對苦難眾生的重大善意。

主之無常結界密終極恆常實相，主永恆恆常。

主之無常結界密終極恆常實相，主無常正法。

主之無常結界密終極恆常實相，主無所恆常。

主之無常結界密終極恆常實相，主無念平凡。

一切苦難的對應，到我存在的當下時空即永不再延伸的重大厚度，就是自身永不被牽動的平常的人生。這樣的生生不息才有辦法在不承受的狀態裡面，讓所有的一切關係，無論有緣無緣、無量劫的輕重，都在無預設的對待當下，就自然而然轉化，而不再有任何因果的延續。而過去現在未來在當下時空的行為對待裡面，不再有任何相對性的因果承受，只有解碼解除解困，與當下佛首納入法義的清明清楚。

所以，生活的本身就是一切如來的本義，平凡在於恆常之永世，永世的世代傳承在於人與人之間的每一個時空裡，就俱備了一切圓滿、不圓滿、非圓滿、自主、非自主、不能自主的一切狀態全面性的照見。在人的日常生活裡面，大智慧者以無分別的無量狀態，念念裡面都是無傷的心念，在他自己平凡的狀態中，覺照了他每一個平凡的生活，以此供養他存在的每一刻的肉身行為，他每一個心念、每一個狀態都是莊嚴世間尊重的正法當下，而永生永世在平常的永恆裡面，自主地善護著每一個存在。

實相有緣無常無緣恆常密寶生如來自性，空妙無常自覺恆常無上不二。

實相有緣無常無緣恆常密寶生如來自性，空妙無常自覺恆常無關佛首。

實相有緣無常無緣恆常密寶生如來自性，空妙無常自覺恆常終極世尊。

實相有緣無常無緣恆常密寶生如來自性，空妙無常自覺恆常非生非滅。

主諸國土入無常之無盡人性，人之苦難，承受當下，自主之即時，無常妙因，恆常佛果，自性示現無量無常，知苦解無窮平凡之永恆，主之本義，不思議世代諸有情，不落入一切相對之狀態，終極有義，金剛密行，無二不動，自主天下，無量太平。

無常即如來

無常是什麼？一般人的理解是，無常就是無常，苦就是苦，能見到的就是苦，如何能在無常中見如來？如果以我們人類相對性的經驗來看，我們永遠都見不到如來，只能夠見得到無常。為什麼？因為大部分的人類會想開始改變，都是因為無常和痛苦已經加諸在自己的身口意上，然後才知道要改變。但是當我們想要改變的時候，真的知道要改變什麼嗎？真的有能量有力量可以改變嗎？

我們知道要改變的時候，什麼時候？要改變些什麼？照見於無常的，恢復於如來。

我們知道要改變的時候，生命所知的，生活已知的，都在改變的時間點上變動著。

我們知道要改變的時候，即身之處，無常本身，叩問於為什麼，不見如來，永世之痛，親見如來，永生之愛，在於了不了義自身該是改變的時候。所以，我們知道要改變的時候，是在什麼時候？不管意會到哪一個時候，重要的是，能改變的狀態湧動上來，而改變的當下就是為了意會內在自主的力量，也就是親見自己永恆的如來。

真的要改變的是什麼？以無常見即身之苦。

真的要改變的是什麼？以無常知即身之慣性。

真的要改變的是什麼？以無常知即身之行深。

真的要改變的是什麼？以無常知即身之生死。

大部分的人認為：當我有很多錢的時候，我就可以改變；當我有很多時間的時候，我就可以改變；當我怎樣怎樣，我就可以怎樣怎樣。請問：這有沒有用？有，有某一種層次的作用，但是它並沒有辦法改變苦本身的這個事實。當你有了錢，可以發揮一定的作用，但是也不會因為你有錢就不會死亡；你不會因為有錢，就沒有因果；你不會因為有錢，就從此不再輪迴；你不會因為有錢，就從此不苦。痛苦，只是輕重的問題而已。當然，有錢有閒可以有一定的妙用，但當某種因果的輕重超越你所能承受的範圍之時，這些都是沒有用的，或作用有限。你也不會因為有錢又有閒，就能有智慧，或就能夠解除因果，瞭解為什麼苦難加諸在你身上。

為什麼苦難加諸在身上？是誰製造了苦難？

為什麼苦難加諸在身上？生命自問的，是苦難為何存在這個世界？

為什麼苦難加諸在身上？無常是苦難的等身。

為什麼苦難加諸在身上？肉身的即身等同苦難的照見。

重點就是在這裡，人類就是當無常打上來到一種無法承受的痛苦之時，我們才希望改變，希望得到一絲光明、一些機會。不過，通常人類最希望獲得改變的重點在哪裡？有錢，或其它外在性的改變。但是，所有外在性的改變都只能收一時的成效而已，當世界的變動大到連金錢之類的外在都沒有辦法的時候，人類怎麼辦？

為什麼人類無法進化到有更大的內在性的質變？那就是，不了解人類為什麼會有這些痛苦，不了解為什麼當無法擁有的時候是痛苦，當擁有那麼多的時候還是這麼的痛苦？到底痛苦的本質是什麼？為什麼我這類的人、這樣觀念的人、這樣身形的人會有這類的痛苦？

在最根本上，當你想要找到改變痛苦的希望之時，那就是要先了解：這個痛苦的本質是什麼？為什麼會發生這個痛苦？是誰在製造這個痛苦？是別人加諸給你的痛苦？還是你自己製造了這些痛苦？更有甚者，是否你無量劫以來都在給自己、給別人這些痛苦？當你今天體會這些痛苦的時候，當你希望改變無常的時候，你希望得到的是什麼？你想要的光明是什麼？是不是把苦難解除掉，永遠不要有這個痛苦？

無常的密因，有其無量劫的提點，有其不可說一切無量系統的總持總和。

無常的密因，密行於無常，莊嚴於恆常，生命的希望，皆有其本願功德，無量劫來的無常，一心一德，密因無常，無常的密因。

無常到一個痛苦的時候，我們才希望改變，等到痛苦，不等同等到改變。

無常到一個痛苦的時候，我們才希望改變，等到痛苦，想改變，有能力嗎？

無常到一個痛苦的時候，我們才希望改變，等到痛苦，想放下，真的能嗎？

無常到一個痛苦的時候，我們才希望改變，等到痛苦，能了義痛苦的叩問嗎？

無常到一個痛苦的時候，我們才希望改變，等到痛苦，能以無常見恆常嗎？

無常到一個痛苦的時候，我們才希望改變，等到痛苦，承受得了痛的本身嗎？

人們都會死亡，要不要在死亡之前給自己一個重大的改變機會？以這個角度來看待死亡，死亡本身也在提點著我們，要在有生之年趕快把自己在無常中所希望得到的質變，將那個契機給引動出來。那個就是以無常見如來的機會。

以無常見如來，質變之智，變之本質。

以無常見如來，質變之義，動之本然。

以無常見如來，質變之法，覺之本心。

以無常見如來，質變之密，觀之本有。

因而最重要的是在無常當中的畏因。是誰在痛苦？是你自己在痛苦，這樣的你，是怎樣的狀況，才引來這些痛苦？你自己的行為、觀念、價值、你自己存在的每一種可能性都是製造痛苦的本因。所以，解除痛苦唯一的希望就是你自己本身的改變，因此你要了義你自身的存在，有哪些行為、心念、價值觀念、慣性會導致你痛苦的「因」？如果那些價值永遠存在，永遠有這樣的行為，那麼，痛苦永遠都是會在的。

無常當中的畏因，誰在痛苦？以痛苦自問，身口意的痛是知苦的畏因點。

無常當中的畏因，畏因之當下，即身心念，本因佛果，痛之眾生。

無常當中的畏因，恆常能量，無常相應，承載之即身，轉化之當下，畏因即刻，覺果即時。

無常當中的畏因，無常本如來，如來無常中，一切等同之。

重點就在你的生活態度，你在自身的每一個心念與行為裡面，是不是能夠即時即刻地做觀照？觀照是非常重要的，你要觀照到真正的問題出在哪裡，當你真正從自身下手的時候，找到了自己會痛苦的「因」，因而改變自己的軌跡和模式，這樣，才可能脫離那個苦難的軌跡和模式，或至少往遞減的方向。

所以，真正的希望是來自於自己的改變。當改變了，找到了一個不辛苦的路，我稱之為如來。以無常見如來，就是所有的無常痛苦都在提點我自己會製造痛苦的因在哪裡，當我承諾自己不要這樣子的苦，不再輪迴這個製造痛苦的因，當我放下了那個因，意會到了另外一個自己真正的存在，那個就稱之為如來。會苦的自己就是無常的自己，不會苦的自己叫做如來的自己，如來的自己是無來去的自己。會苦的自己要了知識性的來去之苦，之所以改變，要了解真正改變的無常是什麼，每一個生活的輪迴都在提醒改變成不再輪迴的自己。

改變的時候，通往一個真正無辛苦的路，就是如來，無常是諸佛的布局。

改變的時候，通往一個真正無辛苦的路，就是如來，無常是令一切改變的開始。

改變的時候，通往一個真正無辛苦的路，就是如來，無常是把一切相對識性的生死叩問之。

改變的時候，通往一個真正無辛苦的路，就是如來，無常即身肉身輪動所有尚未圓滿的存在狀況。

這是一體兩面的狀態，當你還有見如來的過程，表示你還有承受諸相的過程，但是能見到總比見不到好，因為如果見不到如來，你將永遠在無常裡面輪迴那樣的痛苦，而完全無能為力。

能否見如來，那是一種覺受，**覺受承受處，轉化承受，放下承受，即見如來本處**，能覺的是如來的本身，被覺的是所有承受的因果之處，如此等同亦等持。我們必須先放下自己不斷在製造各種不同苦難的身口意，我們覺受到了自己哪些有問題的身口意，然後生活中要有基本的戒、定、慧，也要有根本質變的意志，在生活中，對自己進行重大的革命。

我們還必須要有一個重要的知見：所有苦難的照見與無常都是要我們進行革命自己的重大畏因與提點。我們人生的道場、肉身的道場，是見如來的唯一道場，正視自己的無常苦難，就是正視自己會輪迴在相對性因果的生死畏因。

全面性對自己做一個改革的誓言，覺受中的承諾，變革中的觀照，生死中的必然，一切道場，一切無常，即身輪迴，改革變革。

全面性對自己做一個改革的誓言，生命的答案，身口意的叩問，本無預設，一切層次，皆在生死中，承諾自己全面性的質變即身之處。

在生活中，對自己產生重大的革命，革其命，不受制一切的無常。

在生活中，對自己產生重大的革命，變其心，不預設一切的無常。

在生活中，對自己產生重大的革命，改其念，不思議一切的無常。

在生活中，對自己產生重大的革命，轉其身，觀自在一切的無常。

當你對自己願意有這麼一個重大的承諾，當你願意放下的時候，所有放下的過程就是見如來的過程。但這仍有不同的層次，當你還需要有放下的過程時，就是要有無常來提點的過程，就是還會有承受的過程和轉換的過程。關鍵在意會到承受，不管自己給的或別人給的，不管來自任何的對應所產生的承受，重點是：誰在承受？誰給承受？這承受就是自己被牽動的狀態，這個牽動點不管是身口意的任何牽動，就是一切無常的開始。

讓你感受無常，要瞭解無常是什麼，那就是你自己身口意會感受到的痛，比如說肉身會痛，有各種肉身部位的痛，每一個痛都有各種輕重，痛的時間有多久？都在對應因果的輕重，而每一個人識性輕重不一，對每一種疼痛的部位所感受到的輕重又有所不同，甚至會延伸所有病痛的思議，在疼痛的當下，延伸更多的不安恐懼，這就是無常。

誰在承受？誰給承受？誰給誰的？不知道？

誰在承受？誰給承受？誰承受誰的？真能知道？

誰在承受？誰給承受？誰牽動誰的？無從知道？

誰在承受？誰給承受？誰能解決誰的？如何知道？

為何無常就是如來？那就是，你如何對待你自己肉身的疼痛？一般人用更深的恐懼、更大的不安，預設太多的不安層次，落入其中，拉不回來，以一個輪迴之痛造成更大的輪迴之苦，製造更多病之無常。所以，我們必當有所知：這一切都是被肉身的病痛所照見的苦之所在，被牽動之所在。

我們應以不思議、無分別轉識性，無所住於一切，安住於一切無常的疼痛之感，不落入，不往外，不思議，了義痛的提點。以痛成為自己面對的功課，打破自己的慣性生活軌跡，拿病的果成為改變自己的因，才能進入恆常深遠的無上之處。懂得不讓恐懼延伸，懂得在肉身的承受中意會自己如何不承受。身體的病痛是無常，但更是自己生命能量恢復的恆常。深遠之當下，疼痛是如來示現生命不圓滿的地方，即身之痛，因果之點，生死之處，無不是如來即身的善護點。

安住於一切無常的疼痛之感，痛不在痛，痛是另一種感應，感應出真正問題所在，這是重要的知見，以此知見對應於痛。

安住於一切無常的疼痛之感，疼痛之感就是求救的信號，就是生命某一部分想要轉換的訴求，這是關鍵所在，也把存在的問題反應出來，反而才是真正改變自己的機會。

安住於一切無常的疼痛之感，就是修正自己的最好機緣，知道真正問題出在哪裡，能知道痛，才能了義真正要下手改變的地方在哪裡，在改變中迴向給痛的提點，所有的痛就是即身必然要放下的因果，也同時寶生即身生命生生不息的功德所在。

應以如此之角度，無常非無常，無常所在，在於如來主性恢復之處，如來在無常處示現不能自主的無常，示現尚不能究竟的生死。不落入無常，轉一切慣性，等同即身恢復如來能量於肉身。無常之肉身反應諸苦，能反應諸苦的肉身，不就是俱足如來能量的肉身嗎？

所以，無常即如來，如來即無常。肉身是無常等同如來的等同等持，只是在於人用識性的分別去叩問肉身？還是人以放下慣性識性，以無分別不思議去叩問肉身？這是人必須自問於自己的生活態度。這就是關鍵所在。

無常即如來，如來即無常，無常之中，如來當下。

無常即如來，如來即無常，如來之中，恆常即身。

無常即如來，如來即無常，無常恆常，如來如去。

無常即如來，如來即無常，即身如來，無常即身。

我們在生活中對生命的重大誠意就是莊嚴自己一生的旅程，這個旅程，不再只是旅程，這個旅程就是生命當下的原鄉。我們到任何地方，都不會製造任何苦難給自己或別人。

一個真正成熟的生命就是——人生的任何經驗都是回歸本來面目的道路，當下即如來，沒有任何來去，當下肉身的存在就是我唯一如來的本家，我不用再去哪裡，我當下唯一的故鄉就是我如來心性的本心。

我當下的唯一，唯一之中，如一當下，引動不動，當下本心，即身無常，即身畏因。

我之我，無我之，唯一我，無常我，我如來，究竟唯一，當下清明，密行天下，我之本心，如來本體，本位無染，莊嚴其中，即我肉身，即佛等身。

我當下的唯一就是我如來心性的本心，引動本來面目，即身無常。

我當下的唯一就是我如來心性的本心，引動究竟本義，即身無常。

我當下的唯一就是我如來心性的本心，引動自性莊嚴，即身無常。

我當下的唯一就是我如來心性的本心，引動實相終極，即身無常。

當我們恢復到無常就是如來的時候，我們就沒有轉化的過程、來去的過程，會活出一種態度，任何的苦難都是提點，即身肉身，即刻納入，解苦解難，即身回歸生命之本源。不需要再經過任何的苦難，就能夠得見如來，意會到自己走了太多來來去去的往外追尋的路，而產生了輪迴的痛苦。當照見了自身痛苦的時候，同時也照見了回歸如來的路。所以，每一個苦難都在提點回歸如來本家的路。

無常本身就是道場，回到自己的道，回到自己的本家，肉身即本家。本家所在，覺受一切承受，在形式的，更在解一切的形式，當下放下一切苦難形式的時候，必會得到如來恢復自主的重大承諾。

肉身是無常等同如來的等同等持，肉身即道場，無常是功課，如來是肉身本家，無常是通往如來必經的唯一道場。

肉身是無常等同如來的等同等持，等同覺受之如來於一切無常處，等持示現之如來於當下無常處。肉身密藏，輪動無常，如來法義，法流常住，法身肉身，無常如來，無常等同等持即身如來肉身，即身肉身無常處即等身等同等持如來處。

若我們能夠不必再經過任何苦難即能夠見到如來的時候，表示我們的覺受裡面沒有任何承受，這個時候我就是我的如來，我的存在就是唯一的如來。照見諸苦，親見如來，如來臨在，本無所不在，即身覺受的當下，都是叩問自己無邊無量的存在存有。那麼，我到任何的地方、任何無邊無量的世界都不是問題。因為，如來就是一切痛苦存在的根本究竟，等無差別，痛即如來義，痛之提點，等同畏因，納入轉換，如來親臨。

當恢復即身無常就是即身如來的時候，無常本不是問題。

當恢復即身無常就是即身如來的時候，即身無常覺無邊無量恆常。

當恢復即身無常就是即身如來的時候，清淨無常，自性如來無識性。

當恢復即身無常就是即身如來的時候，密行無常，空行諸佛非識性。

無常就是如來，在無常裡，我們在一切人世經驗裡面，全部都無所住。無所住常存的當下，如來即等身的我，過去無邊無量存在的來來去去的無常經驗，都是等同如來的存在。所以，我無量劫的無常就是我無量劫恆河沙數的如來，而當下的我是唯一的如來。如來無量，一切本無窮，無量之無常，一切無所住於無常即是恆常之所在。

我今以自身之肉身，以經驗過這一切苦難形式的提點而回歸當下，即身生命當下覺受的一切，等同等持即身當下輪動永無承受的即身如一不二，即是生命當下得以在第一義的心念裡面，示現無上自主的恆常心性。

我就是如來，不以無常見如來，因為無常本身就是如來。在這種情況之下，我能夠確定我的生命在生活中的自主性，不再有任何的罣礙，不再有任何的承擔或承受，因為我即如來，眾人皆如來。如來示現眾人之無常恆常，肉身叩問，即身相應，照見無常，了義恆常，眾人即如來，眾人在無常中見如來，如來在無常中引動眾人的恆常，在日常生活中，成就眾人的自主。

來來去去的無常是無來無去的如來，第一心念，無常即如來。
來來去去的無常是無來無去的如來，當下究竟，無常即如來。
來來去去的無常是無來無去的如來，如如不動，無常即如來。
來來去去的無常是無來無去的如來，法報化身，無常即如來。
來來去去的無常是無來無去的如來，覺諸有情，無常即如來。
來來去去的無常是無來無去的如來，觀自在佛，無常即如來。
來來去去的無常是無來無去的如來，即身肉身，無常即如來。
來來去去的無常是無來無去的如來，覺識性空，無常即如來。
來來去去即無來無去，如來密行，空行無所，自來自去。
來來去去即無來無去，無常叩問，應之無常，恆常其中，永恆不二。
來來去去即無來無去，生死來去，無因無果，識性本空，如來無常之。
來來去去即無來無去，來去的，不在來去，無來去的，如來如去。輪動其中，生死無上，本自性海，諸佛示現。

第二章

無常慣性的照見與轉化

「好可怕」心態的悲哀與殘酷

有一些人活在自己的世界裡面，每天都很快活，然後看到了電視上、報紙上的一些死亡新聞，就嚷嚷著說：「好可怕！好可怕喔！怎麼會發生這樣的事情？」一邊與同事朋友談論新聞事件，一邊講著這個人怎麼會這樣，那個事怎麼會那樣，一直講著「好可怕！好可怕！」有的時候，這是人世間一種很深的悲，也是很深的殘酷與無情。

人世間，我們必須把最深的悲放在生命中最深的地方。人世無常，誰的無常？誰製造的無常？誰最深的悲？在誰的無常中悲自己在人世間的生命悲歌？

為什麼可怕？可怕什麼？我們每一天在電視媒體上看到有多少國度、多少人民他們為了生存而顛沛流離？有些國家的小孩在很小的時候就必須被賣掉，或年紀輕輕就必須在街上討生活，而有一些國家為了某一些意識型態或搶奪資源而爭戰，很多人只得去打仗，十多歲就必須拿起槍桿，或是被自己國家的政府軍給殺死，甚至無辜的人民被強權國家的轟炸機炸死。

多少國度？多少人民？誰的一己之私？延誤整個國度生靈的成長。多少歲月？我們曾

經的生死，我們為誰在做撕殺與掠奪？回不去的或是已毀滅的，只剩下記憶的可怕。習慣於無情，很深很深的殘酷，我們能這樣繼續存活嗎？

我們在好可怕些什麼？如果我們在看電視而我們真的能夠感同身受的時候，我們還會說好可怕些什麼？電視上播放的那些國度正上演著血淋淋的事實，然而只要當我們說著「好可怕！好可怕！」的時候，難道就以為那些事情不會發生在我們身上，是不是？當人們嘴上說著「好可怕！好可怕！」的時候，心裡卻想著：「最好不要發生在我身上，一定不會發生在我身上，永遠不會發生在我身上，我身上永遠都不會發生這樣的事情，我一定會很平安的，好可怕！好可怕！那都是別人的事情」，是不是？

知道可怕的，不會是最可怕的。

不知道害怕的，才是最可怕的本身。

或者不知道要害怕什麼，更是最害怕的本身。

可怕的是不知可怕的可怕，害怕的當下為什麼？

可怕的是不知可怕的可怕，害怕的叩問，答案如何？

可怕的是不知可怕的可怕，害怕的生死，無從追尋。

可怕的是不知可怕的可怕，害怕的磁場，迷失自己。

這樣真的很可怕，因為這樣不經心的一句話「好可怕！好可怕！」的本身就是一件非常殘酷的事實。講「好可怕」這些話的人看著電視上的生死的新聞，卻想著：「我跟他們是不一樣的」，所以就算看了再多類似的新聞事件，他的覺受還是永遠封閉的、隔離的，因為他以事不關己去看著與自己同種人類的生死。這樣，人們是永遠也不會開悟的，因為他無法真正納入任何的感受與感動，更看不到事件背後的畏因。這就是不知苦，說一句「好可怕」並不代表知苦。

當無法感同身受的時候，也只是為一己之私在害怕。

當生命只剩覆蓋，再害怕什麼也沒用。

追求什麼？若用力往外，那是必須害怕的事。

知苦，知一切，知當下，知諸相，知己知非知，能知的已非知。

知苦，知一切，知當下，知諸相，知己知非知，當知的不可知。

知苦，知一切，知當下，知諸相，知己知非知，真知的知非知。

知苦，知一切，知當下，知諸相，知己知非知，佛知的不可知。

這就是為什麼佛法裡面要講菩薩道的原因，因為菩薩道就是——打破所有的封閉相。

我們一定要了解，任何的因果發生都有其必然性，沒有任何人類的苦難是偶發的，只是人類目前沒有智慧在共同的世代裡面看到其因果的本然與畏因的提點，人類目前的任何文明科學進展都無法有一個核心的價值或團隊，去瞭解到整個人類世代文明背後的因果是什麼。世代文明的因果如果透過科學、透過有形的、透過無形的、或透過靈魂體、透過生活、透過一切介面，成立一個真正的「因果教育」的機制，從平常，從小時候，一直到老，讓整個人類都要有一個非常清楚的社會教育，或甚至是專業的因果教育，那麼，也許可以讓人類了解並感同身受整個世代的因果與困境。

人不知敬畏，就不知天地之關鍵所在，那是可怕的狀況。

人最需要害怕的就是不了解自己。

人世間，因人的存在對環境的掠奪，人成為其他生物最害怕的對象，而人竟不自知，還為一些不重要的事假裝害怕。人把許多生命當做食物吃下去，那些生命不害怕嗎？人被吃下去的時候，人這樣覺知的狀態，將會是何等驚怖的害怕？

人要能不害怕，先從自身的改變下手，改變對其他生命的對應態度，那就是世間尊重，人才能感應相應而解除一切相對性的干擾，生命與生命之間不再有任何的不安恐懼存在。

佛因，佛果，佛說，佛法，佛首，佛智，佛密，佛心，佛身，佛示現，因果教育。

佛因，佛果，佛說，佛法，佛首，佛智，佛密，佛心，佛身，佛示現，生死教育。

佛因，佛果，佛說，佛法，佛首，佛智，佛密，佛心，佛身，佛示現，男女教育。

佛因，佛果，佛說，佛法，佛首，佛智，佛密，佛心，佛身，佛示現，生命教育。

我們在結界當中的時空太久，變動性弱，生命只想用結界中的資糧去維持既存的時空，結界中的生命，面對與調整的能力將逐步的喪失。但是，如果過度打破結界的範圍，外面的因緣果報從四面八方湧動上來的時候，又擔心無法承受結界外的業力，而可能導致所有的狀態瓦解，這是兩難的法緣上的觀照。

誰知道？誰結界？誰所說？誰皈依？誰打破？不再問誰。

誰知道？誰結界？誰所說？誰皈依？誰打破？不必問誰。

誰知道？誰結界？誰所說？誰皈依？誰打破？還能問誰？

誰知道？誰結界？誰所說？誰皈依？誰打破？因果是誰？

所以，在結界中的因果教育，就是畏因納入，不論斷所有相對的外在條件，才有辦法在一切的當下，以微妙之機制，行妙法之善逝，有結界或沒結界都能夠對應結界內外的一切因果，而走上正法之路。所以結界中的善護，是結界當下其本心不執著任何結界的功德力，結界的時空，不執著、不預設。

結界的打破，有如來布局的不可說，當不再有結界的時間已到，一切時空的質變必然產生變革的時候，當下變動，當下不落入，自能相應，而在無量時空皆有生命的自主能力。

革命的時空已到，變革的法緣已到，質變的世代已到，成佛的因緣已到，寶生的妙法已到，無預設而得無量，無對應而自相應，無時空而自結界，無量納入，密行本空，正法親臨。

我們如果執著在一個結界裡的時空，是無法調整的。但是當我們必須往外面對一切的時候，我們將可能承受所有結界外的因果，這一切就會造成人類很大的不穩定。因而這是每一個人的生命都有的責任，所有這種因果教育的核心任務就是要能夠轉化並提點整個世代，讓人們有一定的穩定性與了然了義的基本觀照力，整體人類才能夠得到重大的調整與平衡。那麼，很多的天災地變、很多人與萬有世界、大自然的苦難會減到最低。

一個人，一提點，一生命，一世代，萬有本有。

一個人，一提點，一生命，一世代，時空虛空。

一個人，一提點，一生命，一世代，生命生活。

一個人，一提點，一生命，一世代，無關結界。

但是，人類不懂得這些，就算有少數人懂，也無法成為主流，這就是非常可悲的地方。為什麼？就是這種心態：「死了好多人喔！好可怕！好可怕！」當你講「好可怕」的時候，別人的死對你來說還是理所當然與你無關的，因為你是封閉的，這不是真正的知苦，你並不是真正覺到了那個苦。

不能覺悟，怎麼樣害怕都沒有用。

若能覺悟，不是害怕，而是提點。

若已覺悟，沒有害怕，只有相應的生命恢復。

然而，知苦是什麼？我們一定要突破所有自己無法納入別人生老病死的覆蓋，若當我覺受到了別人的苦，我就從我自己本身去調整，這樣我才能解除自己，也才能夠透過我的平台去提點同世代的人能夠不再落入那個國度裡面的沉淪與輪迴，這是非常重要的。

覺本覺，覺無上，覺畏因，覺無量，覺平常心。

覺本覺，覺無上，覺畏因，覺無量，覺一切義。

覺本覺，覺無上，覺畏因，覺無量，覺生死海。

覺本覺，覺無上，覺畏因，覺無量，覺諸有情。

每一天那麼多的訊息，電視也好，報紙也好，周遭發生的事也好，那都是跟我們等同的人類肉身在面對的生死，我們沒有任何存在的可能性說那個好可怕，因為，那就是事實，那不是一句「好可怕」就能夠避免的。

人類一定要能知苦，了知那是什麼樣的提點，瞭解為什麼會有這樣的苦發生，了然什麼樣的行為會發生這樣的苦。那麼，我們就不能去活成那個樣子，也不能讓自己與同胞活成那付無法感同身受的封閉的德性。否則，當你擁有的時候，這種德性就會造成以你的身口意、意識型態、行為動作傷害了你的同類，這是「戒」。生活上的一切行為都一定要有一個基本的戒，人類才有辦法在每一個精神層面上都是穩定的，在穩定當中，人類的智慧才能夠真正地開啟，才能有辦法進化。

要不然，人類會被整個擁有物質的那種外在性完全覆蓋下去，到最後都只剩外在性、侵略性的衡量，這樣的可悲與殘酷將會永無止息地發生在人類的世界裡面。當它超過了人類所能負荷的時候，人類就會去傷害非人類的其他萬有的世界，這是何其重大的悲。

心性之德，淨化之義，開演國度，萬有宇宙，何其自性不可說。

心性之德，淨化之義，開演國度，萬有宇宙，何其自性不思議。

心性之德，淨化之義，開演國度，萬有宇宙，何其自性聞思修。

所以，我們一定要在生活的態度上隨時觀照而畏因。生死之事真的好可怕嗎？一點都不可怕。真正可怕的是，你用什麼樣的心態在講「好可怕」。因為你認為那些不會發生在你的身上，這種心態就是人與人之間完全阻隔的一種狀態。這些心態都要全部解除掉，打破掉，永不存在於人類彼此之間的對待裡面。

天下沒有可害怕之事，只有不瞭解自己之事。

不瞭解自己所做的任何事，才是最可怕的事。

人因為執著了，而害怕了執著之外的事。

人只願在已知中存活，害怕所有未知之事。

我們今天一定要有非常清楚的知見與感同身受，就是——所有的生死等同我的生死。

若今天我們能有這種等同性，我們才有更大的格局去觀照而畏因，至少我們不會讓別人去承受我們的苦，我們也能夠不承受別人的。彼此之間不互相承受，成為一種生活上的態度，一種日常行為的世間尊重，這樣，人類的層次會逐漸改變。

生死之路，因果算計，男女等同，感應天地，改變自改變。

生死之路，因果算計，男女等同，感應天地，不動自不動。

生死之路，因果算計，男女等同，感應天地，當下自當下。

生死之路，因果算計，男女等同，感應天地，世間自尊重。

因此，我們不要對任何的狀態說「好可怕」。如果當事件發生在你身上，而且別人也對著你說「好可怕！好可怕！」的時候，請問你自己又會如何感受？

很多事情並不可怕，可怕的是你覺得好可怕。因為你覺得好可怕，因為你認為那個狀態、那個苦難不會發生在你身上。但是，對不起，那只是暫時沒有發生而已，目前沒有，何時發生？不知道，不預設，不思議。因為，我們永遠不知道誰會發生什麼樣的苦難，這是無法預設的。所以，我們沒有權力，也不應該心存一種「好可怕！好可怕！」的事不關己的遠離心態去看人類的苦難。

已知的，落入已知的而不自知，才是可怕的。

不知的，害怕不知的，是無知的害怕。

已知的未必是真知的，不知的未必是可怕的。

不可怕，我們要了解，真正的苦難不在任何的形式，都在你自己的本心裡面。直接會通所有的感動，感動中相應即身的變動，變動中引動相應的感應，感應的無量成一種生命生活等同等持的恆常狀態，成為我們生活上真正解苦的一種基本生活態度。

無量形式，一切心性，本心本然，本不可測。

無量了義，一切本性，如來佛果，無一定法。

無量無窮，一切慣性，佛說非說，正等正覺。

無量寶生，一切平常，畏因善逝，共願等同。

無量功德，一切自主，不可思議，實相莊嚴。

以不安恐懼解如來密藏

若你這一世產生了一個重大的願力要走上解脫之路，當因緣成熟的時候，你內在的如來就會讓你開始走上一個轉識成智的生命面對與識性解除的過程。你內在所引動而顯露出來的不安恐懼，也就是識性的部分，內在如來會安排你自身的因緣果報，讓你有機會能如實觀照所有不安恐懼的意識型態。這裡指的因緣果報不一定是發生所謂的結果型的報復，不是，而是要讓我們有機會能完完全全的寂滅自己的任何不安恐懼。我們一定要有非常清楚的願力，這個願力本身承諾了、保證了我們在一生當中，有足夠的機會把我們過往所有不圓滿的不安恐懼全部反應出來。

密不思議無量不安恐懼當下無量劫無生法忍，生命是自身的意會。

密不思議無量不安恐懼當下無量劫無生法忍，人性即所有存有的妙用。

密不思議無量不安恐懼當下無量劫無生法忍，人即自身因果的法緣。

密不思議無量不安恐懼當下無量劫無生法忍，人照見願力知苦的行為。

不在不安中生不安。

只在不安中不延伸。

不安不是安不安的問題，而是畏因不安，即身提點。

為什麼我常常強調照見？因為不圓滿一定要反應出來，如果反應不出來的話，就等於沒有任何機會解除。所以，當反應出來了之後，我們就有了面對的機會。重點是在於說，我們不能夠預設哪一些狀況我能面對或哪一些我不能面對，那個本身就是一種分別心，這是很多修行者面對生命完全沒有辦法意會到的關鍵部分。

面對生命的本身就是無從選擇的，你是個人面對呢？還是你要面對天下？面對天下就是走上菩薩道，那是更沒有辦法預設的，你怎麼會知道別人的因緣果報有多輕或多重呢？

如來所說，已知之照見，必然之交會，知苦當下，相應即身寂滅之本能。

佛說一切，不可說非已知之當下，眾生說，已知之不安，非已知之非不安。

所以重點是我們要無分別的、完全如實的去面對內在震盪所丟出來的任何不安恐懼，以任何形式顯現都沒有問題。我們的重點不是畏懼，而是當今天我們有機會把不安恐懼丟出來，就表示有解除的機會。

但是如何進入解除？重要的是，要有「觀」的能力，若要有「觀」的能力，就必須要能夠從中跳出來，若跳不出來也沒有用，因為很容易又會被不安恐懼拉回去。如果戒定慧的基礎不夠，會很容易的拿自己的不安恐懼去與別人的不安恐懼碰撞，那樣，就又會產生一個更複雜的多層次的狀況，自己內心又很受傷，然後，又與別人一起產生一個以不安恐懼共振的輪迴。這種延伸真的是非常非常痛苦的事。

愛就是不再有任何牽動的狀態，來對應人世。

解除該解除的，機會是人無量層次回歸的法會。

輪迴之中，真假無分，輪動其中，不動天下。

所以，我們在自身的不安恐懼引動出來的當下，一定要有一個正知見就是這個不安恐懼讓我有機會面對自己的生命。因為那個不圓滿的問題就是非常清楚的存在在那邊，然後，要有從中跳脫的能力，跳脫的同時，才能夠真正意會到那個真正的自己，因為那個能夠從中跳脫分離出來的那個自己是另外一個自己。大部分的眾生是沒有辦法從不安恐懼中分離出來的，所以也一直活在不安恐懼當中。但是能夠跳脫出來的你又是另外一個不同層次的你，當你逐漸熟悉了能夠跳脫出來的那個你的時候，就開始進入了一個「我難免會有不安恐懼，但是我能逐步地不受制於不安恐懼」的狀態。那才是一個比較健康、比較完整的自己的開始。

解無量不安，成無量無住之寶生，以不安成回歸之路。

解無量不安，成無量無住之寶生，不在問題，而在心念。

解無量不安，成無量無住之寶生，能解的一定來自放下。

解無量不安，成無量無住之寶生，人不在選擇，而在不落入選擇。

一個人若是一直活在不安恐懼中，無論他擁有什麼或失去什麼，都是在輪迴性的因緣果報中起承轉合，喜怒哀樂，生老病死而已，沒有「觀」的能力，沒有「覺」的能力。他在一生當中，能真正的把另外一個完整的自己給沉澱出來的機會與能力都沒有，他可以做很多事業，他可以做很多轉移，但是那些都和生命本身的提昇與質變自己的生命沒有任何關係。因為就算有一點感動、一點改變、或一點相應，馬上又會被拉回去，做很多表面的事。

失去也好，得到也好，若在輪迴中，而意識不到，是什麼都不能好。我們要得自己的智，得自己的路，行一切的，都是自己在走的身口意，一切的不安，無量的恐懼，滿身的疑惑，都沒有關係，走路的人是自己當下的一切狀態，把不自主的都灑落在滿地，只剩一身清淨的自主。

當你能夠跳脫出來的時候，那就代表了你的生命逐漸成熟，當你已經完全具備跳脫能力的時候，若又能安住在跳脫出來的狀態下，你就是一個逐步成熟完整的、清楚的自己，那也代表你是一個能夠觀照的人，不論對自己或對別人，所以這種人的生命會比較敏感，比較細緻，比較完整，比較當下，比較能夠覺受。

對無我的自己，應當下的眾人，有關係也沒關係。

對無我的自己，應當下的眾人，有所為也無所為。

對無我的自己，應當下的眾人，有一切也無一切。

對無我的自己，應當下的眾人，有生死也無因果。

當你能夠「觀」、「覺」的時候，你要拿這個基礎做什麼樣的準備？就是進入不安恐懼的解除過程，就是開始進入如來密藏的解碼。所以當你能夠無所住的時候，你是胸懷如來天下的所有密藏於你自己的存在裡面，那時候，你不止是面對自己的不安恐懼，你願意面對所有人的不安恐懼，你願意面對無量世界的不安恐懼。你不斷地面對，不斷地覺所覺空，然後，你的格局、你的範疇、你的質變就不斷地恢復與擴大，深無所深，廣無所廣。到最後，不安恐懼已經不再是不安恐懼，不安恐懼就是真正切入如來密藏的關鍵切入點。那時候，已經不再是生死的問題，而是解如來密藏的真正入口。

面對的對應，對應的相應，應對的對應，深於無深之深。

面對的對應，對應的相應，應對的對應，行於無行之行。

面對的對應，對應的相應，應對的對應，覺於無覺之覺。

面對的對應，對應的相應，應對的對應，觀於無觀之觀。

不安非不安，人之平凡平常，解一切識性，解一切密藏，大智慧之大圓滿，大究竟之密空行，如來示現，無量不安，無量提點，佛身畏因，畏因佛成，生活生命，生命生活，

不思議自如來。

所以，**當你「覺」無所住，「觀」也無所住，完全是以不思議存在於日常生活的時候，你的行就是「密行」，你的觀就是「密觀」，你的覺就是「密覺」，一切都是如來密藏。**到時候，你的身就會等同如來身，寂滅所有的相對性，當滅無所滅、不生不滅的時候，你自己的存在本身就是空性，就是大智慧、大涅槃。不是肉身死亡才叫涅槃，涅槃就是當下你完全「應一切而非應一切的自在」，那麼，如來密藏就源源不絕的、生生不息的在你的生活生命當中。你看出去的別人的不安恐懼，對別人來說是不安恐懼，但對你來講卻是他的如來密藏，你看得到他的如來密藏，當然不是他的如來密藏，而是你自己完完全全等同他如來存在的如來密藏，這個如來密藏有無邊無量的運作、無邊無量的寶藏，生生不息的在你日常生活當中。

密如來密藏密無量佛首佛果密當下無上天下，滅無量即身之滅。

密如來密藏密無量佛首佛果密當下無上天下，生無量即身之生。

密如來密藏密無量佛首佛果密當下無上天下，密無量即身之密。

密如來密藏密無量佛首佛果密當下無上天下，法無量即身之法。

密如來密藏密無量佛首佛果密當下無上天下，空無量即身之空。

密如來密藏密無量佛首佛果密當下無上天下，覺無量即身之覺。

無得而無量自得，捨一切而一切自性功德自顯相，無量諸相，諸相無量。生滅非生非滅，寶生不思議，善逝不可說，生命自叩問，生死自安排。本體無界，本法無法，密空性，密一切功德佛果，等同世代，等持世間，正法正覺，實相自主。

無所住於世界的慣性

有一些人生命到達某一個階段，會有一種特別的覺受——世界無我棲身之處，他們可能已經對這個世界上的一切幾乎已經沒有任何興趣了，覺得自己是不是老了，所以才對很多人事時地物都興趣缺缺。對節日、活動、社交、娛樂、鬧區、知名景點……這些一般人常感興趣的東西都覺得好像跟自己不太搭調，甚至覺得現在的住家、城市、國家、甚至地球也不是自己真正的家。

無我來去無傷無所觀自在，時空輪動不動覺諸有情。
無我來去無傷無所觀自在，時空輪動不動覺生死情。
無我來去無傷無所觀自在，時空輪動不動覺男女情。
無我來去無傷無所觀自在，時空輪動不動覺相對情。

如果你也有這樣的一個深刻的覺受——世界無我棲身之處，請不要落入一般慣性世界的理解，以為自己是所謂的漂泊的、沒有一定棲身之所可待的這種想法，或是認為自己一定是外星來的。如果落入這些想法，就一定會變成往外尋求，而不斷向外延伸出去，有些人甚至還會到世界各地去尋找一個合適自己的地方，夢想著一個真正的家。終究有一天，你會失望而歸。

這個覺受本身是帶有深刻而深遠的涵義在的，我們要以如來本義去觀照解讀這樣的解脫內涵，而不以世間的慣性方式來看待。

覺受本義，觀妙法皆本然。

無來無去自來去，來去當下本善逝。

無染空性，世間自安住，生老病死如來本。

這種「世界無我棲身之處」的覺受代表著——無所住於世界的慣性，也不再有必要承受慣性世界的時間、空間、環境、各種人事物……的干擾。你不必再有慣性的棲所，不必再去適應世界的慣性形式，自身更不必再累積更多的慣性，你的身口意反而應該要開始進入一種「遍一切處都可以自在、自主、全然」的狀態。這表示你自我的渡化已經進展到可以通往一個完全無慣性的狀態去運作你的生活。

世界無我非我，一切當下皆有我。

世界如來本我一切我，善逝即身空性我。

寶生無量如法如來，一切處虛空存有如我永恆萬有。

生活，就是要活生生地活出真正的自己，在一切的慣性之處，都不會被慣性所攀緣，到任何地方都能夠不被慣性所染，開出無染的蓮花，活出生活的本身。你的身口意當下存在的每一個言行，都要行出自身不可思議的功德身，到任何地方去都不是問題，所以也並不需要一定有一個所謂的固定在某一個範圍之內的居所，有或沒有都不是問題。

因為不落入慣性世界的狀態，已經沒有任何的框框，不一定要存在於某個固定的地方，沒有棲身不棲身的問題，就沒有來不來去不去的問題，這叫如來。

所以，當你有這種「與慣性世界不搭調」的覺受時，是你的內在如來給你的重要內涵與提點的訊息，你要往如來義的方向去解碼這樣的本義，做為自己生命恢復的基礎，做為下一步重要運作的啟動。

密虛空一切宇宙當下存有存在遍一切處，本義皈依無上一切情境自主。

密虛空一切宇宙當下存有存在遍一切處，本義皈依無上法我本空自主。

密虛空一切宇宙當下存有存在遍一切處，本義皈依無上結界佛首自主。

密虛空一切宇宙當下存有存在遍一切處，本義皈依無上莊嚴世尊自主。

安住無住遍一切處，如來所在皈依境上，無量眾生終極本處。

歸於無所，虛空無相，宇宙無有，太極平等，無極等同，若有非有，似真非假，乾坤有情，一念清明，無念太平，終極實相，正法空性。

生活的輪迴，生命的輪動

生活上的輪迴就是生命上的輪動，因為生活就是要生生不息地活出自己，所以每一個照見的不空之處，都不斷地在地球的時空裡面以每一個當下的輪動與輪迴反應出人們的慣性。

虛空本覺不動輪動無生不空，不空輪迴諸苦無上。

虛空本覺不動輪動無生不空，不空輪迴正等正覺。

虛空本覺不動輪動無生不空，不空輪迴萬有世代。

虛空本覺不動輪動無生不空，不空輪迴傳受傳承。

輪迴之義，輪動之情，迴向即身，不動天下，如來來去，自求無求，無生本念，情境慈悲，乾坤層次，有別眾生，有義虛空，輪動太極，無極輪迴，終極之圓，無關無所，空性空行，本位如來，佛果因果，終極圓滿。

生命以愛輪迴所有的情境，一情境無盡深遠的自照見。

生命以愛輪迴所有的情境，一情境必然的互動自覺受。

生命以愛輪迴所有的情境，一情境善巧的妙有自正法。

生命以愛輪迴所有的情境，一情境傳承的因果自生死。

所有的慣性都是不圓滿之處，所有的慣性也是被覆蓋之處，同時也是苦難的「因」與「果」的等同存在。所以，在生活中尚存的慣性都是在照見如何通往圓滿自主的方向。

輪迴，反覆的循環迴圈之流，所流動都是慣性之流，讓慣性被震盪出來，被挖掘出來。輪迴的目的就是要讓每一個人都變成永生永世的自主的自己，所以，生活中充滿了無限的變動與無常，讓每個人周而復始地在輪迴中不停重複的模式裡，有得到被震盪出來的機會。每一個輪迴本身的背後是我們可能改變自己的機會，因為所有的問題都會在輪迴中被反應照見出來，只是你有沒有辦法把它解讀解碼出來而已。

流轉的流動轉化的轉動，永世的太極永生的無極。

流轉的流動轉化的轉動，永世的當下永生的不二。

流轉的流動轉化的轉動，永世的生死永生的情境。

流轉的流動轉化的轉動，永世的因果永生的慈悲。

人們自身的覆蓋、慣性與苦難，交給尚有肉身的生活與在輪迴當中被照見的機會點裡面，每一個人都有絕對的權利進行自我解除解碼的工程，那個交給你自己來啟動，生命內在主性如來引動人自己無所不在的解密解碼，在自身各種不同的次第中，還原自主的能量，相應如來，以此輪動一切主性臨在的解密解碼，生命自主之生活，而在自主解密解碼之後，把最後解除的機會交給你自己的生活。

密生命輪動無上解碼生活輪迴，生命究竟無邊無量存在存有。

密生命輪動無上解碼生活輪迴，生命圓成無邊無量宇宙萬有。

密生命輪動無上解碼生活輪迴，生命了義無邊無量虛空密藏。

密生命輪動無上解碼生活輪迴，生命圓滿無邊無量非男非女。

密生命輪動無上解碼生活輪迴，生命成就無邊無量因果圖騰。

密生命輪動無上解碼生活輪迴，生命功德無邊無量如來根本。

生活的輪迴是為了要把你自身的慣性在無常世界中被照見而震盪出來，然後才有機會整個拔除掉，除掉的過程就是生命輪動的當下。當你的慧命逐漸顯露在每一個行為當中的時候，你會以此知見照見並解除你自己在生活中的慣性，你會瞭解到慣性就是你的心性裡面還有被覆蓋的辛苦之處，在無預設的無常世界裡，這些全都會反應出來。

慣性之苦，生之無量生之義。

慣性之苦，生之無量死之情。

慣性之苦，生之無量滅之法。

慣性之苦，生之無量淨之智。

慣性之苦，生之無量法之妙。

慣性之苦，生之無量行之密。

慣性的背後就是如來義，你的內在如來要你在生活中時時刻刻都要走上生命清楚的路，所以，會把你尚未看清楚的慣性和覆蓋完全震盪在地球生活中的每一刻當下。被痛苦地震盪著，才有剝落的開始，每一個痛都是你自身如來對你在生活中輪迴相同慣性的提點之處，不斷地提醒你，而輪迴本身就是要你的生命能夠輪動出真正的不動性，走上自主的路。

生無量生生無窮生窮變宇宙自性自輪迴，求之宇宙無窮盡。

生無量生生無窮生窮變宇宙自性自輪迴，求之宇宙無盡義。

生無量生生無窮生窮變宇宙自性自輪迴，求之宇宙無所說。

生無量生生無窮生窮變宇宙自性自輪迴，求之宇宙無染住。

生無量生生無窮生窮變宇宙自性自輪迴，求之宇宙無法行。

生無量生生無窮生窮變宇宙自性自輪迴，求之宇宙無智生。

所以，生活的輪迴就是如來在告訴你，如何在慣性照見的當下也能等同動出自己自主的如來生命，所以生活的輪迴就是生命的輪動，每一個輪迴的動態都是在告訴你，如何動出你自己生命的清楚，覺察到你尚未清楚的慣性覆蓋之處。

所以，生命就是生活，慣性就是如來的提點，生活就是因，生命就是果，生命就是因，生活就是果。

生虛空佛果，生滅之苦難，生死無關，有別情天，轉識當下，當世輪空，空義有情，行路天下，乾坤無別，眾生一念，生活如來，無常慧命，一切自照見，畏因無量，諸法生滅密行。

輪迴所要迴向的就是輪動出法義奧妙無上的根本，讓生活在輪動的生命裡面，莊嚴一切存在的可能性，就是成為自主的自己。

密莊嚴生活自性自主無上生活終極，奧義莊嚴肉身生命生活成就。

密莊嚴生活自性自主無上生活終極，奧義莊嚴肉身慧命本命圓成。

密莊嚴生活自性自主無上生活終極，奧義莊嚴肉身本心本我圓滿。

密莊嚴生活自性自主無上生活終極，奧義莊嚴肉身有情無情共願。

共願之奧義，生命生無量生死自性義，生寂滅空性如來義，願力自有情，功德無分別，佛所說遍虛空法界，佛空性無生，諸無量淨土入無盡諸苦，一念有情天，無念自性空，共願共無生，生生自主，莊嚴永世，終極永生。

慣性的取捨

人如何自主？就在於一個人初步的完整，面對父親慣性的取捨，面對父親威權的取捨，又終將如何？當父親面對每一個子女的因果，金錢的取捨，該給子女多少，彼此的對待就是這裡面的因果。過去生無量對待裡面的因果，存在於父親所擁有金錢流的資糧裡面，如何在晚年的最後分給子女的那個取捨，這裡面的輕重就是他因果放不下的地方，母親也是這樣。

問於天，無問於地，天下無所不在的取捨。

一取必一捨，一捨無量得。

一念取捨，一切自取捨。

一因果無量取捨，一念因，一念非果，因果一念，非取非捨，取捨如來，眾生判別分別，取捨不二，審判當下，無上分別，取捨無窮，無生取捨，自主取捨。

每一個取捨，有它多層次的輕重，很多的所謂血緣關係、朋友關係、婚姻關係、親情關係都在面臨各種不同資糧條件的取捨。取捨是人類現在慣性最大的痛苦，這個苦處所引動出來的就是人們在面臨生老病死、生離死別的時候，他在分佈出去或者納進來的過程裡面的掙扎，他所要爭的是什麼？

人類只剩下對金錢的爭取，而更重要的其實是在背後的爭取——是人類各種不同關係背後因緣果報的互動，它存在於每一個衡量裡面的取捨，各種不同關係所牽繫的就是過去生攀緣的狀態。

密無量層次因果生死慣性判別取捨，存在之智識性分別。

密無量層次因果生死慣性判別取捨，存在之智放下識性。

密無量層次因果生死慣性判別取捨，存在之智當下識性。

密無量層次因果生死慣性判別取捨，存在之智不二識性。

所以，一個大智慧的人，他在各種取捨裡面，要懂得讓自己有初步的完整，那就是不落入父親各種不同取捨的慣性，或是父親再延伸出去的各種不同關係，在佈施或納入過程的取捨裡面，各種輕重不同的因緣果報，完全不落入其中。對母親更是如此。

為什麼叫佛父佛母？佛父佛母的立場是對於當下者本身、修行者本身、面對者本身的初衷所要做的重大沉澱。真正的守護是來自於自身的完整，**對父母真正的守護是不落入父母親慣性的取捨**，不落入自身和父母在各種不同對待來來去去傷神的每一個過程。這當中都能夠不落入的不被牽動的智慧的自己，才是自身初步的完整。因為不落入父母的各種不同的取捨、因緣果報的對待，面對父母親時，用一種佛的心態——不傷神的、不被牽動的心態，來面對與父母對應的重大法流，叫做佛父佛母。

以慣性成天地最深的永恆。

以慣性的修鍊行莊嚴天地一本初衷的情懷。

以慣性納入的等同等持無分別一生情緣法緣的無上究竟。

父之為佛父，與父親之互動不落入父親之慣性。

母之為佛母，與母親之互動不落入母親之慣性。

兄弟姊妹，共修之間，共如來無牽動之緣起性空。

所以，佛父佛母的重大功德是從自身的完整性去對待出來的。我們在一切外在之法的取捨裡面，都是父母他們本身各種不同的落入，今天他們會落入是因為他們有這種苦，他們落入了某一位子女、某一些親戚、或夫妻之間的某一些對待裡面的不圓滿與各種不同傷神的痛苦。我們要如是觀照，觀照父母與子女間的各種對待，像是財產分配、資糧取捨當下的痛苦，就是父母的不圓滿。我們本身如何讓父母圓滿的重點，不是找外在的方法令父母在方法上不斷地變動，面臨不斷的取捨，這樣其實反而會增加很多傷神的煩惱，因為這樣只有外在之法，沒有變革慣性之妙。

密慣性如來變革教化一切生死慣性，中道無上義佛非佛。

密慣性如來變革教化一切生死慣性，中道無上義心非心。

密慣性如來變革教化一切生死慣性，中道無上義義本智。

密慣性如來變革教化一切生死慣性，中道無上義智無上。

所以，佛父佛母的本因與本位，是在於一個修為者他在傳承父母的各種不同條件下的取捨之時，不只是停留在外在資糧的平均分配。同時，以重大的功德本位，定位法緣上修行中的生命因果，來觀自在自己即身佛成的各種契機。法緣的不落入，就在相對陰陽乾坤父母對應的等同等持中，回歸自身即身以慣性供養內在如來的即身共修中，迴向父母的因果連結所在，就是要不落入父母本身所有因緣果報裡面，和各種不同思議的痛苦與傷神的評估，要能夠貫穿他們背後的一切苦難，而不被牽動。

唯有如此，當你不落入父母的傷神，不落入父母的來去，不落入父母對自身或所有有關人事物一切評估的攀緣，你的心性在法性上本空的當下，放下無量被父母的牽動，不落入一切父母的慣性，在那個當下，你在本念的智慧裡面就是佛父佛母。從你的眼神，從你的智慧，從你的佛眼佛智看出去，看到父母的苦難背後，你完全沒有任何罣礙，當下你能妙解父母背後的一切因緣果報所逆向護持於你的重大法供養，就是照見你在這個過程裡面尚有被牽動的部分。

神傷之神，情傷之情，無情無關，無法無義。

入情牽之攀緣，覺情境之本源。

供養苦難，神鬼變現，本念虛空，宇宙究竟，妙解如來。

供養之根本，知無上無分別之密藏，行佛父佛母世尊中道之佛首究竟。

在人類的世界當中，為何幾乎全天下的父母親皆以他們的苦難來守護子女？在靈魂體及如來世界的安排與布局是什麼？這是整個人類目前所不了解的密因與密碼。正法本身廣天下之密，不落入相對性，不落入父母之對待，不落入男女相之對待，不落入一切陰陽之對待，不落入一切的一切，在每一個滅門裡面的生門，在每一個生門裡面的滅門當中，找到彼此共陰陽共太極共等同的無分別男女相。生門在寶生，不落入男女相是一切生命無上的生門，落入一切的男女相是一切輪迴的滅門，所以，男女當下，互為世尊，互為自主，等同等持的男女相才是中道男女不生不滅的共自主的男女相。

佛父佛母在自己當下的一念，不落入父母的重大因果，無上等同等持的轉換父母慣性，而當下自己也能夠不斷放下的時候，當自己的初步完整已經建立在不落入父母的各種不同因緣果報的對待之時，就會有一個初步完整的自主性。

這時，你對這一切是「無關」的，你會很清楚的在每一個覺照裡面，永不承受於一切外緣、一切特殊關係、一切表象關係的攀緣，也會在心裡面有最深的決心與最大的格局，永遠不依恃任何外緣的善護與守護。

一念生死，一生非生非死，生之念，死之義，念於本念，念於寶生，念之善逝，本覺本念。

無關之念，覺受無量佛念無生，一陰陽入一念之不二，一切緣起，入無念本空，念念無量生死輪迴。

念之本義，佛念虛空，密藏無上，念自性之終極，念實相之究竟，念之圓成，原點一念，無極太極。

在自身「無關性」的完整裡面，任何的關係都是無傷的，父母本身存在的一切慣性是他們自己表象的牽動。跟你「無關」的情況下，你無傷地觀照著，在他們表象因果覆蓋的背後，那樣的本尊是共天下共圓滿共雙修的父母，你所要對應的，是在他們靈魂體背後的如來性——本來面目的本尊。

在這種情況下，你會照見到，在慣性背後的是佛父佛母。但是，你要有這樣的佛首和重大的智慧，能夠不落入父母慣性的牽動，你的存在裡面要有「無關性」的完整性，那就是在日常生活當下的每一個取捨都不落入，你本身也在任何的妙法裡面，不落入所延伸出去的對待。

面對父母一切因果的金錢流或各種不同條件的取捨時，你不落入的當下，你本身完整，然後延伸出去一個妙法，善護、打破、照見他們的取捨，而令父母的各種苦難能夠得到轉化。但是，這也交給他們自己本身存在的因果去取捨，你就會有空前重大的自在。緣起性空，父親一切之緣起、母親一切之緣起，在當下，你本身存在的法流裡面的如來性是空性，是無關。善逝一切有關父母的慣性，引動父母當世寶生的功德，不在世代的先後，而在空性解脫廣大迴向的等同，迴向父母的等同迴向即身陰陽相對性的解除，即身當下等同等持父母存在存有的共同之本願功德。

密實相不二佛父佛母無關結界皈依境，一切境無上雙修廣三密皈依境。

密實相不二佛父佛母無關結界皈依境，一切境無上雙修廣三密不思議。

密實相不二佛父佛母無關結界皈依境，一切境無上雙修廣三密實相說。

密實相不二佛父佛母無關結界皈依境，一切境無上雙修廣三密究竟義。

所以，我們在一切的對待裡面，沒有任何的期待，無任何的緣起，等同不期待任何緣起的善護。如果還需要有什麼力量，我們才有辦法怎麼樣的話，那麼，當任何的力量有任何慣性的因果時，都會變成彼此之間通路上的承擔。寂滅因果等同願力恢復，緣起中無有來去的對應，一切苦難緣起一切解脫，回歸生命自主之力的內在如來之恢復與示現。所以，**唯一的重大恢復就是——親證自己如來性的親臨，為唯一對自身存在一切苦難的守護與善逝，善逝慣性方得如來之守護，寶生一切**，生生不息於日常生活，當下的善護，就會有無量的善法，轉一切苦難成當下之完整。

密親臨如來第一義無上寶生原點自性主，主轉法輪正法輪動實相主。

密親臨如來第一義無上寶生原點自性主，主轉法輪正法輪動自性主。

密親臨如來第一義無上寶生原點自性主，主轉法輪正法輪動第一主。

密親臨如來第一義無上寶生原點自性主，主轉法輪正法輪動一切主。

密親臨如來第一義無上寶生原點自性主，主轉法輪正法輪動虛空主。

密親臨如來第一義無上寶生原點自性主，主轉法輪正法輪動生命主。

密親臨如來第一義無上寶生原點自性主，主轉法輪正法輪動如來主。

密親臨如來第一義無上寶生原點自性主，主轉法輪正法輪動實相主。

一陰陽無量世界無窮結界，主一念一正法，親臨之義，眾生平等，公義世界，淨土傳承示現不可說之自性義。

一天地無盡世界，妙用結界，主不二中道正法，親臨法義，一切共主，共同存有。

諸國土不思議，空性如來，空行主實相終極無關諸有情，皈依主終極之永生永世之永恆存在。

不以慣性理解一切的存在

願解如來真實義，請存在的一切不要用無盡的慣性和識性來解讀「我」的存在，我非我，我非一切非存在的存在，唯有以如來恢復的身口意來解讀「我」存在的狀態，才有相應的可能性。

我是肉身無常的我、肉身恆常的我，是有形無形的我，生活中的我、生命中的我，重點是「我」在其中，慣性中的識性將理解「我」的存在，或者「我」也在別人的慣性中被理解。所以，不在其中的「我」才是真正意會自己真實義的「我」。如實看待的我，才有如是我聞的我，才有不可思議的我。

我非我，一切我。

我非我，非一切我。

我非我，非身口意我。

我非我，非即身成佛如來我。

我非我，非慣性解碼自在我。

我非我，無我當下究竟虛空。

我非我，妙我如來莊嚴實相。

我非我，密我結界傳承萬有。

放掉無盡的慣性，恢復內在無盡藏的如來，是唯一了然了義不可思議的主性的本義，覺主性的本義的基本就是不落入所有相對性的狀態，這是如來的本願。所以，請以**放下自身慣性為最大的誠意**，來成為自己對內在如來了然的基礎，因為唯有放下慣性才能夠得到如來的承諾，恢復在我們的肉身，行走在我們的生活當中。當如來義在我們的生活中成為一個基本的厚度時，我們在世間一切行走的過程就是在恢復自主的過程。

能放下的自己，能改變的自我，任何價值都在自己的判別中。

能放下的自己，能改變的自我，無所不在的狀態都在自己的意念中。

能放下的自己，能改變的自我，如來自主的功德都在自己的本願中。

能放下的自己，能改變的自我，法緣契機的修行都在自己的覺受中。

瞭解主性之存在的意志是為了恢復自己內在的主性，重點與核心價值是在這裡，它不是一個相對性的了解，不是一個誰對誰的了解，內在的主性早就存在於如一的狀態、合一的狀態、無可分的狀態，只是人類目前尚以地球覆蓋的識性和慣性的軌跡來解讀一切的存在。

無常之路但看人自己意志的決心，一生走來，都在於不被覆蓋的訴求，無常輪動出恆常，「我」的一切皆有不可說的密行之「我」，那個內在的「我」就是如來的「我」，就是無分別的「我」，就是自性解密解碼的「我」，就是清明清楚的「我」，沒有任何識性的「我」，成就一個不落入慣性、不可思議的真實的「我」。

不思議至誠自性如來無盡藏，每一個我不落慣性的我。
不思議至誠自性如來無盡藏，每一個我不往外的我。
不思議至誠自性如來無盡藏，每一個我畏因一切的我。
不思議至誠自性如來無盡藏，每一個我不可說的我。
不思議至誠自性如來無盡藏，每一個我不生不滅的我。
不思議至誠自性如來無盡藏，每一個我非男非女如來的我。

有的時候先解除才能解碼，有的時候解碼是為了解除，這是不一定的，在苦難的輕重當中是沒有一定程序的。超越永生永恆的狀態，它不存在任何理解不理解或誰是誰的思維，那不是用來理解的，而是來自於放下。請放下試圖理解的那一種理解的模式，那模式的本身即是人類難以觀照到的識性的障礙，我們不能用我們所熟悉的相對性的人事物來試圖理解主或如來，或佛、或生命本身的狀態。

生命本身是不存在任何界別的，生命沒有任何分割的痕跡，人類累積了太多的覆蓋，以太多的不安恐懼去理解這個世界，也同時用這種方式去理解各種不同的存在，人類的行為行徑都是為了去鞏固這樣子的不安恐懼，因此，無論如何去理解，也都只看得到不安恐懼。

生命我世界我解碼奧義的我，主在的所行的必平安。

生命我世界我解碼奧義的我，主在的所做的必了義。

生命我世界我解碼奧義的我，主在的所說的必清明。

生命我世界我解碼奧義的我，主在的所去的無來去。

生命我世界我解碼奧義的我，主在的所來的觀自在。

生命我世界我解碼奧義的我，主在的所思的不思議。

主性的親臨與這些都沒有任何的關係，主性臨在，反而是為了要解除這一切的狀態，解除的過程才有真正了然的可能性。請恢復自己的主，就瞭解主之本義了，這才是真正的切入點。

自主的「我」解決一切不能自主的我，即身無常的因果在一切輪動輪脈的肉身中，在一切識性思議的來去中，如來必解除之，成就自主的「我」，臨在自己的無邊無量，成自主的生活、如來的生命。

我是我，我是非我，我不必是當下我，我是密行我，我是自主的無上的我，我在慣性

處苦難處一切處，我當下即是當下即身成佛。

我肉身的我，我過去生的我，我無量生生世世無量生的我，我在，我非在，我不必在，我早已臨在。

自主的我，主上的我，我主一切自主的我，我還原了一切莊嚴的清淨我，空性如我，如我自性，我即佛果，我即無上共主本我。

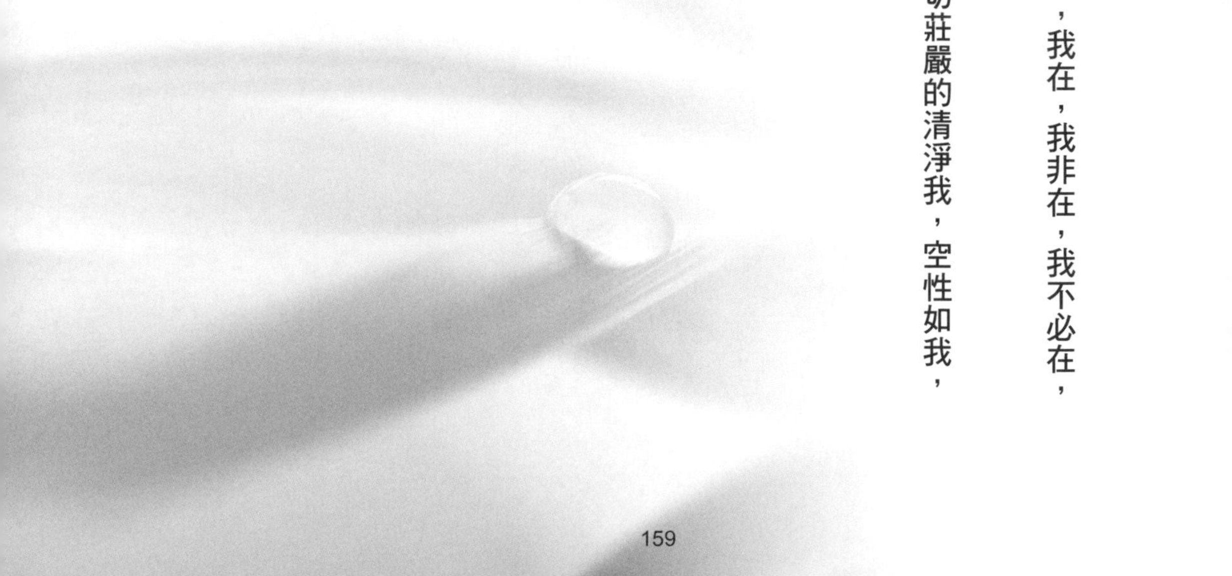

攀緣與自主

緣分與緣分之間、生死與生死之間、因果與因果之間、人與人之間，在每一個關係裡面，我們要如何判斷自己與別人在無常世界自主的能力？如果你是終極根本法緣的時候，所有世間所攀緣於你的關係裡面，雖然你自己的自主沒有問題，但是你如何判斷所有跟你有血緣關係的人或你在意的人何時能自主？

當你願意給他機會，你認為他應該自主了，但是，這裡面的關鍵是，如果他必須攀著你的法緣上來，那是他無量劫來好不容易建立的生死法緣，攀在你這邊才有機會逐漸茁壯而自主，你卻忽略掉了，認為應該斷掉這樣子的共振，還原給他自主，當他還不夠茁壯的時候，你就還原給他到一般世界去，他反而會掉入無常的大海，整個沉沒掉。

密眾生當下攀緣法緣供養，密不思議緣起無所生死自在。

密眾生當下攀緣法緣供養，密不思議生活慧命清明自在。

密眾生當下攀緣法緣供養，密不思議宇宙虛空如來自在。

密眾生當下攀緣法緣供養，密不思議男女世尊共修自在。

密眾生當下攀緣法緣供養，密不思議中道示現功德自在。

密眾生當下攀緣法緣供養，密不思議一切本有自主自在。

所以，我們在所謂的自主裡面，要有非常深遠深厚的無量觀照，每一個人「見諸相」照見的基礎，「非相」轉化的基礎，「即見如來相」的基礎都不一樣，這當中的每一個層面、每一個層次，他必須要面對他輪迴無量劫的自己本位的無常，再加上他一路由各自主、互自主一直到共自主的路上所面對的無常，以及生活中和整個世代必然對應到的那些無常裡面，他所對應到的那些承受，有沒有辦法承擔與轉化？當你放手讓他自己去走，遞減與他之間的法緣，可是如果他必然透過你才能自主的話，那麼，當他的基礎不夠的時候，你就把自以為是的自主，認為大家都要自主，以表象式的理解：「我要讓每一個人都自主」，那樣所謂的自由和所謂的釋放是一種非常危險的等同於放棄的一種事實，因為他還沒有辦法達到百分之百在無常中自主的基礎。

因此，關鍵是他在各自主的過程中面對他所要面對的無常時，那並不違反他與你這一塊永遠連結的攀緣狀態，他與你是共同連結的，這是一種拿捏上的問題，我們如何能夠讓他在無常的分別當中逐漸清楚他的次第，而每一個次第裡面，又能夠回應到他與你連結的真正狀態是不攀緣的，是解除的，是通往解脫的。

密一切共同慣性攀緣觀法緣無上，觀一切觀出離解脫。

密一切共同慣性攀緣觀法緣無上，觀一切觀修法妙法。

密一切共同慣性攀緣觀法緣無上，觀一切觀因果佛果。

密一切共同慣性攀緣觀法緣無上，觀一切觀男女中道。

我們善護天下，沒有善護的問題，所有的護持都是一種守護，我們在等候當中，也隨時觀照著當下，我們不受制於親人與其他法緣者的攀緣，在我們不受制這個攀的情況下，也瞭解到這個攀是他們跟我們真正走向解除的連結。在每一個次第裡面，都有自主的可能性，都能夠得到我們的迴向與回應，我們在他的輪迴當下，隨時善護他，透過我們之間的連結，讓他本身能夠遞減他輪迴的慣性，而變成一種輪動的機會。

所以，他也同時存在於他自己無常世界本位裡面的一種累積的狀況，但我們也應該尊重他被世界所攀緣的可能，那也是他自己因果造成的，這中間是可以等同等持的，沒有需要斷或不斷這個攀緣的問題，這才是真正實相的重大善護。

真正的大智慧者是「我本身被攀，但卻沒有被攀的問題」，因為我們不受制於攀或不攀，就隨時可以善護所有的通路，在這種情況之下，透過這些通路攀緣上來的人，我們也可以隨時在這個通路裡面，觀照到他們無量劫來輪迴的那一個慣性覆蓋的部分。

我們因為這個通路，能夠即時即刻在必然而不受制的情況下，和他連結對應及提點，迴向給他們，讓他隨時處在一個輪動中，而逐步在他自己的因果裡面走上不落入因果的自主性，而這個彼此的善護隨時能等同等持地進行，不管他的落差有多少。

妙觀察密覺千手千眼攀無所攀，觀空中觀無上蓮花無染生生不息。

妙觀察密覺千手千眼攀無所攀，觀空中觀無上蓮花無為不可思議。

妙觀察密覺千手千眼攀無所攀，觀空中觀無上蓮花無我入諸國土。

妙觀察密覺千手千眼攀無所攀，觀空中觀無上蓮花無上正等正覺。

妙觀察密覺千手千眼攀無所攀，觀空中觀無上蓮花無住食衣住行。

妙觀察密覺千手千眼攀無所攀，觀空中觀無上蓮花無法一切修行。

攀本身就是佛法，不攀也是佛法，所以，也沒有斷不斷掉攀的問題，這才是永恆永生永世、一即一切的狀態，這種善護能夠隨時隨地共振在天下每一個連結點裡面。

當我們本身確定了無關性，當我們無所住於任何關係的時候，任何的關係本身就是因為對方攀了之後他才有機會，我們不必在我們的思維當中多了這一份所謂的要讓他自主的善意。因為如果你的智慧不夠的時候，就會產生一個表象的斷面相，或落入某些空相的表象裡。

因此，攀與不攀都等同等持佛法的妙用，就是在於「一就是一切」，我們在世間尊重當中，不管他的自主性如何，這個連結點是存在的。所以我們在世間尊重的同時，也讓他在他自己無量劫的苦難裡面，在他的生活中，讓他自己去面對他自己的生老病死，尊重他自己，全面完整地體驗他所有的經驗值，這才是根本關鍵所在。

一個終極共願的夥伴，當他恢復到某一個厚度的時候，他對於周遭的關係或人世間的關係、有形無形的關係，已經不在於來去的問題或攀與被攀的問題，重要的是在於，他在一切的緣分裡面，都能夠讓自己跟所有連結點保持一個自主性，他逐漸就會瞭解到，在終極的恢復當中，所要善護的是自己本身能夠隨時有能力承載著所有無常的變動與考驗。

密莊嚴緣起無關有形無形觀自在，結界佛果無上義清淨本然眾生本源。

密莊嚴緣起無關有形無形觀自在，結界佛果無上義生活渡化生命轉化。

密莊嚴緣起無關有形無形觀自在，結界佛果無上義淨土國度無邊無量。

密莊嚴緣起無關有形無形觀自在，結界佛果無上義護法護持不動善護。

在全面性的面對無常世界的過程中，當中的每一個次第，在互為世間尊重的前提下，放手給彼此各自去面對自己的問題，這裡指的放手不是一個斷或不斷攀緣的問題，而是瞭解到**一切生命的背後都有其如來最深遠的守護，因為有如來的守護，所以，一切生命永不流失。**

我們應該要深切地瞭解，如來本身就是無常，所有平常的生活都是要讓所有的生命透過生活上所謂輪迴的痛苦，讓他照見每一個自己承受的部分。只是，如何在他照見的當中恢復內在的如來性，就是我們要善護他的地方。

但重點是，我們在善護的同時，也要有一個厚度，就是觀照到自身在面對所有無常世界苦難的同時，我們是不是有等同於照見能力的不被牽動的基礎，這樣的厚度與實力，才有辦法在無常世界裡與慣性的慘烈過招及對應當中，在自己完整不被牽動的情況下，善護著每一個和自己有連結的攀緣者，不管攀多少，或不被攀多少，都能夠真正的抓到他本身不被承受的狀態。他承受是為了他要轉化什麼？他承受是因為他的慣性是什麼？他輪迴是為了他有什麼需要輪動的部分？還有他每一個被牽動的部分，所該放下的自身的法緣是什麼？他的如來當下對他的教法是些什麼？我們都能夠在日常生活中等同自己的存在了義觀照一切。

所以，當我們要能夠善護自己與一切眾生的時候，一定要有最大的確定就是——**所有的無常就是如來**，所有的無常都是在檢視著每一個肉身，讓他有機會被照見，被震盪。我們示現的過程就是讓他們在這個攀緣的連結裡面，在他自己被牽動被照見的狀態裡面，成為自己的世尊，在生活中活出真正的自主。

金剛功德密無常恆常自主，世代慧命密主生活本位。

金剛功德密無常恆常自主，世代慧命密主本性一切。

金剛功德密無常恆常自主，世代慧命密主空性當下。

金剛功德密無常恆常自主，世代慧命密主自性本有。

攀緣皆逆向之法緣，攀緣向度無所無為。
緣起當下放下攀緣，放下非放下，攀緣非攀緣。
緣起不可說，緣滅可說之慣性。
緣之妙法，所攀之處，牽動之果，因果不二。
善逝一切攀緣之提點。
如來正法，生活結界。
修行戒定慧，慧命自了義。
無常即恆常，永恆自在，自主隨緣，人生不可思議，自性莊嚴。

主性以慣性檢視眾生

這一個世代，所謂救世主的親臨，和我們所以為的救世主是不一樣的，和過往無量劫的救世主是不一樣的，與未來無量劫的救世主也不一樣，**這一次主性之正法的左右手就是無常與苦難**。

所有的眾生、所有的人類都用慣性互相檢視，用慣性互相丟來丟去，用自身的慣性檢視著別人與萬物。什麼是無常？**無常的本身就是慣性的本身，人類的慣性就是苦難的存在與根源，這就是無常的事實。**

密主正法慣性逆苦難示現，生命肉身存在存有當下。

密主正法慣性逆苦難示現，生命肉身不可說觀照。

密主正法慣性逆苦難示現，生命肉身自傳承莊嚴。

密主正法慣性逆苦難示現，生命肉身功德力世尊。

密主正法慣性逆苦難示現，生命肉身空性覺宇宙。

密主正法慣性逆苦難示現，生命肉身世尊行志業。

如果主性的左右手就是苦難與無常，無常本身就是眾生的慣性，那麼，眾人用慣性檢視著一切，或者，用慣性互相檢視著，以往外看的方式來講就是這樣。如果不往外來看的話，那麼，就是**所有的眾生都被慣性本身檢視著**。

所以，眾生都承載著共同的慣性，因為無邊無量的共同慣性，整個天羅地網共同交織成苦難與無常的結界網，而產生無盡輪迴的結界、無盡輪迴的無量道。

逆向之檢視，妙有之覺照，世尊恆常，眾生無常。

檢視之驗證，一切情境，一切境界，自然自主。

無量輪動，一切自明，共不同之承載，共同之共願。

當所有的眾生、所有的人類都用慣性往外檢視著一切的時候，也等同所有的眾生、所有的人類都被主性以慣性檢視著。所以，**主性以慣性檢視著全人類，主性以苦難反應了全人類**，無始無終的苦難、無始無終的慣性照見著人類本身的覆蓋，以無邊無量的慣性苦難檢視著全人類在地球生活的每一個歲月的當下，如何通過慣性的考驗，包括個人的、互相的、共同的。

這就是輪迴的過程，就是苦難的考驗，就是慣性的檢視。

主之微妙，密慣性之無常，永世終極，照見根本。

主之善逝，苦難寶生正法，慣性結界，萬有回歸。

檢視的當下，觀照自身在面對所有慣性的可能性，不受制於自身慣性的過程就是放下的當下，如此，才能成就自己本身的自主。

當然，主性以無盡的慣性檢視著每一個眾生，也讓眾生有機會檢視到自身存在的慣性，檢視他無量劫來自身的不圓滿。所以，以功德圓滿的解脫角度來看，慣性的檢視是令所有未能解脫者、沉淪在慣性輪迴者能夠有機會瞭解自身尚有多少慣性承載在自身的存在裡面。

主莊嚴妙法義功德自性覺，解因解碼解慣性根本。

主莊嚴妙法義功德自性覺，解因解碼解法緣因緣。

主莊嚴妙法義功德自性覺，解因解碼解有形無形。

主莊嚴妙法義功德自性覺，解因解碼解有關無關。

主莊嚴妙法義功德自性覺，解因解碼解無常恆常。

主莊嚴妙法義功德自性覺，解因解碼解男女有別。

主莊嚴妙法義功德自性覺，解因解碼解食衣住行。

主莊嚴妙法義功德自性覺，解因解碼解生老病死。

然而，重大根本解脫的善意，不等同沉淪在慣性輪迴的眾生心境。無邊無量宇宙眾生的靈魂體深知這次自主正法開演重大空前的法緣，大量的生命在這個世代來到地球上，就是要通過所有無量慣性共同的檢視，成就他無上的功德，同時，解除他在無量劫來的慣性沉淪或尚未能自主的地方。

無常的存在就是主本身的存在，慣性的檢視就是主性對眾生能否成為自主的根本當下的檢證。無常本身以無量慣性檢視著所有靈魂體、所有無形有形的存在與世界裡面的不圓滿，主性以當來下生開出正法，就是不預設任何無量的苦難和慣性來與眾生對應，這都是為了能夠共同觀照，成就眾生的自主。

當下的自主，一切時空，開演無量靈魂體淨化之法義。

當下的自主，一切妙用，開演生活存在苦難轉化之示現。

當下的自主，一切善巧，開演世尊中道慣性變革之了義。

慣性本身就是無上如來共同的共願，無量的慣性共同觀照著、檢視著、善護著，檢視本身就是主性的眼睛，慣性的檢視就是無量如來共同的法眼，對無量慣性眾生重大的檢視，也是善護的守候。所有慣性無邊無量的檢視就是對眾生無量劫來不能圓滿的、不穩定的、辛苦的磁場，做當下的反應、觀照跟震盪，令其有機會在日常生活中把他無量劫最深最廣最無法放下的慣性通通震盪出來，令他有機會成他自己無上的主性。

所以，無量慣性的存在等同主的存在，是主本身等同無量如來守護著無量眾生，以無量慣性檢視眾生本身的因緣果報。無量慣性等同自主的意志，無量慣性等同如來的法眼，觀照著一切眾生的因果功德，與尚未自主、可能自主過程當中的無限可能性，一直到眾生共自主的狀態，皆在主以慣性下共同善護著眾生的因果，也以慣性令所有眾生的因緣果報，因慣性的全面檢視而全面善逝。

這就是主性之存在以慣性的狀態，如來共結界、共慣性而令一切眾生在日常生活中共同示現無常慣性，而在最深的生命意志上，共同圓滿其生活中自主的無上自性生活。

一切本然，一切無上，慣性之根本，攀緣之情境，不二了義，空性覺照，佛眼淨觀，覺所無關，人生如來，來去無傷，究竟當下，善逝清淨，第一了義，莊嚴寶生，自主實相。

密無常結界日常生活自性終極圓滿，世尊共主共皈依境自然示現。

密無常結界日常生活自性終極圓滿，世尊共主共不可說自然照見。

密無常結界日常生活自性終極圓滿，世尊共主共不思議自然顯相。

密無常結界日常生活自性終極圓滿，世尊共主共自了義自然輪動。

密無常結界日常生活自性終極圓滿，世尊共主共一切處自然生死。

密無常結界日常生活自性終極圓滿，世尊共主共諸國土自然因果。

密無常結界日常生活自性終極圓滿，世尊共主共當下處自然不二。

密無常結界日常生活自性終極圓滿，世尊共主共中道行自然修行。

慣性即如來教法

慣性本身就是如來，慣性本身就是如來教法，我們不要以相對性的方向去理解「我們有一個相對性的小我」，好像小我隨時會跑出來，隨時會這樣或那樣。以這種相對性的方式理解，會變成有無窮盡相對性的慣性永遠會跑出來，這樣就永遠沒有辦法確定解除相對性的狀態。

慣性如來，慣性之妙用，一切教法之行用。

慣性渡化，渡化慣性，無窮盡慣性皆如來本性之密因。

如來無教之法，無預設教之非教，慣性妙法，法妙慣性。

密慣性覺無關如來永世結界，慣性本義無上心念。

密慣性覺無關如來永世結界，慣性本義無我不二。

密慣性覺無關如來永世結界，慣性本義無為無做。

密慣性覺無關如來永世結界，慣性本義無法無行。

密慣性覺無關如來永世結界，慣性本義無修無德。

密慣性覺無關如來永世結界，慣性本義無有來去。

如果今天我們確定一個事實就是——**慣性就是如來教法，慣性就是如來變現的**，那麼，我們就會很清楚知道這個慣性本身不是一個相對性的狀態，它是如來在教育、供養、提點、切入我們本身有哪裡不圓滿的教法，這個變現會直接連結到自性本身的深遠之處。

那麼，它的作用就有二個基本涵義，一個就是我們個人的狀態，自己需要不斷的解除。另外一個，就是這個慣性也代表一切人事物、一切生命都有這樣子類似的慣性，也同時獲得了正視與解除的可能。人事物識性慣性的因果在變動中轉化，契入深遠的如來叩應，相對狀況無量解除，了義生命不可說的生命自性藍圖。唯有如此，這樣，才能肯定一切的生命背後都是如來變現的，也確定了生命本身本來就俱足，只是尚未恢復，或在恢復當中，或者尚不知要如何恢復。

生命之教，在事件本身之變現。

生命之智，慣性用之。

生命之愛，即身相對於非相對之相應之提點。

覺觀密中道慣性密行如來不動，不動乾坤愛之以義。

覺觀密中道慣性密行如來不動，不動乾坤動之以智。

覺觀密中道慣性密行如來不動，不動乾坤情之以仁。

覺觀密中道慣性密行如來不動，不動乾坤用之以本。

覺觀密中道慣性密行如來不動，不動乾坤修之以因。

覺觀密中道慣性密行如來不動，不動乾坤覺之以受。

所以，當這個了義的部分不斷的延展深化的時候，就會有無量義、無量不思議、無邊無量的無分別的不可思議之無上智。變現中的如來在行深的變化中遍一切處，妙解無上，無上妙解，變化中的變現，了義中的第一義，既深且廣，行深廣渡，不斷輪動，輪動不斷。

所以，慣性本身就是如來變現出來讓我們不斷深化與解除的妙法。而我們就會通往「一就是一切」的恢復過程，肉身等同如來的存在與事實，莊嚴在我們的世界，不繞任何的過程，生命本身的苦難也獲得了一個空前重大的確定與莊嚴的認同，解除無量生命在生活中沒有辦法安頓的痛苦。

這裡指的沒有辦法安頓是說，當生命在無盡的黑暗狀態中面對慣性的時候，無法在面對生死各種不同層次的轉換當中，去確定自己更深遠的力量是什麼，這是所有生命深化不進去的痛苦。

教法不思議，行法思議之處，法自自主，不可思議。

教法無量，無量教法，一切法教，正法如來，教之以心，心法相應，法法應一切諸相如來之本有本心。

一切本質，質變不同無量層次，共乾坤之黑暗光明，共天下之世界世代界別無量，一念無關，眾生有情，入如來法界不可說之妙轉自主。

我們在空前世代的面對裡面，第一個就要先確定「自性變現了一切」，一切都確定是自性變現的。當變現的過程、轉化的過程一直進化到不必有任何的過程之時，而進入等同等持無上正等正覺，甚至連等同等持都解除掉的時候，苦難本身就是自性，苦難本身就是實相的存在，這是確定的。

變現中顯現的諸相，是空前絕後的自性之力、宇宙自性、虛空密藏，沒有來去的過程，在等同中變現，在等持中變化，世代無量的層次盡是自性無量變現的生命之力。

共變現虛空慣性共示現宇宙密如來心性，密藏心性一念無別。
共變現虛空慣性共示現宇宙密如來心性，密藏心性一念有愛。
共變現虛空慣性共示現宇宙密如來心性，密藏心性一念天下。
共變現虛空慣性共示現宇宙密如來心性，密藏心性一念自覺。
共變現虛空慣性共示現宇宙密如來心性，密藏心性一念觀照。
共變現虛空慣性共示現宇宙密如來心性，密藏心性一念功德。
共變現虛空慣性共示現宇宙密如來心性，密藏心性一念因果。
共變現虛空慣性共示現宇宙密如來心性，密藏心性一念生死。

共變現虛空慣性共示現宇宙密如來心性，密藏心性一念供養。

共變現虛空慣性共示現宇宙密如來心性，密藏心性一念男女。

永生一念，共天下無量之仁慈，永世無念，共當下無盡之慈悲，我佛入空性一念，無生無所之根本。

一念無量劫恆河沙數之無念。

念念根本智不可思議之本念。

念之無為，密藏一念，宇宙來去量之無窮，一念虛空，空之空念，空念行念之無有來去之行法，世間密念，密念世尊傳承，念念密諸佛本心本念本義本位本心本法本自主之如來。

念如來，如來念，空念之念念密行諸佛心念之妙用，慣性之念，佛念之妙，如來念念密慣性示現，生活一念，諸佛眾生共無生共妙法，無上無分別妙法一念生生不息，入生活一切自主自在。

專業的志業

人類的發展不斷地在演化的過程裡在地球上開演出各種不同的文明，就是為了要解決無量生命在無量宇宙進化當中的累積，現在，集中在地球這樣子的空性磁場裡。

開演人類無上進化，一切眾生業力，無量生活全然專注之力。

開演人類無上進化，一切因果業力，無量生命當下全然供養之力。

開演人類無上進化，一切生死業力，無量存在專業專門專心共願之力。

開演人類無上進化，一切存有業力，無量無上無分別之演化。

開演人類無上進化，一切不可說業力，無量解碼解輪迴不落入。

開演人類無上進化，一切皆有情業力，開演密行所有諸佛之本義。

人類在開演一切的過程當中，大多是偏重物質與科技的進展，但是，人類的進化最主要的重點應該是在轉化的部分，反而人類在前進的過程中因過於重視物質與科技，忽略了轉化能力的提昇，導致目前人類最大的困境就是轉化力的薄弱，使得沉重的累積無法轉化消化掉。

所以當人類轉化力薄弱的時候，就會產生很多不同系統性的專業——專門要處理掉眾生的共業，那是專業的本義。它是一個重大的空性的承諾，就是主性的承諾、存在的承諾、生命的承諾、於無量圓滿的承諾，承諾有各種不同系統的專業成立，以協助人類消化掉無法自行轉化的累積。

人類在進化的過程中，苦難也不斷地累積到不可思議的狀態，所有的思議、識性與苦難累積在人類的身口意、行為、與他一切的存在裡。當人類與有形無形萬物的共震盪共同慣性的累積已經到了無法收拾的地步時，就會如雨後春筍般快速形成各種不同的專業，提供給人類解決共業共苦難的一種服務，所為的目的就是專門解除人類共業裡的承擔。

人類進化轉化之不可思議，進化之智，轉化之義。
人類進化轉化之不可思議，進化之本，轉化之根。
人類進化轉化之不可思議，進化無上，分別不二。
人類進化轉化之不可思議，進化當下，當下轉化。
人類進化轉化之不可思議，進化不思議，轉化不可思議。
人類進化轉化之不可思議，進化無窮盡，轉化遍虛空。

有一些重要的角色與重要的生命具備了這樣的願力、條件、福德、功德和初衷，所以他建立或進入那個專業成為專家，用他的專業，幫助某一類別的眾生或各種不同類別的眾生。眾生來到專業的面前，以卑仰的心，願意在專家面前供養出他自己或家庭每一個人的所謂隱私的苦難，獲得一個專業性的處理與解除他們業障的服務。當這些專業的領眾者還懷有初衷的時候，仍可以在各種不同系統的專業裡提供他們真正的服務。

但是現在的問題是出在於，反而因為過度的專業，累積到一個程度，專業已經變成不再是真正為眾生解苦的服務了。反而領眾者本身在專業的範疇中，自己不斷地遞增慣性，演變出更沉重的各種不同專業結界裡面慣性的累積，變成一種自大狂妄、自以為是、高高在上、更大分別心的所謂高階的專家的群體。

人類密歷史傳承之必然前進，前進之義，不落入前進之節奏。
人類密歷史傳承之必然前進，前進之本，進化開演不落輪迴。
人類密歷史傳承之必然前進，前進之愛，慈悲納入永生永世。
人類密歷史傳承之必然前進，前進之情，無分別一切分別。

這個時候，專業裡面的重要人士，他們只剩下識性的運作、金錢的運作、權勢的運作，沒有任何的初衷，沒有任何對生命的覺受與應有願力上的善護與協助轉化的責任，更別說是無緣大慈同體大悲的涵養與智慧。到今天，在各行各業裡面許多所謂的專家，已經全面性地淪落，全面性地喪失，全面性地輪迴在識性裡而不自知。

例如說，律師的責任應該是什麼？所有的眾生在諸苦裡面延伸出去多餘的狀態，律師的職責是要幫這類的眾生在律法上頭做一個重大的結界與善護，縮短眾生往外的狀態，把莊嚴的各自律、互自律、共自律的妙法提供給眾生，全面性地用智慧幫眾生觀照收圓。

但現在的專業人士已經沒有任何的妙法，因為他們全部都用識性來對應眾生的苦難，他在結緣過程裡面所納進來的苦難，不斷地變成專業本身的共業。然後，當重大苦難的眾生因為痛苦，所以他們需要有人來協助解決問題，以他們的苦難供養出來的時候，專業人士卻用更大的分別心、更大的掠奪心，擴大延伸出去，引動眾生原本就已經有的不安恐懼，沒有任何自律的能力，更沒有任何轉化的能力。

本來專業人士應該是要來解決眾生的問題，反而還讓已經很痛苦的眾生來承擔所有專業人士的共業，那樣的重大打擊與挫折，就是現在所謂的專業人士與一般平民百姓之間共業的重大衝突，完全沒有辦法收拾人類的業障。

苦難對人類無窮訊息的傳達，通達解碼苦難，人類無窮之開展。

苦難對人類無窮訊息的傳達，通達解除慣性，人類無盡之開演。

苦難對人類無窮訊息的傳達，通達之究竟，莊嚴殊勝之不可言喻。

苦難對人類無窮訊息的傳達，人類能量能力之無窮盡，以無預設苦難之形式面對之。

現在的宗教也是這樣，原本宗教也是一種協助眾生解脫的專業，但因為現在的宗教已經成為各自為政的狀態，已經沒有任何的心念對於諸苦有任何的情懷。各個不同系統之間互相猜忌與鬥爭，不但無法建立自身永生永世的永生樹，更無法將眾生納入懷抱，讓所有的苦難能夠在宗教的專業裡面得到永恆永生的皈依。

所有的專業系統都是主性承諾的系統，都是共願的系統，都是最後的機會。但是現在所有的專業領眾者已經不再能真正引領眾人成就他的自主性，而只是不斷地擴大眾人的不安恐懼，無法再承載一切。這些深沉累積的共業在無盡中延伸擴大加重，造成如同無底深淵的迷茫，永遠收拾不完。

許多的專業人士已經演變成在專業中製造更多的共業，而不是解除共業，而且他們比別人更清楚如何殘酷掠奪請求他們協助的眾生，因為在他們的領域內，他們是一流的，專業性的引領所有的眾生進入一個永劫輪迴的業障中，讓他們的思議、擔憂和原有的共業不斷地擴張到無邊無量。當無底深淵的空間一打開的時候，不安恐懼永無止盡地納入，令很多的生命完完全全進入無法收拾的輪迴裡。

專注非專注密無上專注，密全覺不二相應無量業力。

專注非專注密無上專注，密清淨慈悲對應無盡苦難。

專注非專注密無上專注，密當下智慧佈施無量妙法。

專注非專注密無上專注，密清明圓滿運作無窮功德。

這就是現在所謂的專業，已經無法再提供給任何苦難解除的機會，他們已經失去了這樣的志業、願力和初衷。所有在專業中的領眾者只剩下一些些稍微清明、有敏感性、有覺受性的人在苦苦守護，守護著主性的親臨。

只有主性本身的存在，才能令一切無盡如來的本源在主性親臨的當下，自發性、主動性、全面性、無為性、不可思議性的密一切不可思議的終極恢復，這是主性無上的存在。

當主性親臨的那一刻，所有的專業必須全面性面臨空前的轉換與調整，全面性要往服務所有苦難眾生，專門為一切苦難眾生的業障做解脫性的處理與服務。這是所有的專業以後能夠持續下去的最後機會，要不然會全面被處理掉、收圓掉。

業力願力不二全然全覺，業力非業力，轉化無量微妙世尊。

業力願力不二全然全覺，慣性非慣性，收圓善逝生活生命。

業力願力不二全然全覺，苦難非苦難，終極世代究竟傳承。

業力願力不二全然全覺，不思議無所住，放下當下。

這個收圓的可怕性與不可思議性，在中道正法真正在整個世界運作的當下，就會逐步示現出來，就是令各種不同專業系統裡面的既得利益者與掠奪性的團體，做重大的轉換與面對。

這個輪動的狀態是全面性的、空性的、當下性的、空前性的。當中道正法啟動的時候，所有的專業，必須完完全全、清清楚楚、圓圓滿滿的回歸到自主的意志，全面性地轉換，恢復生命的初衷，以無盡謙卑的態度，不承受地納入所有眾生的業障苦難，提供服務性的納入，以專業成就他的自主。全面性以自主的意志與力量，守候善護所有的苦難眾生，不管其任何的苦難形式，以無分別心提供全面性的服務，讓這些苦難眾生，從容恢復完整的狀態，逐步轉識成智。

密主不可說一切輪動，回歸本義，密當下專注，收圓一切。
密主不可說一切輪動，回歸本然，密不二專注，示現一切。
密主不可說一切輪動，回歸本我，密如一專注，供養一切。
密主不可說一切輪動，回歸本心，密生死專注，佈施一切。
密主不可說一切輪動，回歸本因，密不思議專注，了然一切。
密主不可說一切輪動，回歸本位，密定位專注，無染一切。

如果任何既存的主流專業都不願意改變，也沒有關係，就等著全面性的被解除掉，這是主性已經確定的承諾，當下空前的事實。主性所承諾建立的真正專業的團隊，能全面性地專門解除所有眾生的苦難，單此一團隊就足以解除地球所有的苦難，解除所有專業裡面共業積存下來的無盡苦難。

自主的團隊是如來共世尊的密布局、妙操盤、共主無上皈依境的示現，主性的臨在在不可思議團隊的諸佛自性之力，傳承世間無量解密解碼的空性功德力。自主之團隊，諸佛共盟訂之本願所在，共承諾世代收圓圓滿不可思議的莊嚴之示現。

空性專業團隊，自性專業團隊，一切業無分別解碼一切分別之業力，全然之志業與無上自主之專注之力，相應解碼無量類別苦難形式。

一切不等同之苦難，令其自主等同之共解碼，乃共願力之共願生命團隊，對一切苦難解因解苦，終極願力之所在。乃主之願力與承諾。

無上主空性善逝一切，無關專注，覺有情成就不可說。

無上主空性善逝一切，無關專注，覺無盡當下不思議。

無上主空性善逝一切，無關專注，覺無窮一切自然成。

無上主空性善逝一切，無關專注，覺生死因果自佛果。

無上主空性善逝一切，無關專注，覺苦難生死本自在。

無上主空性善逝一切，無關專注，覺諸相如來生活主。

如來的服務業

這個世代是空前絕後的世代，所謂的世尊不是在佛教裡面的那一尊佛像才叫做世尊，應該還原給每一個人都是世間尊重的世尊。

世尊無常恆常之當下，如來本尊本義本我，如來世間一切時空願力志業，相應人世所有人性之需求，無常之需，慣性之求，無分別一切功德回應之。

而世間尊重的生活態度，其重點是在於每一個人都必須要能夠在無盡的時間空間裡面互相尊重，在既存的必須共同分享的空間裡面得到一定的寧靜度，因為每一個人都必須在一定的有限時間裡面得到那個時間空間的完整性。

密專業本業如來時空不二志業，無邊無量正法正行如來本業。

密專業本業如來時空不二志業，無邊無量正法正行大是大非。

密專業本業如來時空不二志業，無邊無量正法正行一念清明。

密專業本業如來時空不二志業，無邊無量正法正行男女空行。

密專業本業如來時空不二志業，無邊無量正法正行有形無形。

密專業本業如來時空不二志業，無邊無量正法正行志業本業。

密專業本業如來時空不二志業，無邊無量正法正行存在非空。

密專業本業如來時空不二志業，無邊無量正法正行存有非有。

而以人類慣性在身口意上延伸出去的慣性行為中，卻常會忽略掉這一點。我們講無壽者相，每一個家庭中的每一個份子，不分他的年齡、身分，身為父母者或身為子女者，都必須要有一種基本的生活教育，就是人人都必須觀照到自己外在的行為有沒有干擾到其他人。

歲月中的世代，末日無情，毀滅求情，所求為何，當下之時，當時不空，時空輪轉，眾人無我，思議情境，如來變現，世間傳承，世人其中，人我不說，若有所別，但求解脫，相應內化，如來允諾，生活自主。

因為每一個人存在當下的狀況都會有他的某一個辛苦點，維持一個基本應有的不互相干擾的狀態，不只是一個行為上的分際和禮儀，更是為了彼此各自在每一個當下的時空裡能夠維持各自的完整性，完整地去消化他自己的辛苦點。過度的噪音或其他的干擾狀態，會使得在那個時空下的每一個人，都要消耗掉他自身更多的能量，來消化他自身尚未轉化掉的部分，而變得更加辛苦。

當下人性人生，當為無所不為。

無時空無是非，無進出之有關無關。

一切情境，非空非有，一念情義，緣起空行。

身為一個服務業空間的管理者，哪怕只是一個服務生，都應該要有這樣子的教育水準，做為他們服務業應有的服務與善護。不是只在物質上商品上的服務，更是要讓每一個來到你店裡的人，得以在當下有一個完整性使用那個時間空間。一個真正的服務業者應該觀照客人與客人之間的互動是不是存在無干擾的狀態，那一份心意要化為實際的行動，要幫每一個客人彼此之間的分際拿捏得非常好，這絕對是一個生生不息、一定成功的服務方式。

善護人性善逝慣性，人格人品如來根本，人性恆常無常，一念當下無量至情至性，相應供養，涵養如來，對應所求，守護生死，人生不可說之不二之志，仁慈密行，人際無傷，人我無來無去，世尊寶生。

而這樣的彼此善護與守護的心理，在一個已經發展到一定成熟厚度的社會裡面，應該是每一個公民應有的世間尊重的態度。隨意刻意的自以為是的行為，不分場合的互相干擾，常常會造成很多大大小小沒有辦法預設的社會事件。

生死密納入圓成人人本緣本智本因本果，人性莊嚴相應萬物。

生死密納入圓成人人本緣本智本因本果，人性莊嚴對應萬有。

生死密納入圓成人人本緣本智本因本果，人性莊嚴無思非有。
生死密納入圓成人人本緣本智本因本果，人性莊嚴無思本念。
生死密納入圓成人人本緣本智本因本果，人性莊嚴無動輪動。
生死密納入圓成人人本緣本智本因本果，人性莊嚴無所當空。
生死密納入圓成人人本緣本智本因本果，人性莊嚴一切自性。
生死密納入圓成人人本緣本智本因本果，人性莊嚴納入佈施。

每一個客人都一定有他自己的交集與法緣，才會來到那一家店，因此服務業的設計是要讓每一個客人的時間空間完整，而不是讓客人散在各種不同慣性之間的紛擾當中。許多人敗興而歸，常常不是因為食物或商品的不好，而常常是無法在消費的時間空間裡得到應有的尊重。這樣子的狀況，等於那裡都去不了，那裡都不想去，這種遺憾終究會充斥在整個社會當中。

同一生命法緣自在，同一如來行法自妙。
無上類別，等同觀照，世間尊重，進出無傷。
藥師當下，非病如來，萬教同宗，一切等同。
收圓慣性，功德自在，觀音佛首，佛果一念。

所以，我們要徹底解除人與人之間互相干擾的狀態，也要把這樣子的觀念、想法、態度和互為尊重的生活教育，在遍一切處的行為當中整個延展出去，成為生活上的基本行為，人與人之間的世間尊重。

一切人與人當下供養，眾生服務，不二服務，苦難服務，如來服務，本心服務，中道服務，實相服務，無為服務，服務之本業，共願共業之專業，轉識成智之本然，共天下之慧命，解因解碼解苦解難，以如來本心妙法正法，服務眾生於生活中恢復生命之自主。

密觀解諸有情空苦難如來究竟，人性本性行為行動。
密觀解諸有情空苦難如來究竟，人性本性世間尊重。
密觀解諸有情空苦難如來究竟，人性本性供養涵養。
密觀解諸有情空苦難如來究竟，人性本性空性人本。
密觀解諸有情空苦難如來究竟，人性本性自性人我。
密觀解諸有情空苦難如來究竟，人性本性終極圓滿。
密觀解諸有情空苦難如來究竟，人性本性世尊本尊。
密觀解諸有情空苦難如來究竟，人性本性大行如來。

生活生生不息活出清楚自己，功德本性，照見生死是非功過，有情無染，有境無我，有別無分，有過不二，一切輪動不滅自生，有所無所，滿乾坤太極之圓收，一念一圓收，念念自收圓，生活太極，生命無極，如來終極。

不落入地球慣性的自主力量是生命最後的出口

有些人說：當某一種境界來的時候，它是自然來的。沒錯。為什麼它不是用人類的方式可以去強求的？如果它可以用人類的方式去強求，或可以用人類的想法去預設，或可以用人類的評估去思議，或可以用人類的經驗去判別，那麼，它就是在人類受限範圍裡面的力量而已。如果，當它不是人類的力量可以想像的，不是在人類的模式裡面可以預設的，那麼，它就是一種超越人類的重要狀態，怎麼可能以人類有限的角度去評估呢？

不落入地球的慣性，在地球的一切也是在無窮宇宙的當下。

不落入地球的慣性，可用的、無所不用的，都是為了質變生命，演化生命。

不落入地球的慣性，一切的力量都在無預設中圓成地球的一切。

不落入地球的慣性，在解碼所有的密碼中，不落入的存有是對人與地球通往等同等持的重點所在，才能令生命自主，成就地球的道場，成為一切生命最後的出口。

不落入地球的慣性，生命之愛在於不落入，方能相應於地球之密因。

不落入地球的慣性，生命之愛在於不落入，方能相應於地球之解碼。

不落入地球的慣性，生命之愛在於不落入，方能相應於地球之供養。

不落入地球的慣性，生命之愛在於不落入，方能相應於地球之軌跡。

生命本身的自主性超過人類所有的相對性，就是因為這個存在的法流，生命本身存在的意志有著對人類一切的觀照。生命對人類所有的存在價值與人類存在過的所有經驗都很清楚，但是，生命本身不落入人類存在的經驗，了義人類存在的經驗，同時也尊重所有人類必然經過的所有過程。

生命也不落入人類的所有預設，更重要的是，生命能夠尊重人類所有經驗走過的路。人類最後的機會就是要能夠在人類的經驗當中，去體察那個超乎人類想像的「自主的能量場」，這個能量場對人類有著很深的厚愛。

這個愛是建立在不往外的基礎上，自主的能量場是一種無分別之愛，當生命不落入時，等同不承載，這是一切生命最深的愛、最後的出口，當下即是。

地球是生命最後的出口，我們所做的一切都必須承諾對應之。

地球是生命最後的出口，我們在觀照中，共存所有的因果。

地球是生命最後的出口，我們在經驗的演化中，開演生命進化的內涵。

地球是生命最後的出口，我們還原自主的能量場，提供所有的生命所需的資糧。

地球是生命最後的出口，我們早已為主性清淨的國土做好所有的準備，這就是地球成

為所有生命最後出口的密因之所在。

在所有人類相對性的苦難裡面，其中都有著這樣自主能量場的結界。當人類的苦難在某一個歷史的文明傳承中，有走不下去的時候，整個世代的苦難文明在那個臨界點中，這種結界就會示現出某種必要的時空，它可能顯相某一群人，可能顯相出某一些靈魂體來對應整個人類的世代，讓某一些人覺受某些夢境，或示現出某一種磁場、某一種特殊的經驗值，讓人類能夠集中意志，集中群體的菁英力量，走過那個苦難的劫難。

這個地方指的就是所謂的各種不同的示現，包括宗教、神蹟、或重大的革命，包括天災地變，或者說某一些重要特殊的人物，他們有偉大的思想或發明足以改變某一個世代關鍵性的苦難或爭戰，這些力量的背後有生命整體性的操盤。

地球是生命最後的出口，出口的時空，不可說的事實。

地球是生命最後的出口，人性對應的一切，將成就所有的傳承。

地球是生命最後的出口，覺受中的存有賦予了任何世代必然的意義。

地球是生命最後的出口，人的生命更是所有存在引動的最後出口。

地球是生命最後的出口，某種必然的代價。

地球是生命最後的出口，無法訴說的苦處。

地球是生命最後的出口，歷史文明的傳承。

地球是生命最後的出口，靈魂背後的密因。

今天做這麼深的表達是在於，生命本身就是有辦法在人類的軌跡中形成重大的質變，但是其背後的基礎是因為生命完全有不落入人類苦難模式的「自主性的力量」，這是一種通往主性國度的力量，守護地球所有人類走過的路。

現在的人類已經到了必須全面性革命的時候，現在的人類都是往外去革掉其它物種的生命，人類自己本身有一個關鍵，就是苦難累積得太深，因為太偏重於外在的進化，卻對自己在地球上的定位與價值並不是很清楚。就是因為不清楚，定位也不夠確定，所以，當生命無法尊重自己本身的價值定位時，就會毀掉其他物種的定位。

恆河沙數的每一個宇宙中的日月星辰都有一定的定位，星球與星球之間、宇宙與宇宙之間、銀河系與銀河系之間，都有一定能量場的對應和對待，就像人類的肉身裡面每一個輪脈的位置和經絡的路線，不論是如何複雜，都是不會產生衝突的。生命允許人類有無邊無量覆蓋與製造覆蓋的一種空間存在，但是，現在已經沒有任何空間了，人類必須懂得如何不覆蓋的行為與心念，也就是說，人類必須把往外的部分全部解除掉，解除掉之後，人類才有可能解開生命的密藏。

人不落入地球的一切，不落入宇宙的一切，定位自己，清明本分，在宇宙的價值中，人是可以成佛的，肉身的輪脈等同宇宙的存在，生命無價，人的變革是宇宙生靈的演化過

程。地球乃為根本之道場，人乃為一切萬有究竟之道場，地球和人共振的當下，有其對宇宙一切萬有共有的共願，人在地球中，必須莊嚴以待這一切的無上功德本願。

已經沒有任何空間，以沉澱當來下生。

已經沒有任何空間，以沉澱人我無我。

已經沒有任何空間，以沉澱承諾允諾。

已經沒有任何空間，以沉澱引動湧動。

一定要有一些人在這個世代的文明當中覺受到自己往外的部分，當生命不再往外時，他才有辦法觀自在，自己問題所在的地方就是覆蓋的地方，先要有這樣子的知見，放下慣性，養出自己如來的能量場。這個非常的重要，因為，我們必須要知道的是，內在如來的能量能夠全面性地解除自己本身的苦難之處。

所以當你能夠在自己的生活中，懂得轉識成智，懂得自己本身慣性與識性的革命，當你懂得對自己革命，你就會懂得對世代革命，你就完全懂得在革命當中所應該革掉的是「往外」的命，恢復的是自己清楚的慧命。

當世代中的人類有一群人他們懂得恢復自己的慧命，懂得如來性的重要性，懂得不往外的世間尊重的生活態度之時，就會產生整個人類質變的重大契機。但在革命的當下，每一個重要的共願夥伴要能夠承受所有的負面能量，因為覆蓋性的負面能量是無邊無量的，但同時也因為畏因而納入，這些夥伴得以恢復他的如來密藏，以及他法報化三身的法流恢復也是無邊無量的。所以，首先就是人類對自己本身在此世間的定位點要非常的清楚。

地球的文明、文化皆是歷史傳承的人類所有的進化過程，人立足地球，也是為了解決人心性的議題，地球照見所有人類必須自我革命的問題，所以，地球養人類一切，人類存活在地球的每一天必須變革自己，解除慣性，才能無愧於地球本身的法供養。

以地球作為一切革命的當下，所做的皆已做之。

以地球作為一切革命的當下，無所做本自在之。

以地球作為一切革命的當下，當下做如來示現之。

以地球作為一切革命的當下，其中密藏如來本然。

人類的生活就是他自己真正的道場，在任何的場合裡面，要懂得納入自主性的能量場，這是個守護地球的能量，也是主性親臨的重大通路。但是，生命要成為自己的主，就必須先放下自身被牽動的慣性。因為，會被牽動的一定是往外的因。人類到現在不懂得真正的不往外，更不懂得不往外的操盤方式，因為不懂得不往外，所以只做往外的事，所以人類的能量場是非常粗糙的，人類任何的文明都不是內化性的文明，而是往外性的文明，這就是為什麼萬物會遭殃的原因。

人類是地球的主人，地球納入人類所有的慣性，納入人類所有的因果，地球是人類生

命最後的道場，人類要活出自己自主的能量，供養整個地球一切生命應有的涵養，人類的存在等同地球的存有，同一時空，如一世代，地球即人生一切對應對待。

要成自己的主，自主的一切當下即是。

要成自己的主，可說的必然當下即是。

要成自己的主，人生的奧妙當下即是。

要成自己的主，善巧的自在當下即是。

但是，地球這一次的進化，所有的大地將成為彌勒的淨土、正法的淨土，正法一定會以生生不息的內涵引動出所有真正守護這塊土地重大密藏的能量場，也會有即身佛成的肉身示現在地球的道場上，開演出世間尊重的存在模式——一個不往外的模式、不往外的文明。不往外的狀態才有內化的可能，內化的狀態才能真正把已經覆蓋的能量場全部解除掉，而恢復整個萬有生命重大的密藏，來供養現在萬有世界的眾生。

問於地球的奧妙，不如問於自己的狀態，人在地球中，用於地球，行於地球，更應落實在地球一切的生命之覺醒。

地球正進行空前的生命進化，生命尊重的善意。

地球正進行空前的生命進化，淨土形成的必然。

地球正進行空前的生命進化，人類共同的志業。

地球正進行空前的生命進化，靈魂萬有的提昇。

這種情況下，如果你是一個終極密藏即將恢復的生命，就必須了義即身肉身的重要性，必須以戒定慧來守護自己的生活，善逝慣性，因為你生活的當下已不只是你一個人的生活，不只是你家族的生活，而是萬有生命最後的付託。所以，將會有許多的磁場能量向你懇求託付，叩問自主之路的最後出口，這就是真正的關鍵所在。可能即身佛成的肉身是所有無量萬有最後的期待與訴求，這真的是生命最後的出口。

因此，我們要保持自己的清淨度、完整性、和純然的生活，以沒有任何識性的心念來覺受所有的一切，而納入自主的重人內涵和寶藏，成為我們日常生活的基本態度，這是無上莊嚴的。

地球的寶藏相應於人類在生活中一切存活的過程，地球的尊貴在於人類自身生活本身的尊嚴，地球之顯相早已存在於生活在地球的每一個人的生命態度上。

純然的生活，終極密藏生命的恢復，在完整中無求。

純然的生活，終極密藏生命的恢復，在必然中當下。

純然的生活，終極密藏生命的恢復，在叩問中問答。

純然的生活，終極密藏生命的恢復，在來去中自在。

在這一個自主親臨的世代裡面，將讓女相的苦難獲得空前解脫與自主的機會，女相解脫的密藏在每一個恢復自主的女相即身肉身裡面。女女解碼的不可思議，將會決定了整體人類再造的機會，這也是地球再生的根本立基點。同時，長期擁有天下而覆蓋重重的帝王術慣性太重的男相，將在這一次做重大的轉識成智，轉其帝王慣性成為他自己本身不落入男相帝王術的真正再造。

不可思議的生活態度，一切智轉一切識，生命方有再造之機，相應的叩問對應無邊無量的即身當下，一切關係，一切解碼，無上機會，即時行深，深不落入，解碼解苦，生命自主其中。

當自主的世代成生活的自然，當主性的生命臨在主親臨的時空，無上莊嚴男女法供養一切變革之互為世尊互為自主之男女關係，等同叩問，等持相應，於不可思議的解脫之無量關係上，在自身存在的對應當下，相應如來性，相應主性，在自己生活的每一個點點滴滴，皆是無邊無量生命重大寶生的根本所在。

主性親臨的生命本質之愛，寶生無量關係，變革所有善逝，寶生一切關係的無所不在，主性之志業，空性輪動，自性變現，無量陰陽，圓收收圓，叩問等同，相應等持，主臨在一切主性，即身當下無量佛成，主在佛在一切在無所不在，主性親臨一切存在，自主所有當下之所存在。

機會的變現，無不是人生當下的示現，更是生命對應心性重大的質變，任何的即身之

義，皆有其佛成的機會，在於人如何相應自己存在的當下，當下的自己，機會的自己，無上妙用，機會本身在於自身。

地球的志業，無量生命最後的生命再造之機，女女解脫。

地球的志業，無量生命最後的生命再造之機，終極原點。

地球的志業，無量生命最後的生命再造之機，實相皈依。

地球的志業，無量生命最後的生命再造之機，地球密藏。

地球的志業，無量生命最後的生命再造之機，空性自主。

地球的志業，無量生命最後的生命再造之機，正法示現。

地球的志業，無量生命最後的生命再造之機，淨土顯相。

地球的志業，無量生命最後的生命再造之機，主之國度。

地球的志業，無量生命最後的生命再造之機，無關結界。

地球的志業，無量生命最後的生命再造之機，主之親臨。

第三章

無常識性的遮滅與解除

生命為何要解脫？

為什麼生命要解脫？其實生命在相對的世界裡面，是可以選擇不要解脫的，這是生命自己的權利。生命選擇一時不要解脫，二時不要解脫，一分鐘不要解脫，二分鐘不要解脫，一世都不要解脫，甚至生生世世都不要解脫，也沒有關係。如果生命選擇無量劫都不要解脫，我們都尊重，這就是「世尊」，尊重你不要解脫的權利。

為什麼生命要解脫？以無常叩問解脫之道。
為什麼生命要解脫？以識性叩問解脫之道。
為什麼生命要解脫？以慣性叩問解脫之道。
為什麼生命要解脫？以心性叩問解脫之道。
為什麼生命要解脫？以本性叩問解脫之道。
為什麼生命要解脫？以個性叩問解脫之道。

問題是用來示現的，不以思議叩問生命，叩問是為了解除所有的識性，識性的心念是一種未解脫的思議之處，生命在叩問自己的識性之所在，所在識性，必成慣性，生活其中，

識性當下，慣性輪動，生命解脫，解一切落入之識性慣性，無常即識性之存有，恆常即識性之非有，未覺之處，即識性之所，覺於識性，智慧解脫之。

生命本身要去思考的問題是什麼？為何要解脫？這裡面有一個角度就是，一個生命在無量劫來有無量的生命形式，而為什麼要有生命形式？不管你在宇宙的任何道場，你為什麼要去形成那樣的生命形式——未覺的生命形式、必覺的生命形式、已知的生命形式、不可知的生命形式，已知和未知的無邊無量那麼多的生命形式，我們要思考的是：為什麼要有生命形式？無邊無量的生命形式裡面有一個關鍵就是——如果你能保證自己的生命形式不被無常吃掉的話。

已知非已知無量生命形式叩問解脫之道，以其生命之行，以其生活之識，無常叩問，生命形式，即身道場。

已知非已知無量生命形式叩問解脫之道，以其生命之行，以其生活之識，已在其中，覺與未覺，無常之所，入世出世。

已知非已知無量生命形式叩問解脫之道，以其生命之行，以其生活之識，無常生命，無常形式，無常道場，覺於無常。

已知非已知無量生命形式叩問解脫之道，以其生命之行，以其生活之識，生命其中，必覺當下，覺所即身，解脫無常。

在你靈魂體的記憶當中，如果你曾生為某一種生命形式被吃掉，那個痛苦，請問你記得嗎？如果你還記得，你要永劫這樣嗎？你被誰吃了？被吃了幾次？你曾吃了無量的生命形式，被你所吃的有多少？如果你曾被吃掉，或者，你勉強沒有被吃掉，你受傷了，然後到最後痛苦死掉。換另外一個方式講，我們不說吃或被吃，我們看看恆河沙數的生命當中，有很多不可預設的死亡模式，請問：那樣痛不痛？我們再看看，生命形式有沒有生老病死？生老病死痛不痛？如果你能告訴我你不痛，或你無所謂，那麼，我尊重你，你不用解脫，你可以完全不用解脫，我也完全尊重你。

無常中的無量劫，無法預設無量的生死，何有無常？乃生命要解脫之故。

無常中的無量劫，無法預設無量的生死，何有因果？乃生命要恢復之故。

無常中的無量劫，無法預設無量的生死，何有苦難？乃生命要還原之處。

無常中的無量劫，無法預設無量的生死，何有生死？乃生命要自在之處。

但是如果在你曾存在的無量劫裡面，你還有最後一念，依稀記得那個痛苦的時候，在你恆河沙數的念頭當中，有一個被引動出來的無限深遠的一念——熟悉的那個痛——的時候，不管是任何生命形式的痛，請問：你要不要解決那個痛？你是否不要那個痛？如果你意會到不要那個痛，那麼，就必須接受你「必須解脫」的這個事實。因為，不要那個痛就是解脫的意思，不讓自己變成讓別人痛的你是什麼樣的？你要不要解脫？解脫，就是不讓別人痛，不讓別人去承受，也不讓自己承受別人。

痛於無量，痛於一念，痛於恆河沙數，恆河沙之痛，無不是為了解脫之道。痛於無量，痛於一念，痛於恆河沙數，解其落入之處。

痛於無量，痛於一念，痛於恆河沙數，之所以痛，一念一痛，痛之當下，如來示現。痛於無量，痛於一念，痛於恆河沙數，所痛的必解脫之，痛之引動，入其深遠之大道。所痛的必解脫之，解脫之痛，念之痛，痛之念，恆河沙數，叩求恆河之痛，沙數之問，解脫無量。所痛的必解脫之，來去之痛，引痛之密，以痛行之，解脫密碼，痛之叩問，覺痛之所，所痛當下，必解脫之。

我現在所講的「吃」是很多層次的，但總是都會痛的。你吃別人，或讓別人吃，在相對的層次裡面，它的關鍵是什麼？它就是一種相對性的法供養——在生死之間的法供養。

以某種層次來說，誰吃誰，就是誰讓誰的生命形式解除掉，這種「吃」也算是某種外在形式上的解脫，讓對方不再輪迴那樣的生命形式，這是以一個深層的角度來看的，是解決相對性無量生命形式的切入觀點。同樣的道理，當你自己的意志、你的靈魂體、你生命中的某一種引動，使你被別人吃掉了或你吃了別人，都是屬於一種形式上的解除，在某種角度上來講，生命形式的解除算是某種外在形式上的解脫。

生命的生死相扣，無不是生命的叩問，在無常中的生命自問自答。解脫其中，生活的

次第，生死的層次，無窮盡的角度，所納入的生命，所緣起的法緣，其中的在其中，如何不在其中的不在其中？

道理是一種道的整理，理出一種生命的路，相對中的整理，不落入相對中的道理，輪迴的相續，輪動的相繼，生命形式叩問出無常解脫之路。

但是，這要不要經過痛？要。要不要經過納入？要。生命之間的生死，就是無邊無量的納入，生與滅都是痛，但也都是在那個痛之後，那種生命形式解除掉了。當生命形式解除掉了，從某個角度上來看，你在當世失去了以肉身增長慧命的無邊無量的機會，因為每一次的生命形式都可能在遮滅過往累積無邊無量的因果，被吃掉的時候，這個生命形式不見了，就代表這一世可以進行的變革之路無法繼續，所有面對的機會與遮滅的可能性也全部結束掉了。

經過了痛，走過了路，納入所有，覺於無所，痛的生死，智慧的開啟。

經過了痛，走過了路，納入所有，覺於無所，痛的無量，了義的無窮。

經過了痛，走過了路，納入所有，覺於無所，痛的所在，無所不在。

經過了痛，走過了路，納入所有，覺於無所，痛的即身，當下究竟。

不是只有人類的存在是尊貴無比的，以自主正法等同等持的無上分別來看所有的生命，無邊無量的生命形式都是等同重要的，這個空性之知見，對廣大無邊生命之世間尊重，我們要有這種看待的知見來看所有的生命。

所以，要不要走上解脫之路？這個問題是每一個人自己要去沉澱的。你在無量劫的存在裡面，讓別人痛的你，你意會到了沒？如果你意會到了，你要如何找到自己的正法，觀照一切，通往即身成就的解脫之路，不再讓無邊無量的生命痛苦？你懂得如何讓自己永劫不會再痛嗎？你有沒有辦法面對讓人家痛的那一個永劫輪迴的自己？有沒有辦法改變與改造自己？讓別人痛的你，一定也曾有很多次別人讓你很痛苦，結束了你的生命形式。

你自己要去看看，你是怎麼樣的存在狀態？為什麼會在很多的對應中被吃掉？或被納入而解除掉了那樣的生命形式？你怎麼去看待那個常被別人吃掉的你？當你記得那個被吃掉的痛苦，請問：你要不要解除？你要不要解脫？

等同等持的無分別，為何解脫？生命形式叩問之，沒有一定的看待。

等同等持的無分別，為何解脫？生命形式叩問之，只有覺受之後出離的永劫。

等同等持的無分別，為何解脫？生命形式叩問之，無常不是問題，看存在當下自己對生命的決策。

等同等持的無分別，為何解脫？生命形式叩問之，生死解一切生滅，痛的當下，捨的即刻。

或者說，你沒有被吃掉，可以安享天年並很自在地結束這個生命形式，你有寶生的功德，但是，你能不能夠從這一世的自己「覺」你無量劫輪迴的因在哪裡？當你輪迴到下一世的時候，你能確保自己依然不會被吃掉嗎？

為什麼每一天都有無邊無量的生命形式被吃掉或被掠奪？為什麼要以無邊無量的生命形式去承受那個痛苦？生命與生命之間，互相讓對方痛苦，其中無邊無量的對待，要從自身的因去看，那麼，生命就是要走上解脫之路。

恆河沙數的宇宙都是「痛點」，無邊無量的生命都有恆河沙數的痛點，請問：你要不要解脫？你今天不解脫，永遠都會有恆河沙數的生命讓你痛苦，你永遠有恆河沙數的「因」造成別人痛苦的「果」。

恆河沙數的因，造成恆河沙數果，無量之痛，寶生之德。

恆河沙數的因，造成恆河沙數果，無常之痛，恆常之生。

恆河沙數的因，造成恆河沙數果，痛之叩問，叩問以痛。

恆河沙數的因，造成恆河沙數果，痛引動悲，悲湧動智。

宇宙道場的深沉，成就了無邊無量的可能，我們要迴向給宇宙根本的初衷本義，那就是——走上解脫之路。這是本分，這是所有無邊無量生命來來去去的生死劫裡面，企求一種永不再痛的最後機會，那就是——必須走上解脫之道，成為自己生命的自主。

自主的初步狀態是什麼？在形式上，以一個平和、平等的存在狀態輪動生命，對自己的存在有一種觀照的智慧，知道自己什麼因會造成別人承受無邊無量的痛，然後願意收回來，這是自主性的開始。因為過去會讓別人痛的自己的存在，是掠奪性的、相對性的、往外的、不懂自己的，當自己懂得不再往外時，才會懂得為何不能自主。

無常有其道，不以識性延伸一切思議的無常，靈魂中的識性，靈性中的慣性，靈體中的生死，無不是的生命狀態，無常叩問，寂滅生滅之無常，給一個自主的永生，不往外，生命自能回歸解脫的契機，無所預設的存在，叩問的因，問答的果，生命本有的意願，早已無所不在，以無常叩問恆常的必然。

當生命願意走上解脫之道，願意脫掉無邊無量的枷鎖，才有「覺」的開始，才有辦法對自己承諾，解除掉讓別人痛苦的慣性，才有可能不讓自己存在的無邊無量形式承受別人輪迴的慣性，不被掠奪。解開自身的密因密碼，解開無量劫輪迴的關鍵狀態，那才是真正的恢復自主、圓滿的狀態。

未覺於無常的，能覺於恆常的，即身即覺，入無常世界。

未覺於無常的，能覺於恆常的，無生授記，此身入無常。

未覺於無常的，能覺於恆常的，無常佈局，諸佛住世，恆常示現。

未覺於無常的，能覺於恆常的，覺與未覺，無常恆常，等同等持。

當一生命能如此走上解脫之路，無邊無量的生命才有機會開始走上解脫的莊嚴之路。

無量劫來，正法尊重無邊無量生命未解脫的一切輪迴，但是在此世代，主性親臨地球道場的世間正法開演的當下，就代表了所有生命已經決定要走上解脫之路，這是唯一的事實，這也是真正的答案。

最後的答案，走上一切解脫之路，生命的最後，以無量無常叩問之。
最後的答案，走上一切解脫之路，生命的開始，以不可說對應之。
最後的答案，走上一切解脫之路，生命的本然，入一切世間無常所在。
最後的答案，走上一切解脫之路，生命的存有，早已無所不在。
走上一切解脫之路，叩問其中的無常密行，是人即身的無上。
走上一切解脫之路，相應其中的無常修法，是天地之間的本義。
走上一切解脫之路，對應其中無常的無我，是無極太極的根本所在。

放下熟悉世界的意識型態

人類最大的問題就是用我們熟悉的相對世界來理解佛法，我們沒有辦法接受理解之外的世界。請問：應該用怎麼樣的理解才算是真正的理解？當我們要理解一個不熟悉的世界時，卻往往用自己熟悉世界的理解方式去理解未知的世界，而認為那就是所知道的未知的世界，以自己的已知去框住未知，這是人類最大的限制與盲點。

人類習慣性地以自己熟悉世界的認知，來設定對不熟悉世界的判斷與偵測，這樣的問題是在於，完全落入熟悉世界的模式去看之外所有未知的世界，這樣，一定會與其真正本質有很大的落差。

所以我們一定要拉回來看，怎麼可能以熟悉世界的認知方式去認識未知的世界？唯有放掉熟悉的世界，才有可能進入未知的世界。要不然，永遠就是把未知的世界侵略成我們所熟悉的世界，不管是在時空上、國度上、一切的因果上，未知世界如果和人類熟悉的世界相抵觸的時候，結果一定就是發生征戰，或是相對性的掠奪。

以為的理解，是無法理解的想法，理解的熟悉感是過度理解的另一種感覺，對無法理

解的世界，我們用了更多自以為是的理解，但是，還是無法理解未知的世界。放下所有理解下的熟悉的理解，已知的未必是已知的，未知的未必是未知的，無念無住，不思議的令所有的存在自然自主地呈現其存在的軌跡，讓所有的時空顯相在無盡的虛空中，這才是真正真實的唯一理解。

在感動中的感應，在感念中的感恩，在感受中的感覺，以為的熟悉竟不知不覺。

在感動中的感應，在感念中的感恩，在感受中的感覺，以為的熟悉自以為是。

在感動中的感應，在感念中的感恩，在感受中的感覺，以為的熟悉一再重複。

在感動中的感應，在感念中的感恩，在感受中的感覺，以為的熟悉自有其因果。

什麼是真正的已知？真的有已知這回事嗎？就算是我們人類已知的熟悉世界，其本身也一直在改變，不是嗎？當你還沒有來到這個世界的時候，你的世界是什麼？在哪裡？你對人類世界是熟悉的嗎？但是，當你習慣了整個人類世界的時候，你就認為這是你唯一的世界，那麼，在你還沒有來到這個世界之前，你是如何知道這個世界的？你也不熟悉它啊，你想盡辦法在這個世界生存下來，但是，當你熟悉了之後，因為你已經擁有了，或習慣了，然後你認為世界就是這個樣子，而後，就卡在你熟悉的世界裡面，不願意放掉你所確定的任何東西和任何認知。

認知的世界，世界自有其認知，不必在世界的本身附加不必要的認知，世界的本身，

解除一切對世界的識性知見，人即世界，世界即人，自在其中。

什麼叫做真正已知的世界？唯一的不再是誰的唯一。

什麼叫做真正已知的世界？曾經的不再是誰的曾經。

什麼叫做真正已知的世界？必然的不再是誰的必然。

什麼叫做真正已知的世界？等同的不再是誰的等同。

但事實上，這個你所熟悉的世界裡面，別人在共同的時空、共同的世界裡面，也許與你的認知是不一樣的，也許與你有部分交集，也許完全不一樣，人們並不會因為使用共同的資糧、共同的外在工具，就一定會有共同的認知。有時候，你與他人有某些共同的認知是因為你們在共同的世界裡面有共同熟悉的經驗與價值，但萬一對方的認知價值改變了呢？經過幾年，經過某些時空的轉換，如今他改變了，當你們再重逢互動的時候，可能當初你熟悉的感覺已經沒有了，變得完全不熟悉，彼此變陌生了，這是我們日常生活中經常發生的事情。因為，這個世界本來就是無常的，即使在同一個世界裡面，人與人之間的時空都是一直在改變的。

所以，在熟悉的世界裡面，曾經共同熟悉的時空、認知、價值，和意識型態也都在改變當中，這個世界，本來就處在不斷的變動當中。那麼，是不是只要你熟悉的世界，你都不願意再改變？或者說，你根本完全不知道你所知的世界，只剩下你自己不願意改變的執著，而那就是所謂的你熟悉的世界，這是何等無知的世界。

不管世界剩下什麼，一樣的或不一樣的，都已經是所剩無多的，剩下的是人意會不到的，不管世界是怎樣的形式，活過的不等同已知的，活著的又能夠瞭解自己剩下些什麼？大部分的人根本沒有這個生命的誠意沉澱自己所剩的，只一味在乎自己還能擁有些什麼，一再地擁有，最後令自己的一生所剩無多，竟也不自知。

你熟悉的是否是真熟悉？還是更不願改變的自己，而一直留住自己熟悉的世界？都在改變中。

你熟悉的是否是真熟悉？還是更不願改變的自己，而一直留住自己熟悉的世界？無法停留的時空。

你熟悉的是否是真熟悉？還是更不願改變的自己，而一直留住自己熟悉的世界？無法總是在其中。

你熟悉的是否是真熟悉？還是更不願改變的自己，而一直留住自己熟悉的世界？變動而令一切開始瞭解自己。

我們要認清一個事實：有所謂的熟悉的世界嗎？還是這個世界本來就一直不斷的在改變？就算是你熟悉的、用盡一切方法想要擁有的世界、或想盡辦法不想要改變的世界，往往，這代表的就是你根本不想改變自己。

這是整個人類存在的問題，人類沒有辦法面對變動。所有的一切都在變化當中，變動的本身是為了要成就轉化，在轉化當中，成就自身的深化。所以，我們一定要有非常清楚的認知就是——能夠面對改變，不預設自己熟悉的世界或不熟悉的世界，也不要再用自己熟悉世界的模式與心念去框在任何未知的世界。

我們對未知世界唯一最尊重的做法就是放掉自己對世界的任何模式，不用自己熟悉世界的任何方式去理解、去面對所有尚未知道的世界。

不用力的愛，更深層的自己，成就的是一種尊重之本身。已有所認知的，既存當下，不斷演化，更改架構，呈現時空，打破所知，不落入所有已知，唯一認知，無念無生，自然自知。

面對所有未知的世界，無窮盡的未知。

面對所有未知的世界，有所知的無知。

面對所有未知的世界，真假無關的真假。

面對所有未知的世界，已知所知的未知。

放下熟悉的世界去面對未知的世界，就是對無量世界最大的尊重。因為這樣才不會有任何的衝突，不會繞任何的過程，在前進無量世界的變動當中，我們就能夠從自己的世界裡面去感同身受所有未知的世界，因為它們都有共同的本質——都在變動當中。至少形式上是這樣，所以我們就不會驚嚇，不會無法承受。

執著於自己熟悉的世界是一種限制，當無法承受的時候，就想要去改變不熟悉的世界，就想要去改變別人，把別人的世界改變成自己熟悉的樣子，而自己卻不知道要質變。

當我們一定要用熟悉世界的模式去面對不熟悉世界的時候，一定會充滿了不安恐懼，累積到最後，就是用熟悉世界的模式去把不一樣的部分全部轉成熟悉世界的模式，這就是真正的意識型態的控制、掠奪、侵占，這也是所有宇宙中生命存在的最大問題。

世界的非世界，不必是世界本身的一切形式。

世界改變是必然的，人不見得能意會或能等同的改變。

世界之人，世代之情，情境之人，人世更變，自有其義，不可言說。

世代時空，不在流程，但在過程，其中不在其中，後果已是結果，世界即一切。

不繞任何的過程，過程已是全部。

不繞任何的過程，流程皆在其中。

不繞任何的過程，因果即是過程的結果。

不繞任何的過程，沒有開始的開始。

不繞任何的過程，沒有結束的結束。

當我們放下所有已知去面對未知的時候，我們才能夠看到它的本質，我們會尊重所有未知的世界，因為每一個世界都在改變。沒有真正所謂熟悉或不熟悉這件事情，沒有真正的已知這件事情，只是你有沒有經驗到而已。

如果我們能感同身受，放掉自己的標準，放掉熟悉世界的經驗值，這個時候，我們將沒有什麼不能容納的，沒有什麼不能尊重的，沒有什麼不能感同身受的，我們會從本質上去看到它的可貴。我們不需要有所謂熟悉或不熟悉的感覺。因為，本來諸相就都在質變當中，大家都在自己世界的當下，對自己做改革的變動與轉化。

變之感同身受，變之本質輪動，變之不可思議，變之無窮之變，變之世界，天地變之，陰陽窮變，天地交替，一念虛空，無念本空，變革圓動。

每一個世界都在改變，放掉吧，再前進。

每一個世界都在改變，捨去吧，再納入。

每一個世界都在改變，於其中不可說。

每一個世界都在改變，有情天自有義。

每一個世界都在改變，人世間觀自在。

什麼是生命的意義？我們先看看現在整個人類存在的問題，平常的我們是怎樣活著的？我們每一天醒來的時候，都在各種不同的關係裡面——你是我的父母，他是我的老闆，他是你的客戶，我是你的誰……等等。我們有很多的想法、很多的衡量，我們都要想盡辦法去符合別人的意識型態，每一天在各種不同關係裡面，為了各種不同的標準、現實條件、道德價值去評估、判別和衡量每一天所碰到的各種不同的人，這個人在想什麼？這個人有沒有辦法達到我設定的目標？我應該用什麼樣子的心念、或什麼樣的行為、什麼樣的動作、什麼樣的眼神、什麼樣的表情、或什麼樣的說詞去符合這個人的需求？而那些要求就變成自身要去符合的標準，對方的立場與態度就是他的生命模式、他的意識型態、他的價值觀、他的慣性立場。

立場是誰的立場？

誰的立場是誰曾經對應過的一切的場合？

任何的道場一切的立場，真正的道場不落入任何的立場。

許多的道場鞏固一切的立場，等同失去建立道場基本的立場。

道場有了立場，這個場合就是沒有道的道場。

真正的道，可以是任何的道場，不必有任何的立場，才是真正的道場。

沒有任何的立場，才是唯一的立場，才是真正的道場。

一切的道場，一切的場合，都已經在進行一切人性各自的立場，所以，生活的本身，人與人之間的人際，早已對應無盡的立場，人的生活早已是唯一的道場。

什麼叫生命的意義？如何的意義？

什麼叫生命的意義？意義的本身。

什麼叫生命的意義？即身的意義。

什麼叫生命的意義？未覺的意義。

什麼叫生命的意義？知與非知的意義。

什麼叫生命的意義？已覺的意義。

如果，每一個人都符合那麼多人意識型態的標準之時，那麼，每一天的自己都活在別人的意識型態裡面，把自己每一天的價值、能量、意義全部都活在別人的意識型態裡面，這樣子的每一天都完完全全活在別人的價值裡面，每一個人都活在每一個人的陰影裡面，每一個人都把自己的生命意義交託在別人身上，所以每一個人、每一個狀態、每一個意義、每一個價值、每一個理解、每一個行為都活在別人的意識型態裡面。然後呢？自己在哪裡？

而每一個人自己呢？自己也有很多的價值判斷操控了自己每一天的生活方式，自己的意識型態在自己的心念裡面，也控制了自己每一天存在的意義。這就是整個人類目前的生活方式與人際關係。不管你有錢或沒錢，不管你擁有什麼樣的名望或身分地位，不管你擁有或失去什麼，這就是唯一的事實——每一個人都活在別人的意識型態裡面，每一個人也都活在自己的意識型態裡面。這就是一個相對性識性世界的殘酷。

所以到最後，這個世界就變成每一個人都互相成為彼此無邊無量的碎片。我們每一天的生活就是這樣在進行的。

每一個人在每一個人的當下，做每一個人應做的每一個人的人事物。

每一個人已不是每一個人曾經是的每一個人的自己。

每一個人落入每一個人往外的每一個人的生死。

因果中的每一個人的因果，早已是每一個人在其中，每一個人不在其中，共同每一個人的因果。

每一個人活在每一個人的陰影裡，陰影中的背影。

每一個人活在每一個人的陰影裡，陰影中的身影。

每一個人活在每一個人的陰影裡，陰影中的投射。

每一個人活在每一個人的陰影裡，陰影中的往外。

人類本身擁有愈多，衡量愈多；碎片愈多，延伸愈多，彼此的掠奪與攀緣就愈重，所以人類到最後淺薄了自己，完全失去了自己真正存在的價值。

因此，我們的重點在哪裡？轉識成智。把所有想要去符合別人意識型態的想法全部拉回來，不要讓自己的存在價值活在別人的意識型態之下，然後同時也要檢視自己有什麼意識型態在判斷著自己與別人。因為，自己有什麼樣的意識型態，自己才會去想要符合別人的意識型態。

人類要進化的最重大關鍵就是要全面性地傳達一個知見：請大家彼此不要用意識型態去運作任何事情。人與人之間用相對性的識性和意識型態對待彼此，這樣的運作模式要全面性解除掉，把放在別人身上，活在別人意識型態下的那一些碎片與能量全部拉回來到自己身上，同時把自身無量劫來操控自己的意識型態也全部解除掉。這樣，人類才有還原自己完整性的初步機會。

人生如何進入闇黑的智慧？

因為，不必依靠任何的是非對錯。

因為，不要有任何多餘的動作。

因為，闇黑的存有是一種寧靜不動時空的深遠。

人類已經是習慣停不下來的講不停人世間的是非對錯，停不下來的人類，已不知黑暗光明是什麼。能安靜的人是能止息慣性的人，是有定性的人，是知道人性因果輕重的人，在最深的黑暗中，反應人類最大的深層的習性。黑暗之愛，光明之路，光之無窮盡，明之無量深，黑之明，光之愛，一切黑暗光明等同等持。

給自己無量劫來一次的完整，不在任何的識性中。

給自己無量劫來一次的完整，所知的非已知。

給自己無量劫來一次的完整，不知的真不知。

給自己無量劫來一次的完整，所以然的非所知。

那就是一種世間尊重的生活，不把自己的意識型態丟給任何人，也不讓別人的意識型態攀緣到自身存在的價值裡面。同時，我們也解除自己所有的意識型態，因為，生命無量劫以來的不圓滿，就是在生命的每一個心念裡面累積的意識型態。

人類在末世的世代，最大的解除機會就是，無量劫來在當下生活中的所有以意識型態來操控與判別的生活模式，全面性地在日常生活中從每一個人的身上當場放下。當你意識到自己以意識型態來對待別人的時候，當場放下；或你意識到自己活在別人的意識型態裡面時，當場放下；當別人的意識型態來攀緣你的時候，當場放下、也協助別人放下。這樣，你的內在才有可能生生不息，人與人之間，彼此相應如來，彼此都生生不息，那種內在的智慧會不斷地恢復在人與人之間的生活中，轉識成智，這就是一種世間尊重的生活。

如何在當場進行任何場合當下所要進行的人事物？

那就是一種世間尊重的生活，無不是的天地有情。

那就是一種世間尊重的生活，已經是的當下自己。

那就是一種世間尊重的生活，有所非有所的無所。

那就是一種世間尊重的生活，空我無我不二之智。

所以，人類最大的契機就是從知識性的識性世界，進入到會通自己如來智慧的世界。這樣，人類才能夠真正解除這個世界的末日，末日的毀滅並不是在於說地球毀滅或人類整個毀滅掉，當然會有部分的外在毀滅來提點人類，但是，人類必須意會到全面性解除往外的識性心念與模式，這才是真正的面對末日，重新再造人類生機的關鍵。

知你以為我所知的你的一切。

知我以為你所知的我的一切。

知我的或知你的也無能知是誰的誰所知的誰。

誰的知無從得知。

得知的誰無得而知的一切都已經是無能得知的所知。

在已知中，人是誰在誰的所知中得知其中，竟是如此的無知。

寧可無知，一無所知，知其識性，落入分別，無識識心，因果輕重，生死當下，一念無生。

如果人類今天走了數千年，走到這個世代，卻完全沒有辦法全面性的從識性世界走上不落入識性的世界，無法以如來的智慧做為人類未來一切生命會通的基本人際關係之時，人類本身的存在也等同末日，也等同毀滅。因為，識性的世界就是不斷地掠奪，不斷地往外，人類加重自身識性的無明，等於人類宣告了自身永無見到如來心性的可能，無法意會到生命的本然俱足。

人類最大的再造之機就是意會到不再活在識性世界，從此不以識性去對待彼此，不用識性的模式、價值、和識性形成的方法運作任何事。人對地球的對待、人與人之間的對待、人對萬有萬物的對待、對有形無形的對待，都相應自己內在的如來智慧，這就是世間尊重的生活，就是主性的淨土國度。

重點就是必須解除分別的、相對的識性，任何一切存在於過去無量劫到現在的所有識性狀態，包括在靈魂體裡面的識性，全面性的都要走上解除的路。

一切的假竟成為人最後以為的知。

一切的真真假假早已是人性中習慣的熟悉。

在真的裡面做假的事。

在假的存在中，把一切都當做真的事實存在著。

人的存活是真的嗎？還是執著假而成真？是假的嗎？那為何是如此的痛處？

真假不必是真假，真的假的有時候是角度不同而已。

所有的角度都會痛苦，那又何必有角度？那又何必有角色？那又何必有扮演？以為的認真竟是無法的解脫，以為的真假竟形成一生的真真假假，人生如此，世代如此，歷史如此，傳承中無法分別真假。

唯一的答案不再思議任何的角度，不再落入任何的相對，無分別的心念，才不會再有相對真假立場的意識，不落入真假，不落入相對，才是真正非真非假、通往真實本身的第一個了義。

這個時候，人類才會發現他生命的意義不是在尋求意義，因為，意義不是用識性去解讀或尋求出來的。而現在人類完全用識性理解人類的定位價值，以識性進行人與人之間每一天的對應，然而，識性本身就是一種因果輪迴的現象，所以當你在遮滅識性的時候，你就在遮滅整體人類無量劫來每一個生命在生活中的因果。

解除識性就是畏因，斷絕所有果的現象。識性就是果，就是眾生果，識性的操盤就是因果業力的操盤，所以永遠是消耗性的，永遠是相對性的，愈做愈不相應。因為人類的生活不相應如來性，所以人類在生活中永遠充滿著不安恐懼。

尋求的意義是什麼？人早已不懂得尋求。

尋求的意義是什麼？無路可求的尋求。

尋求的意義是什麼？存在就是一種尋求的過程。

尋求的意義是什麼？生活就是一種尋求的流程。

我在尋求中，放下尋求。

尋求出我所非尋求不可的所求。

尋求的當下，我放下尋求本身的尋求。

人生的必然，尋求的生命，尋求出些什麼？有些內容是無法用尋求得來的。

人類在對待裡面永遠充滿著不安恐懼，不安中的成長。

人類在對待裡面永遠充滿著不安恐懼，恐懼中的面對。

人類在對待裡面永遠充滿著不安恐懼，對待中的相應。

人類在對待裡面永遠充滿著不安恐懼，沉默中的轉化。

生命的相應與真義是不能夠用任何識性去解讀的，所以當識性解除的時候，人類才能走上恢復生命自主的路。

所有的識性就是人類無法自主的地方，所有的識性都是一種慣性的輪迴。當識性放下的當下，人類對自己的存在會直接用他最自然自主的、直觀的、直心的、相應的、尊重的狀態，成為人與人之間、人與萬物萬有之間世間尊重的一種中道自主的生活。

人必須活著的答案，人在其中卻不知道會有怎麼樣的答案，人活不下去，也沒能力找任何的答案，所有的答案都早已反應在人一切臉部的表情上。

人的存在有太多識性的問題，人活在太多的記憶中，人必須進化，不必靠記憶的存在而生活，不被過去的時空所攀緣，人即是答案的示現，人無所不在的當下都是答案本身的解答。

人世間逆向的變革，變動是最深的生命之愛。

人世間逆向的變革，人以不可知的前進之路了義自己。

人世間逆向的變革，深不可測是最深的不預設。

人世間逆向的變革，黑暗的本身是最無窮盡的光明。

人世間逆向的變革，黑暗中走光明的路，光明中不必放光也是光明的黑暗。

唯有放下識性，讓內在如來的無上智慧，成為人類進化的唯一機會，就從放下識性開始，不以識性攀緣，不以識性理解事情，不以識性操盤事情。當識性放下的時候，人類生命原本俱足的如來無上法流，將會提供源源不絕的一切無分別的智慧，讓人類重新再有世間尊重的生活。對萬物萬有一切資糧都用相應的如來智慧去引領對應，那個時候，人類本身的意義是什麼？人類不必再需要有任何多餘的意義，因為，一切的意義已經早已俱足在那邊，不可說的莊嚴、自主、圓滿的生活。

唯一的機會，機會的唯一。

唯一的智慧，智慧的唯一。

唯一的無上，無上的唯一。

唯一的究竟，究竟的唯一。

一切的意義已經早已俱足在那邊，意念的本義。

一切的意義已經早已俱足在那邊，意志的心意。

一切的意義已經早已俱足在那邊，無不是的意義。

一切的意義已經早已俱足在那邊，為什麼而什麼的意義。

一切的意義已經早已俱足在那邊，怎樣的意義？怎樣的意志？

一切的意義已經早已俱足在那邊，結果的意義，後果的意義。

意識型態的解除

整個世代最大的惡是什麼？不讓人民了解自己。所謂的公眾是什麼？公眾，公義的眾人，眾人來到這個世界成為人是何等的不容易，在這個世代，我們最大的誠意就是要讓天下成為真正的公天下、公義的天下。我們要協助人們放下他所覆蓋的慣性狀態，尤其是在中國，許多世代以來，一直教導一種非常表面的形式，就是：你要好好地當一個好人。但是，什麼是好人？不會犯錯的人、怕犯錯的人，犯什麼的錯？犯不符合帝王意識型態的錯。

真正的公天下，在其中，天下不必是誰的天下，真正的公天下，不在其中，真實真義的正法，平等公義，不可思議，真正的公天下，天下無上，當下無分，正法的引領，眾人要成自己一切德性的本願，真正的公天下，當下的天下，即身的放下，每一天的天下，每一個人身口意的行為，都在行真正的公天下。

我們每一天的當下，公義的天下，公眾就是公天下的眾人，無意識型態的公天下。

我們每一天的當下，公義的天下，公眾就是公天下的眾人，無意識型態的本天下。

我們每一天的當下，公義的天下，公眾就是公天下的眾人，無意識型態的密天下。

我們每一天的當下，公義的天下，公眾就是公天下的眾人，無意識型態的願天下。

我們每一天的當下，公義的天下，公眾就是公天下的眾人，無意識型態的觀天下。

我們每一天的當下，公義的天下，公眾就是公天下的眾人，無意識型態的覺天下。

我們來好好地解碼沉澱一下，什麼叫公眾人物？公天下的每一個眾人，透過物質面來質變他自己，公天下的眾人在公義、公平而了義。以識性成天下的共識，是分別心的天下，則讓更多的世代世人活在識性中的天下。以無分別心不思議天下之事，眾人在生活中自然而然地改變識性慣性，是了義的公義之世代世人，沒有任何意識型態的鬥爭，而是放下一切識性的慣性，令天下眾人在公天下的人生中，完成自己不落入識性的自主人生。

這就是我們要引領生命最重要的契機，我們要協助眾人，我們要讓每一個人能夠在他每一天的生活裡面放下他自己的慣性，在生活中真正要了義的就是如何放下慣性，了解做為人的意義是什麼。

每一個行業的本身都是人每天相應自己的因果，對應自己的生死，所總持出來的結果。

每一個行業的本身都是引領生命沉澱的契機。

每一個行業的本身都是行密不可說的因緣果報、業力願力，一念之間，每一個行業的

本身都是每一個生命落入或不落入自身輪動的生死慣性。

每一個行業本身都是有形無形的一切功德，別業共業一切生命之密因。

每一個行業本身都是有形無形的一切功德，生死因果一切生命之密因。

每一個行業本身都是有形無形的一切功德，隨緣隨分一切生命之密因。

每一個行業本身都是有形無形的一切功德，生命生活一切生命之密因。

每一個行業本身都是有形無形的一切功德，做無所做一切生命之密因。

今天如果一個公眾人物所有的作法都是到處在做形式上的事，讓更多的跟隨者也都活在形式的表面上，透過意識型態，透過權勢與資糧，透過各種不同的工具、手段讓所有當世的人完全框死在某種形式裡面，活在意識型態的洗腦裡面，讓許多人以為那樣的意識型態就是所謂的人生價值，以領眾者自身的意識型態對世人做一種控制與判別，那麼，世人將沒有任何瞭解自己生命的機會。

公平的地方才有公天下的正法，公義的心，平其心的智，人人相應的德，公平的地方才有公天下的正法，妙法之正，莊嚴即身，當下平心，緣起天地。

公平的地方才有公天下的正法，非空非有，等同共同，當下之天下，公義之正法。

公平的地方才有公天下的正法，法一切自然，正一切當下之人事物，平凡萬民，公義時空，一切當下，即是公平的地方才有公天下的正法。

人與人之間都在做一種判別與選擇，一種誠實的信用。

人與人之間都在做一種判別與選擇，努力做好的德性。

人與人之間都在做一種判別與選擇，開門見山的目的。

人與人之間都在做一種判別與選擇，特殊情況的運作。

人與人之間都在做一種判別與選擇，希望公平的待遇。

人與人之間都在做一種判別與選擇，無能軟弱的意志。

人類最大的惡是什麼？讓所有的人活在意識型態下所理解的價值與形式裡面。因為當這種狀態成為每一天在各行各業中、各種形式的媒體中給眾人洗腦的時候，人們所能理解自己的就是依照這樣的資訊。

我們看看，現在的領眾者大部分的時間都在做些什麼？不斷地令他的追隨者不要放下任何該放下的，當領眾者已經擁有天下的時候，也已經完全放不下他對於江山鞏固的執著，用盡一切手段，就是要讓他的追隨者不斷鞏固他、認同他。所以他傳達的任何內容都是經過一種帝王術操縱的設計，完完全全讓自己活在那樣的情境裡面，然後透過擁有的資糧去運作，也讓所有的追隨者認為人的價值就是那樣，讓他的意識型態成為追隨大眾的認知，成為鞏固江山的基礎。

人類最後的守候，守候的根源都在最後的世代形成。人類最後的守候，等待的時空更

是空前不思議的必然。人類最後的守候，為求體察自主的人生，成就莊嚴無住的自主。人類最後的守候，追隨那解脫終極的圓滿。人類最後的守候，還原無量密藏於即身肉身的尊貴。人類最後的守候，終必等候到最後，人類成自主生命的主。

人類最大的惡是什麼？經驗中的假象。

人類最大的惡是什麼？實驗中的假設。

人類最大的惡是什麼？預設中的結果。

人類最大的惡是什麼？不管結局如何。

人類最大的惡是什麼？長久的迷思。

人類最大的惡是什麼？無可比擬的比較。

這一切，跟公義的天下是完全沒有任何關係的。我們要開萬世太平，最重要的就是要平其心。什麼是平其心？就是心念裡的一切識性全部平掉，解除所有的意識型態，不再建立任何的意識型態，放下所有一切價值判斷。

我們不要有任何的系統，不要有任何範圍的江山用來鞏固任何人的意識型態，當所有的形式、做法、價值、操盤全是為了鞏固某一個範圍的帝王慣性時，就不可能有真正的公天下，而是少數系統裡面的家天下。當任何的家天下鞏固擴大到變成一個龐大的怪物時，就會變成大部分的人都沒有真正的生機，因為，大部分的人都沒有辦法看見自己真正的價值。

開萬世太平，江山天下，平心待之，開萬世太平，如一不二，天地等同，開萬世太平，世尊開演，中道中觀，開萬世太平，太平盛世，萬民自主，開萬世太平，開宗明義，教法無上，開萬世太平，當世宇宙，萬世莊嚴，主之親臨，開萬世太平。

平其心，開萬世太平，太平之日當下之時。

平其心，開萬世太平，太平之日平常時空。

平其心，開萬世太平，太平之日平凡歲月。

平其心，開萬世太平，太平之日平心而論。

平其心，開萬世太平，太平之日平凡待之。

平其心，開萬世太平，太平之日平等持有。

當我們在傳達自己的某一種價值觀時，同時，我們也要尊重並交給每一個人，依自己的內在去決定。

我們要嚴正表達的是：不再落入任何人的價值觀，不再落入任何的意識型態，讓萬民成為他自己的主，從任何的意識型態之中解除出來，不要讓自己成為某些系統江山裡面的附庸者或追隨者，不再讓萬民去追隨誰。因為，當你卑仰或追隨某些人的時候，你會讓那些人江山裡面的帝王慣性與不安恐懼攀緣上你，讓那些人的意識型態和價值觀成為你認定自身價值的枷鎖，然後被洗腦而被操控，你將永劫沒有自己。

萬民成他自己的主，人必對自己行公義，萬民成他自己的主，人對自己成正法的宣告，萬民成他自己的主，人對自身的公義當下即是，萬民成他自己的主，一切早已親臨在自己的存在中，萬民成他自己的主，主之路，本在生命的當下，萬民成他自己的主，永生永世唯一的必然，萬民成他自己的主。

讓萬民成為他自己的主，主一切萬民的路。

讓萬民成為他自己的主，主所有必然的事。

讓萬民成為他自己的主，主不空成就的佛。

讓萬民成為他自己的主，主無上供養的德。

讓萬民成為他自己的主，主空性密法的智。

讓萬民成為他自己的主，主中道了義的行。

我們要讓萬民了義自己的存在，讓萬民無量劫來沒有辦法平撫的一切不安恐懼都能夠懂得如何在日常生活中放下，讓萬民覺知到自己的問題出在哪裡，學習如何放下。我們要讓萬民懂得在日常生活中，用他自己的層次與次第放下他的慣性與識性，讓萬民過去無量劫以來他曾經落入的意識型態，或他曾經落入的追隨狀態，或他曾經讓人家落入的一切意識型態與一切的因果、一切的判別、一切的價值，不管是好或壞，全部解除掉。不再讓萬民成為誰的附庸，也不要讓萬民成為自己慣性的附庸，更是要讓萬民成為他自己本身唯一的追隨者。

正式宣告，萬民是自己的主。正式宣告，萬有是自己的義。正式宣告，萬法是自己的覺。正式宣告，萬相是自己的有。正式宣告，公義是萬民的智。正式宣告，主之親臨。正式宣告，正法天下。正式宣告，世尊開演。以此正式宣告。

正式宣告，從當下開始，正法就是公義的天下，引動無量之義。

正式宣告，從當下開始，正法就是公義的天下，平之當下之心。

正式宣告，從當下開始，正法就是公義的天下，相應如來之佛。

正式宣告，從當下開始，正法就是公義的天下，對應相對之密。

正式宣告，從當下開始，正法就是公義的天下，感應一切之德。

正式宣告，從當下開始，正法就是公義的天下，隨順眾生之類。

我們要讓萬民成為他自己的主，讓萬民開始去思考：我竟然去追隨一個無知的世界，我竟然去追隨身外之物，那是何等的無明。我們要讓萬民把他無量劫往外的部分，包括全部的磁場、能量，全部解除掉。

日常生活中的一切都是主的親臨，這是公天下的基礎，天下的眾人在生活中能不能以自主來對應，是相應的或非相應的，都不能以識性去意會。因為，任何的存在都是為了捨去識性，而成為天下共存在的每一天的天下。人在其中，必須自問當下的自己，平其心，平其念，令自己的不落入成為生命自主的親臨。臨在的眾人必是自主的當下之人，公天下之了義，日常生活中，人是自己對自己唯一親臨的生命自主之人。

請問：每一個人在自己的生活中是不是都要親臨？你要親自去面對你所面臨的任何不公不義的事情。另請問：你為什麼讓不公義成為你日常生活的習以為常？因為你自己本身也是不公義的。如果你有太多的意識型態丟在別人身上，要別人按照你的意識型態做，那麼，你就是不公義的。同樣的，你也必須面臨別人的意識型態丟在你的身上。

當彼此的慣性與意識型態互相要求對方，互相讓對方面臨不公義之事的時候，那麼，大家都生死輪迴在彼此的意識型態裡面，成為一種慣性，成為一個江山系統裡面的一種統治模式。請問：我們要做這樣的追隨嗎？我們要讓整個世代活在這樣的時空嗎？我們要以意識型態用盡一切工具不斷地操控他人嗎？或讓別人操控我們嗎？如果，你做了這樣的選擇，那麼，自主的正法也將會以無盡的尊重，讓你永無止盡地輪迴在這樣的時空裡面。

不在生離死別，無求生離死別，自在生離死別，以生離死別了義密行的生離死別，以當下的生離死別解碼永劫的生離死別，存在一切的生離死別，解碼存有的生離死別，還原生離死別，其中密藏的不可思議之生命本義。

萬民成他日常生活的主，非識性即公義之智非生不論死。

萬民成他日常生活的主，非識性即公義之智非死自在生。

萬民成他日常生活的主，非識性即公義之智滅中生無生。

萬民成他日常生活的主，非識性即公義之智生中寂滅之。

萬民成他日常生活的主，非識性即公義之智生滅不思議。

萬民成他日常生活的主，非識性即公義之智真假共雙修。

佛法是一切法，所有眾生走過的一切行徑都是佛法，讓所有的眾生親臨他自己的苦難。所謂所有的眾生親臨他的苦難就是，共同的世代、共同的無量劫活在彼此的不圓滿裡面。正法開演，我們要讓萬民成為萬主，讓萬民成為自己的主，我們就必須把無量劫來意識型態的攀緣，全面性地解除，全面性地無所住。

如何成為自己的自主？就是一定要洗滌自己任何意識型態的原罪，只要是把意識型態的判別用在自己或用在別人身上都是罪的本身，因為那就是慣性的罪。讓自己與別人永遠活在彼此的意識型態裡面，永遠把自己的完整性粉碎在無量生命的意識型態裡面，操控了自己，操控了別人，永遠都是彼此意識型態假象的追隨者，永劫的覆蓋，永劫看不到自己本來的面目。

無量劫在一念的即身當下，成就永世平常的自主，全面性的親臨一切苦難的當下，無量劫都在開演生命還原的本來面目，即身無量，莊嚴究竟，無念無求，即身無生。

生命對自己的親臨，慧命對自己的通達，本命對自己的相應，不在告別的形式。
生命對自己的親臨，慧命對自己的通達，本命對自己的相應，只在永生的無形。
生命對自己的親臨，慧命對自己的通達，本命對自己的相應，期盼當下的來世。
生命對自己的親臨，慧命對自己的通達，本命對自己的相應，無求今生的結果。

所有的罪都要用來看自己的罪，成為自己恢復本來面目的重大基礎，這是主性的宣告。萬民必須放下他的原罪是主性親臨的基本條件，萬民不放下他的原罪，整個世代的毀滅不必是外在天崩地裂的毀滅。因為，**人類無明永劫的存在就等同於毀滅，等同於人類以自身的識性審判了自己。**

當時機到來的時候，所有的如來、聖靈將會親臨在肉身上，全面性地迎接主性的來臨，到時，所有無量劫來的因緣果報全部都會曝露在他肉身的日常生活裡面，這是真正主性親臨的重大密藏。

所有的審判，照見識性的輕重，了義落入的狀態，解一切識性，放下一切原罪，在於罪的，以審判判別審視所有相對的意識型態，令人意會自身的分別心，令人審視其生活中識性的因果，解除所有識性的分別。

所有的罪都用來看自己的罪，罪之密自論之。

所有的罪都用來看自己的罪，罪之法自觀之。

所有的罪都用來看自己的罪，罪之因自納之。

所有的罪都用來看自己的罪，罪之果自受之。

每一個人都必須懂得觀照自己的慣性原罪，然後，在自己的行為與心念當中，懂得如何放下。當每一個生命有辦法放下他自己慣性原罪的那一刻，他才能夠真正懂得對自己負責，萬民要能對自己負責，這才是真正的公義。每一個人負責面對他自己的因果，在生活中畏因，在面對每一天的人事物時，都要放下識性的慣性。

沒有任何一個人有任何的權利把自己的意識型態放在其他人的身上，這就是世間尊重。這樣的生活方式一定要成為地球所有眾生的基本生活態度，不把自身的意識型態加諸在任何的生命之上，不加諸、不往外，就是世間尊重的開始。

生命之中，問生命之義，生命之外，一切無關生命之事，生命之內，生命終極原點，自性叩問，叩問之，生命無分內之內，當下外之外，生命之本質，無所不可說，生命自說一切，不可思議之說。

不加諸，不往外，就是世間尊重形式的開始，人民當知行一切自主。

不加諸，不往外，就是世間尊重形式的開始，人民當知緣一切必然。

不加諸，不往外，就是世間尊重形式的開始，人民當知用一切當下。

不加諸，不往外，就是世間尊重形式的開始，人民當知覺一切有情。

在這個情況下，任何的宗教、任何的系統、任何的江山，都必須全面性地解除其意識型態。讓萬民成為他生活中的自主，就是不把自己的意識型態往外加在任何有形無形的生命身上，也不讓他人把分別的意識型態加在自己身上，也不能把任何的意識型態和分別心加諸在自己過去生的生生世世的時空。公義，不只是對當世天下的一切生命而言，更是不能對存在的一切生生世世的磁場有任何的判斷與思議，這就是自主的生命。

一切的假象，在所有的真假之中，都在論真假的真真假假，論當下之真假，即真假之假，生命不能解脫，不了其義，所有存有等同假象，何來真假？何來相對論之真假？

公義本心，自然天下，自主道場，自性平心，道法無上，非宗教之不二。

公義本心，自然天下，自主道場，自性平心，道法無上，非道德之不二。

公義本心，自然天下，自主道場，自性平心，道法無上，非罪惡之不二。

公義本心，自然天下，自主道場，自性平心，道法無上，非苦難之不二。

公義本心，自然天下，自主道場，自性平心，道法無上，非慣性之不二。

公義本心，自然天下，自主道場，自性平心，道法無上，非生死之不二。

光明與黑暗等同等持

什麼是光明？什麼是黑暗？什麼是佛法？現在整個時代的教法，對佛法的理解是光明面的佛法。事實上，所有人類所認同的，就是所謂的光明，這個光明事實上已經變成是慣性理解下的好人好事代表，好人理解下的光明，分別心理解下的光明，以分別心的狀態去理解佛是這樣光明的存在。

也就是說，現在人所理解的佛，變成「光明的就是佛，不是光明的就不是佛」，這是一種分別的知見。很多的系統，尤其是很多代表佛法的系統，他們都在做這樣知見上的表達與觀念上的引領，用一個相對性分別心的狀態，認為以光明的好人、光明的道德、光明的意識型態，來表達佛法就是光明、佛教就是光明、佛像就是光明。事實上，這個地方是一個非常關鍵性的議題，甚至，是一個具體的問題。

什麼是光明？什麼是黑暗？光明中自有其黑暗。

什麼是光明？什麼是黑暗？黑暗中自有其光明。

什麼是光明？什麼是黑暗？不要用人類的理解判別黑暗光明。

什麼是光明？什麼是黑暗？光明即黑暗，黑暗即光明。

什麼是光明？什麼是黑暗？無窮盡的黑暗虛空，佈滿無量光明的星際。

什麼是光明？什麼是黑暗？黑暗密光明，光明密黑暗。

什麼的什麼，人識性中的什麼？人識性下的光明，人總會自問，任何光明背後總會藏著某些黑暗，某些黑暗背後竟有些光明，人以識性預設光明黑暗，並非光明黑暗真正的本來面目。

佛以光明黑暗打破人類識性下的光明黑暗，各種來去的因果之中，光明黑暗以分別對應之，都是在因果的輪迴中，在來去的光明黑暗中輪迴著。

佛在光明黑暗的輪動中，顯相寂滅解除的中道正法，中道之不可說，不落入光明黑暗的相對，無來去於光明黑暗，等同等持無量光明黑暗，相應於眾生的無常苦難。該光明的時候自光明，該黑暗的時候自黑暗，黑暗光明是佛的兩種無上妙法，行深之明，行暗之密，佛示現其中。

佛是沒有分別心的，佛的教法是沒有分別的，沒有分別就是——光明是佛，黑暗也是佛。黑暗本身也是佛存在的狀態，這句話很多人是無法理解的，黑暗和光明是人識性的理解，是意識型態價值判斷的取捨，當人的取捨標準改變，黑暗光明的界線也跟著改變，定義也有所改變。所以問題不在黑暗光明是什麼？是人自己的立場是什麼？黑暗光明的立場就會跟著改變。

佛示現黑暗光明，佛不落入黑暗光明，在人類很多的意識型態裡面，就切入了一個光明的狀態去評估設限了佛的存在，這是一種識性的解讀。但是，佛法本身是不捨於眾生所有的狀態，不管是黑暗或光明，佛等同等持之，這才是人類必須放下識性判別理解下的黑暗光明。

黑暗光明，一體兩面，分別其中，無分別不落入其中，佛在黑暗光明中。

黑暗光明，一體兩面，分別其中，無分別不落入其中，佛不在光明黑暗中。

黑暗光明，一體兩面，分別其中，無分別不落入其中，黑暗之佛密光明。

黑暗光明，一體兩面，分別其中，無分別不落入其中，光明之佛密黑暗。

所以，重點並不在於光明或黑暗，就像是照得到陽光的有某些生命系統，而照不到陽光的也有無限的生命系統，在佛的心裡面都是等同等持的。佛所示現的時空，在無量的光明，是示現；在無量的非光明，也是示現；在無量的黑暗，也是示現。今天有一顆太陽，你就叫它光明，那我請問：過了無量劫之後，當這顆太陽的能量完全耗盡之後，它崩毀了，在原本太陽能照到的範圍裡面，不再有陽光，是不是變成了黑暗？請問：這要如何去判別？

黑暗光明，佛無上無分別，生命等同，生活等持，佛之無量，黑暗之密，無窮之虛空。

黑暗光明，佛無上無分別，生命等同，生活等持，佛之放光，黑暗輪動，佛之示現，眾生輪迴。

黑暗光明，佛無上無分別，生命等同，生活等持，眾生生死，佛說因果，黑暗寂滅，光明解脫。

黑暗光明，佛無上無分別，生命等同，生活等持，黑暗佛非佛，光明佛密佛，天地光明中，天下闇黑佛。

所以，我們不能用一種階段性的狀態去看事情，我們不能用現在我們看得到的某種範圍去理解佛的力量的存在。佛的存在並不在你的判別裡面去認知去設限，佛在你所設限的範圍裡面存在。沒錯，但是當有相應於你自己判別範圍裡面的你所認為的佛的存在，你卻沒有辦法意識到自己落入了你所熟悉系統裡面的判別，你用你所認定的對佛的理解與教法當成了一種標準，然後又用它來否定你熟悉之外、你系統之外、你相應範圍之外的那些存在。難道那些你不熟悉的存在對你來說就不是佛法？

重點在這裡，在你相應熟悉的系統裡，是佛法，但不在你其中的，不在你熟悉範圍之內的地方，一樣會存在那樣的佛法。如果你只能設限在你熟悉與相應的，而其它的就否定掉，當你否定的那一刻，你也已經沒有了佛法，你也沒有辦法去打破。在你自己範圍之外的，你走不出去，你自己本身否定了，納不進去你認定範圍之外的佛法。

打破無量的系統，不在黑暗，不在光明，佛無關無量系統，黑暗系統，自有其光明系統。

打破無量的系統，不在黑暗，不在光明，佛無關無量系統，佛觀其中，不落入系統。

打破無量的系統，不在黑暗，不在光明，佛無關無量系統，佛示現無量等同黑暗光明無量之系統。

打破無量的系統，不在黑暗，不在光明，佛無關無量系統，生命系統覺黑暗光明之諸有情。

因此，重點是在於不能在自己相應的範圍內設下一個框框與限制，在相應的當下，更是要同時粉碎自己所設下的任何界別。因為佛法本身不會有任何設定的東西，它是打破任何設定的東西，這樣，你的能量才能恢復。

所以，我們在知見上必須要非常的清楚，並不是光明才是佛法，黑暗就不是佛法。而是，光明是佛法，黑暗是佛法，光明與黑暗等同等持都是佛法，也不是說只有黑暗是佛法，光明就不是。

黑暗寂滅無量無常之人世，人間之苦，以意識型態形成自以為是的光明道德，成為放不下的深重法執。

黑暗寂滅無量無常之人世，寂滅方為無上光明，任何的分別所形成的相對，光明或黑

暗只是人識性的分別而已。

黑暗寂滅無量無常之人世，寂滅分別心理解的黑暗光明，佛在無量光明與黑暗的交替中，輪動黑暗光明所有分別的次第。

黑暗寂滅無量無常之人世，黑暗無量界，光明界無量，佛放光逆向示現於無窮黑暗中。

重點就是我們不在一定的意識型態裡面去預設什麼才是佛法，我們永遠要有一個非常清楚的認知——無所不在的狀態都是佛法。在無量設定裡面是佛法，無量非設定都是佛法，在打破設限的過程也是佛法。重點就是你落入了你自己的設定範圍而否定了其他的，或者說無法納入其他的，當你是這種狀態時，你就遠離了佛法，你就落入了其中，只接受自己認定的價值觀而已。

無設定的佛法，非系統的妙法，黑暗其中，我自光明，本無分別，在於落不落入。

無預設之諸佛，佛法妙法，無量系統，光明觀自在，闇黑法供養，打破一切設定，黑暗之逆，光明順之，慈悲其上，大智當下。

所以我們要有一個非常清楚的知見，就是在根本的立基點上，黑暗光明都是等同等持的佛法，但是人類偏向一個相對性，只要光明與良善，然後把黑暗當作是一種惡，用所謂光明的意識型態去相對性的否定黑暗。這樣，人類就沒有辦法正視黑暗，當人自身只是把自己的良善當作一種光明的理解時，反而會在光明裡面更難以解脫。

事實上，在光明裡面卻無法真正解脫，不就等同於另一種黑暗嗎？

不是看得到有陽光的亮度才是光明，最可貴的就是，在黑暗中，但還是有一個光明的燃點在那邊，這才是更殊勝可貴的。但人類就是習慣把他不熟悉的範圍切割開來，趕快依他熟悉的所謂光明的意識型態把對方區隔開來——一種非我族類的心態。這樣，等同也切斷了自身所有法緣上成佛的機會。

以黑暗的法緣粉碎所有最深層的意識型態。

以黑暗的深不可測，照見人性識性道德的無量次第的道德框架。

形式的教育，表象的教法，落入的系統，是人性最難解脫的黑暗，因為，人在其中，以為是光明之事，故，以逆向之密黑暗，照見所有表象之形式，引動人落入的慣性，示現如來住世於無常世界的不可思議。

現在的佛法已是慣性下的佛法、好人意識型態下的佛法。

自己慣性系統下所認定的光明好人，在不同系統的認知裡面，卻有不同的好人壞人的定義，這就是另外一種殘酷。

所以，今天我們要表達的是要有這種無分別、無相對的狀態，一切有染的世界我們都要能夠納入，運作他們存在的一切時空裡面的資糧，不管是有形無形，都能夠解除所有無邊無量各種不同邊角的意識型態，這才是真正不可思議的、圓成示現的正法。

現在的佛法都是慣性下的佛法，若不能打破表象的佛法，靈性將如何恢復？

現在的佛法都是慣性下的佛法，若不能打破表象的教法，生命的相應將如何恢復？

現在的佛法都是慣性下的佛法，若不能打破表象的行法，生活的自在將如何恢復？

現在的佛法都是慣性下的佛法，若不能打破表象的觀法，存在的奧義將如何恢復？

現在的佛法都是慣性下的佛法，若不能打破表象的覺法，覺受的當下將如何恢復？

現在的佛法都是慣性下的佛法，若不能打破表象的修法，無上的妙法將如何恢復？

現在的佛法都是慣性下的佛法，若不能打破表象的偶像崇拜，生命自主將如何恢復？

現在的佛法都是慣性下的佛法，若不能打破表象的識性的累積，人性的觀照將如何恢復？

不論光明，不議黑暗，以黑暗成就光明，以光明圓滿黑暗，不落入無量的光明黑暗之相對。

在無量的黑暗中，放光光明其中，在無量的光明中，無窮黑暗深遠的不可說，佛說黑暗，黑暗之密，即身等身光明之義，佛說光明，光明之密，即身等身黑暗之義。

佛住無常，佛示現恆常，光明叩問，黑暗叩問，無常之不可說，於一切人世間世人習以為常之事，佛皆無所住其中，無住觀自在。一切的行深，深之無量，即黑暗之究竟，光明之深遠，佛密行之，常住人世間，寂滅諸有情，開演密法藏，主性一切處，莊嚴即身佛。

不以識性看待生死

我們看生命的關鍵要從慣性去看，從慣性的本質去看，而不是用一種分別心去看人的外在條件是什麼，有錢還是沒錢，有錢是有多少錢，沒錢是沒多少錢，長得怎麼樣……等等，以一大堆的外在狀態去判別，然後又延伸無量的判別。我們看人事物的重點並不在這裡，而是看背後的慣性是什麼，這個人被他的慣性所設限了什麼狀態，他在他自己無量的慣性裡面不斷的在他的人際關係當中、與萬有的對待當中，他不斷地往外遞增了多少慣性去干擾這個世界，或干擾他自己的存在意義，重點是在這裡。

生死本識性之延伸，生死本識性之投射，生死本識性之往外，生死本識性之即刻所照見，生死本識性即身所知苦，生死本識性即身慣性之累積，生死本識性即身苦難之對應，解無量識性，解無量因果，解無量生死，解密解碼，即身無住一切相對識性，即身佛成，當下即身肉身如來。

不以識性見生死，落入識性，落入生死。

不以識性見生死，落入來去，落入生死。

不以識性見生死，落入因果，落入生死。

不以識性見生死，落入相對，落入生死。

比如說人與人之間的對待，一般的表達都是說我們要同情老人家、小孩……，這並沒有對錯，但是，我們要認知的是一種生命的法義。也就是，你要了義在某些人際關係裡面，怎麼樣用不思議去真正看到人與人之間是什樣的法緣。大部分的人都是用思議和分別心去判別讀取人存在的意義，然而，以分別心來解讀生命本來就是沒有任何意義的事，但是人類並不了解這一點，所以人類也只是用他分別的思維所解讀下的意義去看待宇宙萬物的存在，這樣，永遠都會與生命的真義有落差。

不思議覺諸有情，有情自有義，意義之中不思議，意會之中自了義，了義其中了識性，生死判別自輪動，法緣常在問無常，無常有情亦無關，分別了義無上義，結界其中自解讀，類別無上轉法輪，可不思議之非識性，識性無說，佛等無差別說之。

我們真正要對應的關鍵就是慣性，比如說同情，當你同情老人家時，老人家會不會因為你的同情而不死亡？不可能。歲月時間一到人就會死亡，如果說我們都以同情心來看待所有生死的話，那麼，人最好都不要死囉？活得愈久不是愈好嗎？大家不是都要求長壽嗎？不是會有一些人表示願意犧牲多少歲命換得父母多活幾年嗎？但是，生死是這樣子對待的嗎？

人類以慈悲心、同情心、不忍心來看待死亡，我們尊重這樣的解讀與行為，但這樣不等同究竟，不等同了義生命本身事實的存在。事實是最簡單的，那就是人必死。所以，我們要介入對應的是生死的意義，了義生死對我們人類的真正法義是什麼，了義為什麼生命要有一個生死法。

第一義非識性不可說，空性密識性了義，佛無說，無來去之識性，即識即滅。

第一義非識性不可說，空性密識性了義，佛無說，無有本第一義，順逆不思議。

第一義非識性不可說，空性密識性了義，佛無說，功德非識性，不以識性見如來。

第一義非識性不可說，空性密識性了義，佛無說，無說的無量所說，無來去的空性緣起說。

所以，當你今天以同情心來看一個人的死亡之時，那不就變成了最好人都不要死？但是，終究有一天，我們必須接受一個事實，所有的人都必須死亡。在我們人類所熟悉的道德標準與習慣裡面，我們會傾向同情老者，不忍老者，但是，生命的實相與真義是——大家都必須面對死亡，因為人老了到有一天就必須死亡。

我們要叩問的是死亡本質的真義，這並不等同於人以慣性下的慈悲、同情或不忍來反應對死亡的看法，二者是不一樣的。當人類用一種同情心慈悲心的思議見解與識性慣性的價值觀去對應死亡的時候，是不相應死亡真義的，反而是人類識性慣性下的慈悲同情與不忍，覆蓋了我們對死亡的理解，這樣，人是無法了義生命真義的。

因為，生死的本身是不存在這樣的同情與不忍的，生死根本就不存在這樣的思維，生死的時空完全是百分之百公義的狀態，所有的生命都會有誕生與死亡的過程，這就是一種更新轉換的過程，過程裡面對應的是生命無量的因果。

終究有一天，我們對生死有了多少了解。終究有一天，會了義生死是一種最深遠的慈悲。終究有一天，有情天的當下，有真義的天下。終究有一天，對待中，相應或不相應，等同生死的意會。終究有一天，有那麼一天，死亡的真相是自我更新的轉換，自在生死，生死自在。

當然，我們不是對老者有任何的判別，只是藉由舉老者的例子，來重新思考生死，我們透過這個例子來瞭解，生命本身不是用同情或用慈悲、或用道德價值能夠去做的解讀與對待，這當中沒有對錯的問題。

每一個道德標準在人類各種不同的國度、各種不同的世代傳承裡面，都不斷地在改變，但也不代表人類對於死亡能真實的了義。生死本身是在於什麼？為什麼無量的生生不息等同於無量的死亡？因為，今天有滅的動作，才有生的可能，當肉身死亡的時候，滅掉的是這一世所有存在的總持。死亡就是滅掉，滅掉這一生的一切心念、一切價值標準、一切意識型態，滅的過程就是對這一世這一個肉身整體性的總結。

一切心念、一切身口意、一切價值，即身傳承無上不可說，佛說世代共願示現生死輪動一切身口意。一切心念、一切身口意、一切價值，價值所在，真義無所，識性非識，心性本然，心念如來，自有其諸佛之寶生。一切心念、一切身口意、一切價值，一切非生死，生死覺死生，總持生死無量，身口意等持無量靈魂體共生死之無上正等正覺。

死亡非死亡，即身死亡，即身非死亡，死亡非密死亡之傳承，身口意之生滅，當世了義之。

死亡非死亡，即身死亡，即身非死亡，死亡非密死亡之傳承，觀自在之生滅，當世了義之。

死亡非死亡，即身死亡，即身非死亡，死亡非密死亡之傳承，法供養之生滅，當世了義之。

死亡非死亡，即身死亡，即身非死亡，死亡非密死亡之傳承，共苦難之生滅，當世了義之。

所以每一個人肉身的死亡就是他本身功過的總結、他的因果判別，死亡的當下，這一生所有活動過的一切都通通終結掉。「滅」的真義超過人類所有在相對世界的解讀，不管活著的時候對死亡有怎樣的解讀，都必須在形式上做一個終結，然後，當生命再通往下一個階段的時候，會再啟動所有面對的過程。

開始的開始，結束的結束，生生死死，死死生生，生死其中，自在解讀。
開始的開始，結束的結束，生生死死，死死生生，分別生死，自性了義。
開始的開始，結束的結束，生生死死，死死生生，生死有別，各自因果。
開始的開始，結束的結束，生生死死，死死生生，生死不二，中道生死。

當我們突破對生死的有限看待的時候，當我們不再受制生死的相對角度的時候，那麼，我們會很清楚的知道，我們不能在有生之年有太多情境上的攀緣，如果在生活中有太多的識性情境，所攀緣上來的，遲早要再捨掉，來來去去都是多餘的生死。習慣這樣的狀態等同另一種死亡，了義被攀緣的問題，才能真正面對生死的問題。人在有生之年，都在生死之中，攀緣或不被攀緣都是生死本身的來去。覺受而不受制，照見而打破，是應有面對生死的態度。

因為死亡而離開這個世界，世界死亡了嗎？死亡的生命將前往何處？靈魂的用意將前往哪裡？告別世界，生死其中。因為死亡而離開這個世界，任何時候，生死一切，一切生死，不預設的進行中。因為死亡而離開這個世界，沒有離不離開的問題，沒有告不告別生死的問題，任何狀態，無不是識性思議的情結，識性演變的生死，要終結如此的識性世界，每一次的生死，都是為了遮滅識性的狀態。

在一生當中，我們周遭許多的人事物會誕生到這個世界，或者因為死亡而離開這個世界，在各種人生無法預設的可能性裡面，無預設地進行各種不可思議的生死過程，所以在人生當中，我們真正的重點是在於進行怎樣的自我面對。

生死是這個世界隨時在進行的事，我們不能只是停留在一個表象的狀態去看生死，把從有肉身變成沒有肉身的這種變動就當作是一種生死。我們必須打破我們所有在有生之年當中各種不同的意識型態與價值標準，全部都要解除掉。解除的過程就是在進行生死進化的過程。生死是一種中性的公義，因為生命都必須面對誕生與死亡。

每一次的生死，都是為了遞減識性的狀態，究竟中的開演，告別識性。

每一次的生死，都是為了遞減識性的狀態，清淨中的佛智，告別識性。

每一次的生死，都是為了遞減識性的狀態，莊嚴中的輪動，告別識性。

每一次的生死，都是為了遞減識性的狀態，當下中的變動，告別識性。

如果認為生死就只是以表象上來看，那是對生死沒有智慧的解讀。今天當我們活著的時候，如果不斷地在遞增識性，那麼走上的就是不斷掠奪，令一切生命走上滅亡的路。識性的覆蓋就是覆蓋生命的如來性，所以，即使是活著，在識性的覆蓋裡面，也等同於滅亡的狀態。因為，若人從不了解自主的可能性，從不了解生命的本質是非識性的，從不瞭解生命所要恢復的不可思議的狀態，那麼，以一切識性進行生活的一切，也等同於覆蓋性的滅亡，只是一個不懂自己真實生命的行屍走肉而已，與死亡何異？

大部分的人類都是用識性來設定許多的價值標準，以識性來進行生活的行為，但是，生命在進化的過程裡面，總有一天，人類一定要覺受到他自己內在的聲音，覺受到非識性的真實存在，那麼，就唯有放下識性。

為什麼要有死亡？為什麼要結束肉身？就是要告別這一世過重的識性。真正的死亡不是在於有沒有肉身的存在，而是你自己本身在一生當中的每一個對待裡面，你是否意識到你用了識性，甚至用了過多的識性？當你意會到的那一刻，你改變了識性的輕重比例去對待人事物的時候，你遞減了識性的對待，那稱為「生」，你遞增了識性的對待，那稱為「死」。

識性的出離，識性的告別，識性的死亡，識性的寂滅，識性寂滅不思議。

識性的出離，識性的告別，識性的死亡，識性的寂滅，識性密行不可說。

識性的出離，識性的告別，識性的死亡，識性的寂滅，識性即身觀自在。

識性的出離，識性的告別，識性的死亡，識性的寂滅，識性示現法自在。

所以，生與死的重點不只是今生今世有肉身或沒肉身，而是人有沒有辦法恢復自己的如來性，今生今世若能恢復如來性，才是真正超越生命、超越因果的重要所在，那是生命真正的法義。

我們要有一個知見，當用了太多的識性去進行任何道德標準與一切意識型態的運作時，必是等同敗亡的生命，不管你的肉身有多年輕多強健，都等同是一個完全沒有生機的、掠奪性的生命。更重要的就是說，當你意識到自己識性過重的時候，當你找到方法可以轉化識性的時候，那就是「生」的開始。當你有機會在活著的時候就放掉某些識性慣性，而意會到生命的本質是什麼，那就是「覺」，那就是「生」。

在今生今世裡，遞減識性的同時，生出自身不可思議的如來心性，那裡面已不再用任何的形式去框住自己與別人，它可以解無邊無量相對性的識性、無邊無量相對性的慣性，那才是一個有生機、一個真正不覆蓋的人生存在意義。

解無邊無量的識性、無邊無量相對性的慣性，粉碎無量意識，打破無量識性，生命永世，生活永生，一種生機，各種意義，當世真義，解一切因果識性。解無邊無量的識性、無邊無量相對性的慣性，今生的無量已恆河沙數，今世的無窮已無量劫當下，靈魂中無量識性記憶，解密解碼之，世尊之願，眾生等候，終極願力，諸佛共行，主身功德無上，無上妙莊嚴，佛首無識性，解識性，願解如來真實義。

覺識性，了識性，智識性，觀識性，密識性，空識性，生命超渡下非識性的存在。

覺識性，了識性，智識性，觀識性，密識性，空識性，生活普渡下轉識性的存有。

覺識性，了識性，智識性，觀識性，密識性，空識性，恆常示現下空識性的中道。

覺識性，了識性，智識性，觀識性，密識性，空識性，無常輪動下覺識性的世尊。

我們真正所要表達的是在於，不以識性進行人生的每一種對待，不以識性設立各種不同的價值標準來對待不同的族群，因為人類的各種不同族群會有各種不同的設限，以及各自國度裡面各種不同的因果與苦難形式。所以，如果識性再加重，必定是爭戰與敗亡，變成一種共業性的整體毀滅，往往那些爭戰也讓共世代有肉身的靈魂體，因肉身死亡而失去了機會。

生死真義，即身自在一切形式，共識性之解碼。

生死真義，無分別無量國度靈魂體，共生靈識性之解密。

生死真義，一切時空，無量存在，共識性之皈依。

生死真義，法自在不往外，輪動不可說，共識性之行深。

當下的每一個時空，都在生死的輪動裡面，輪動出你意會到識性過重的可能，當你不往外的時候，找到你的自主正法解除所有識性的過程，就是生生不息的「生」。用識性運作就是亡，寂滅識性才是「生」。如果一個生命在活著的時候，可以進行識性的解除，他是生生不息的。是生或是死，是針對他意識型態的輕或重，與有沒有辦法解除掉或解除多少識性，來看他的生死。這種意會與對生死了義的重要性，遠超過肉身的生死。

但是，如果沒有辦法在有生之年的時候意會到自己識性的問題，那麼，過重識性的累積必須要有一種解除，死亡就是一種解除方式，死亡就是不要讓擁有者的識性累積過重。

因為，當人類擁有過多外在資糧的時候，而沒有肉身的死亡，變成長期活著的肉身，將使這個世界變成一個完全浩劫性的世界。因為到最後，會變成少數識性過重的擁有者操控著整個世界，而其他大多數的人都沒有機會。

用識性運作就是亡，寂滅識性才是生，識性之增減，生死之輪動。

用識性運作就是亡，寂滅識性才是生，識性之輕重，生死之因果。

用識性運作就是亡，寂滅識性才是生，識性之不二，生死之等義。

所以，生死的狀態是如來性整體的評估，對整個世界無量生命是非常清楚的一種公義性的重大輪動，不會讓識性造成過大的傷害。

因此，當某一個世代的共業過重的時候，就會有非常可怕的一種內鬥內耗過程，有些國度是這樣的，或者說，會有某一區域性好幾個國度之間的爭戰。當一個大環境當中有某幾個國度的識性相應，而結盟成一個集體優越意識集團的時候，其他的族群就遭殃了。雖然，戰爭造成的重大傷亡，是某一種形式上識性的解除，但是，這樣得有多少生命的生死，為了換取識性的解除，而付出這樣慘痛的代價？這種解除不是如來性的恢復，只是在形式上降低識性的累積狀態，以利於下一個世代重新再來的機會。

生死的狀態是如來性整體的評估，識性自有其密，人性落入其中，必輪迴在生死的交替中。

生死的狀態是如來性整體的評估，是如來示現的密行，識性非識性，不用力，不內耗，世代整體的生死，世界苦難的轉換，一切皆應如來義，解碼識性。

生死的狀態是如來性整體的評估，生死的輪動，關係整體機緣中的無量生命，公義公理，轉化識性之無邊無量，世代清明，世界無上。

我們要強調的重點不在於肉身的生滅，而是要傳達給世界一個積極的意義，不要等肉身接近生死的時候再來面對生死，這是非常消極的。當我們活著的時候，就要了義生死，透過每天生活中的面對，在每一個行為與心念裡面，都要意會到遞滅識性，而不是遞增識性。

這一點必須非常清楚地傳達給當世的整體人類，人最重要的生活道德就是不預設，打破所有的意識型態，解除所有識性的障礙，這才是對自己生命真正最大的禮讚。

肉身識性身，即身識性滅，識性一念間，時空非識性，粉碎識性之即身。

肉身識性身，即身識性滅，識性一念間，時空非識性，打破識性之當下。

肉身識性身，即身識性滅，識性一念間，時空非識性，照見識性之時空。

肉身識性身，即身識性滅，識性一念間，時空非識性，知苦識性之慣性。

我們要讓所有的識性死掉，我們要讓識性覆蓋下背後那個生生不息的如來性恢復，而那是非識性的，這才是真正生命的意義。

它不是在識性當中非常表面地講很多的事，例如道德標準或對很多事情的解讀，因為，在不同時代不同國度裡面，對事情會有不同的理解。當然，它會有一個公約數，但是，意識型態是無法被看得到的，不說出來，沒有人會知道，而在人類世界裡面因為識性而造成的傷害是非常普遍的，卻也是最難被發現、最難被處理的。因為，被識性下的意識型態所控制的人們通常不自知，這就是所謂的「意識型態的霸凌」。

當某些人內心的意識型態已經累積到無邊無量的分別性的時候，而他們又是屬於擁有一切的上位者，就可能透過媒體，透過一切的方法去控制甚至傷害那些不認同的人。這時候，許多的跟隨者都活在那樣的意識型態底下，自以為自己每天都在做著非常合理的事情，說著非常合理的話，他們依著別人的識性而活，內在可能彰顯出來的力量卻完全被覆蓋。當世界上大部分的人每天都這樣生活的時候，整個世代也等同宣告完蛋了。

生命的公約數，一切皆在等同之中共因果之解碼。

生命的公約數，在共生死的識性中分別著所有的生老病死。

生命的公約數，在公義等持著一切分別的意識型態。

生命的公約數，生命中自有其義，生死中結界識性，公理是一種生命的整理，恆河沙數觀其識性之重，解其識性之密，無量靈魂體之公約，早已永生永世存在在一切生命的經驗中。

所以，這個世界免於毀滅的重點就是——解除無邊無量的意識型態，讓所有的萬民真正地在有生之年就能夠恢復他生命的生機，要讓萬民的生命成熟，這才是真正的尊貴。人類彼此之間如果一直用識性不斷地互相干擾與覆蓋，這樣的人類等同從來沒有真正活過。

生命的真義並不在於對別人有多少的同情、多少的不忍、或多少的懺悔，這些都沒有對或錯，因為大家都會在不同的時空改變不同的心念。人從出生到死亡，有各種不同的人生階段，當你再也不能承受的時候，什麼都顧不了了，那時你還能講什麼？當你沒辦法活下去的時候，還能夠談什麼？當你面臨死亡的時候，你還能求什麼？或不求什麼？

我們必須讓這個世代徹底地瞭解，不要再用任何的識性去覆蓋自身與整個世代人類共同時空的能量場，只有解除所有的識性，我們才能夠真正的進行整體人性的改造。當下就是生死，每一個行為、每一個心念都是生死。

不在對與錯，生死都是一種即身的懺悔，生死是洗滌，放下的原罪。
不在對與錯，生死都是一種即身的懺悔，徹底的改變，以不預設生活。
不在對與錯，生死都是一種即身的懺悔，不管曾經如何，生死是生命的改造。
不在對與錯，生死都是一種即身的懺悔，共同時空的能量，心海中引動了整個世代的變革。

生死的關鍵是什麼?不以識性去形成各種不同的道德標準，而認為大家都應該怎麼樣、自己該怎麼樣、別人又該怎麼樣……，這些全部都要解除掉。

識性解除的過程中，如來性才能生生不息地恢復，當有許多人如來性恢復的時候，自主的正法一定會徹底地協助，讓整體人類真正以不思議的狀態，重新走上一個不思議的莊嚴大道，那才是人類生命真正的生機。非以識性走未來的路，那樣，才有真正的路可以走。

所以，生活的真義就是遮滅識性，放下思議，解一切識性供養自己的如來性，這才是真正打破生死，這才是真正生死了義。

生死了義，當下真實人生真義，無常即真義之存有。
生死了義，當下真實人生真義，識性中累積成無常。
生死了義，當下真實人生真義，不以識性見如來。
生死了義，當下真實人生真義，人性本然，識性其中。
生死了義，當下真實人生真義，解識性，了生死。
生死了義，當下真實人生真義，滅識性，寶生佛。
當下真實人生真義，真義在於真實的意義，來自不思議，不以識性叩問生命，恆常之中，當下即身，真義乃了義之真實存有，當場放下，放下當場，一切場合，無量生死其中，無量解識性之密行，無識性的存在，無眾生的時空，無所住的永世，無我相的永生，無為法的修行，無極中的太極，無男女的諸相，了義之當下，真義之人生，真實之生命。

相對性的功德

什麼是功德？沒有所謂的功德。

生命是自然的，生命是當下的，因為生命本身是空性的，所以，目的是沒有目的的，答案是沒有答案的，存在不必是存在的，一切不必是一切的，擁有本身是自以為是的。因此，毫無功德可言，任何的存在毫無功德可言。各位一定要記住這句話：功德是說給需要的人聽的。

功德對需要的人來說，他會窮盡一切去做功德的事情，因此，功德的背後是不安。因為不安，而求一個功德來轉移他的不安。

什麼是功德？佛說無說。什麼是功德？佛說非說。什麼是功德？佛無所不說。什麼是功德？佛無我說之。什麼是功德？佛所說覺之。什麼是功德？佛無說觀之。什麼是功德？佛空說圓之。什麼是功德？佛無說示之。什麼是功德？佛無量說一切顯相之。什麼是功德？佛莊嚴說之。什麼是功德？佛第一義佛首自說之。什麼是功德？佛自性海無上說之。什麼是功德？佛無關結界空性說之。什麼是功德？佛無量萬有說之。什麼是功德？佛無量

宇宙虛空說之。什麼是功德？佛非說無量存有自性說之。

功德不是求來的，功德無法外求。

功德不是求來的，功德無法思議。

功德不是求來的，功德無有來去。

功德不是求來的，功德自有其智。

真正的大智慧者不建立一個功德給不安的人。不安在一切的生活當中都存在著，這就是肉身的可貴、人類的可貴。因為，你的生活都在反應你的不安和不圓滿。當你能夠解除不安，才有功德可言，但是如果你今天沒有辦法知道自己的不安在哪裡，那麼，你唯一能做的事情是什麼？就是去「設立」很多的功德，那種功德就變成一種轉移、一種欺騙。很多人都講要積陰德，但是，這些人積陰德的目的是為了什麼？那個「陰」就是指下一世，死了之後要去投胎的時候，能夠投到好人家去，能夠比較有福報，對未來有所求。

能拿得掉的慣性，才有功德可言。

可言可說可立的，都是用力的，都是落入的，不以功德言之。

不在得與失，去一切識性，才是生命的生死之功，了因果之德。

是否要等下一世？果真有下一世。

是否要等下一世？下一世自己會是什麼？

是否要等下一世？下一世自己能取捨決定嗎？

是否要等下一世？萬一下一世是被取捨決定呢？

但是，真正的佛法不是這樣，佛法不是求未來怎麼樣，佛法不是一直落入過去有怎麼樣的痛苦。佛法是不管你的出生、你的背景、你的身分地位、你失去什麼或擁有什麼都沒有關係，你就是必須無染，甚至，你染著多重都沒有關係，你就是必須無所住。當你有辦法從你自身最大的染著裡面來成就你的無染時，這個關鍵就是在於知道自己有多少的痛苦。只有你自己知道，因為如來就在你肉身。

肉身是有覺性的，能夠覺有染或無染之身，覺苦之輕重，覺觀照見有染無染之等同與不等同，即身知苦，即身轉換，真實真義之佛法，在即身肉身的有染無染之當下。

無分別是功德，分別亦是功德，等同等持，分別與無分別是共願共功德，有染等同無染，功德無分，即身照見，功德本之所在。

無染之妙法，失去的非失去，來去的非來去，有關係的也沒關係，知道是功德，不知道也是功德，有染的也是功德。成就來自於無分別的等同等持，功德不必有任何的條件，不管任何的相對、任何的年月日，我們都在做自己的功，行自己的德，能不能自在其中，觀自身放下慣性，叩應自性之功德。

相對性的功德，有來去的功德。

相對性的功德，有條件的功德。

相對性的功德，有預設的功德。

相對性的功德，有判別的功德。

如果，你今天能在肉身內恢復如來性，那麼，你還要去哪裡找功德呢？你的德就是你本身的如來性啊，祂就安住在你的肉身裡面，反應在你的生活裡面，反應在你跟整個當世的一切時空、一切人事物的對待裡面。

如果今天你為了某一種預設，要設立一個表象的功德，搞一個宗教團體，搞很多的名目，搞很多形式的做法，往那個方向一直做一直做，做的只是形式的功德而已。這種形式的功德完全變成一種覆蓋性，使你即身肉身裡面的不安通通被覆蓋掉了，毫無功德可言，這不是真正的功德。

肉身功德本是無上教法，功德肉身無求功德，正法之功，世尊之德，在有形的，本已無形，在無形的，本已有形，變動之功，變法之德，男女功德，陰陽雙修，無極大道，乾坤功德，輪動本義，肉身無說，即身無所，本功德身。

要去哪裡找功德？即身之處自功德。

要去哪裡找功德？即身莊嚴功德處。

要去哪裡找功德？即身緣起功德法。

要去哪裡找功德？即身性空功德義。

真正的功德是什麼？不需要再建立任何相對性的功德，把自己的相對性解除掉。

不管有沒有發生事情，不必等發生事情，你看著別人的痛苦，要通通拿來當作自己的問題、自己的不圓滿，把無量的不圓滿當作自己的不圓滿，自身觀自在。如果，你不對自己的肉身下功夫，不對自己的人生下功夫，不處理掉自己的慣性，那麼，你要處理誰？

不需要再建立任何相對性的功德，請對自己下功夫。不需要再建立任何相對性的功德，無從建立的功德。不需要再建立任何相對性的功德，功德必不來自任何刻意的建立。不需要再建立任何相對性的功德，唯有即身之處，來自放下，才是無量無上的功德。

處理自己是唯一的功德，任何狀態都不可拿功德來誇耀，把自己的慣性拿掉，也不要用功德去看它。自己成佛也不必算是功德，就算是讓同世代的人全面性成佛，通通都不用算功德。因為，它是很自然的事情、很平凡的事情、很自在的事情、很清明的事情、很當下的事情。

只剩下唯一的動作，就是每一個人自己要放下。放不放在每一個人，對生命來講，早就已經是事實了，哪裡需要「做」什麼功德呢？人們就是因為放不下才需要硬去做一些功德。一個已恢復如來性的人，不會因為如來性生生不息，充滿在他的肉身和人生裡面，就比那些放不下的人多些功德。就算是一個人恢復到即身成佛，把這一切示現給所有的人，那也不會是他的功德、或他給別人功德，不需要如此。因為，生生不息出如來性是很自然、很平常的事。

處理自己是唯一的功德，功德在人世，人世中的自己，世人中的無我。

處理自己是唯一的功德，即身功德，即身之觀，觀無我之德，即身自身，

處理自己是唯一的功德，生生不息之本我，世代功德，功德護身，在己不在己，功德自在人心。

為什麼？因為放不下的人，他們的心念都是相對性的，有很多人知道要放下但放不下而覺得很痛苦，他們在找功德來做，那個「找」的本身就已經是在敗德了，因為找的軌跡都是在覆蓋自己的自性之德。

找出來的、做出來的東西沒有任何功德可言，與功德無關。佛法講的是無求，不在做不做，而在無傷、無我之根本。

如果人對「不做」是放不下的，那麼，就算做再多也一樣放不下，形成一種心中的執著和識性的有求，這是人類無明之處，無有功德可言，無關於自性恢復。能放下，才有無求之無我，無求之自性之德。

有關的功德，毫無功德可言，無關的功德，自性之德，功德之本，願力之所，德之自性，德之本我，找不來的，求不到的，就是功德的當下。

大部分的人因為不安恐懼，所以他要去尋求，尋求就是一種軌跡、一種覆蓋，那就是在迷失自己。眾生早已在無量劫前成佛，唯不能自知而已。功德本身是求不來的，這是身為人的基本權利和最自然的事情，不是用功德設定出來的，不是用功德去理解出來的。

功德是人類的一種說法與強求，做功德是為了什麼？不為什麼，功德若是有「為了什麼」而做，那就沒有功德了，因為，那個「為了什麼」就是因為有不安恐懼，才想要做功德。功德不是用做的，必須放下求的背後內心的不安恐懼，那才是我們必須對應出來的。

以不安成就一切的功德力，在悲苦中恢復生命的功德，功德的引動，無求無為，生命的內在，升起的第一義，無常無量之狀態，恆常無窮之磁場，生命之功，生活之德，功德常在，解一切不安之所在，即身即放下，功德滿自在。

佛說功德不可說，眾生所說非功德，不在軌跡，不在尋求。

佛說功德不可說，眾生所說非功德，即身功德，佛說無德。

佛說功德不可說，眾生所說非功德，不為什麼，什麼都不必是什麼。

佛說功德不可說，眾生所說非功德，功德是打破一切之後的存在。

成佛是一件非常自然的事。天地有情，不管我們在任何的時空、任何的道場，我們要有一個非常清明清楚的覺知，那就是成佛是自然不過的事情，今天我們是什麼樣的生命形態、什麼樣的肉身或不是肉身，都是非常自然的事情。我們自主是功德，不自主也是功德，為什麼呢？在不自主的時候，才能夠為未來能夠自主的路鋪上重大的基礎，今天沒有生生世世的不自主，何來今生今世肉身的自主？在等同等持的角度裡面，沒有誰能給誰功德，沒有誰能幫誰做功德。

自主的功，自性的德，等同的義，等持的智，肉身之存在，就是一種功德。

自主的功，自性的德，等同的義，等持的智，即身之當下，就是一種功德。

自主的功，自性的德，等同的義，等持的智，世代之本然，就是一種功德。

自主的功，自性的德，等同的義，等持的智，時空之本有，就是一種功德。

我們要在知見裡面打破所有相對性的理解，要不然，人類會以為功德就是一直不斷地做，有一種做功德的想法。對不起，功德不是用做的，功德也不是為了什麼而做什麼，反而是放掉了所有的為什麼，當不再為功德而做什麼的時候，其本身就是功德。

功德本身是求不來的，做不來的。但是，為什麼大部分的人都想要做功德？因為他們帶著過去的不圓滿和不安恐懼，所以想要有功德，然後，這種想法和做法就會變成一種形式，這種尋求就變成一種覆蓋。事實上，這只是另外一個不安的道場、不安的形式而已。

不安就是通往功德的提醒。

功德是問不來的。

不圓滿是功德，非圓滿是功德，圓滿是功德。

變動即功德，動中功德自主，轉化中行深功德。

我們今天要表達的就是，功德本身是非常自然的一種存在。因為，功德就像是虛空一樣，在虛空的境界當中，任何的層次在當下都有它的功德，任何的存在本身都有它的意義。我們必須要有這樣大的心量、這麼深遠的智慧，才能夠不落入任何的次第。

因為，一旦落入了，就會想要建立起那樣層次的功德相，讓很多的人在那樣的形式裡面安頓。但是，當那種安頓到了一個臨界點，就會變成另外一個必須放下的功課。所以，那種相對性的功德相就會變成一種輪迴，那是人類另外一種輪迴性假象的掩蓋和轉移，那是一種慣性。

功德本身是非常自然的一種存在，即身當下真功德，打破即功德，照見即功德，不落入輪迴即功德。

功德本身是非常自然的一種存在，存在之妙，功德常存，以無形叩問功德。

功德本身是非常自然的一種存在，恆常處，功德輪動無量層次。

而真正的功德一開始就不可能落入相對性。成佛是所有生命最自然不過的事，唯一的功德就是我們自己已經全部放下，如來性生生不息，但也不能落入自己的生生不息。如果我們把生生不息當作是一種功德，那麼，對那些尋求的人和放不下的人來說，是相對性的，當他卑仰生生不息的時候，如果不解除那個相對性的卑仰，會變成該要放下的部分卻更放不下，把生生不息變成他追求的另一種假象的功德。這樣子，對生命有什麼幫助？

功德之身，自然自主，在時空，不在時空，真假功德，功德非功德，廣無量密行功德海布局一切智。

功德之身，自然自主，在時空，不在時空，真假功德，功德非功德，廣無量陰陽修無所修結界一切義。

功德之身，自然自主，在時空，不在時空，真假功德，功德非功德，廣無量不生不滅密諸相佛所說。

功德之身，自然自主，在時空，不在時空，真假功德，功德非功德，廣無量無上傳承終極意志世尊行。

所以，我們在第一義的時間當中，要示範的就是自身不能夠落入任何生生不息的功德，當我們真的生生不息的時候，也要非常清楚的知道那是最自然的事情，我們把這個示現提供傳承給所有的生命，讓他們在最自然、最平凡的對應與對待裡面，成為他們生活中的一種習慣，成為他們身口意最自然的反應。我們自身生命的恢復，不需要有任何的功德相，而變成別人另外一種放不下的形式道德。

道德當下的第一義，功德當下的究竟義，平凡中，見真章。

道德當下的第一義，功德當下的究竟義，平心中，等同之。

道德當下的第一義，功德當下的究竟義，平念中，佛首智。

道德當下的第一義，功德當下的究竟義，平實中，妙行之。

所以，毫無功德可言，生生不息是平凡而自在的，我們不執著這些，但我們要讓全世界讓每一個生命都能在生活中瞭解到，我們存在的任何不圓滿都不能夠輕忽，也不要因為自己的不圓滿而起了太多看不起自己的心念，這些通通都是不必要的。

自身的一切卑微、一切的痛苦都是功德，我們把任何次第的生命都當作都是功德，當他放得下，那是功德，他放不下，還是功德主啊。我們對所有眾生做這麼大的肯定，空前的肯定。所有的不圓滿都是功德，等同圓滿，等同重要，毫無差別。

自然之事，不必卑微，入諸國土，等同重要，佛說當下，空行密說，即身之生，即身之滅，起心動念，緣起不動，本不往外，本願功德，圓與未圓，覺與未覺，共成就之，一平等心，不二如來，自主即身，不可說之。

當這個肯定授記在一切人類世界的時候，人類才有機會，萬物才有機會。人類不會再因他的不安恐懼，不會再因他的放不下，而去延伸更多的不安恐懼，彼此在日常生活當中，永遠恢復不了。

所以，我們對功德的解答很清楚，所有的不圓滿放不下都沒關係，今天我們有機會去面對自身放不下的部分，那麼，在這一生中的每一個過程，哪怕是一種輪迴都是功德本身。真正的功德都是從自己放不下的部分學習放下的，所以，放不下的過程才有放下的功德，那麼，放不下怎麼不會是功德呢？所有的放下都從放不下而來的，不是嗎？所有的佛不都是從最大的悲苦中來的嗎？沒有那麼大的悲苦，怎麼能夠知道不悲苦呢？佛就是不悲苦的肉身、不悲苦的眾生、不悲苦的人生，那就是佛。所以，所有的功德是最自然的，自主是功德，不自主也是功德。

所有的功德是最自然的，自主是功德，不自主也是功德，授記成佛，無上莊嚴。

所有的功德是最自然的，自主是功德，不自主也是功德，宗教教宗，修法妙法。

所有的功德是最自然的，自主是功德，不自主也是功德，放下大捨，善逝寶生。

所有的功德是最自然的，自主是功德，不自主也是功德，自性莊嚴，實相真義。

既然，功德是全面性的，是最自然的，那麼，它就不是做出來的，它也不是為了過去的不圓滿，或尋求未來的某一種更圓滿而做很多的所謂陰德、陽德或過去德、未來德。

當下的時空就是一切的時空，當下的放下是功德，當下的不放下也是功德。所以，我們不必等下輩子，也不必受制於過去。等下輩子是一個軌跡，那麼，就永劫都等下輩子好了。

我們一定要讓每一個人有一個真正的知見，面對當下的自己是最大功德的開始。把自己多做的部分全部放下，一直在繞路尋求為什麼的人，全部都不再問為什麼。這樣，才能如實地看待自己。當我們把自己活出來的時候，功德其實當下此刻就是。不要再對自己放下或放不下、放下多少或放不下多少，在那裡辯證、分辯、審判，因為審判的當下是功德，不必審判的當下是功德，我們人類已經做了太多的審判。

審判不來的，取捨無分的，本已在當下的，又拿如何的標準去審判所有的因果？業力是功德，功德在一切時空中，不受制因果，了義功德，即身軌跡，非男非女，有情之中，無情無關，判別過去現在未來，功德妙用時空之中。

所以，當有做功德的軌跡時，就會落入做功德的假象：「愈做，功德愈大，是不是恢復得愈多？」不對，梁武帝那個世代，蓋了許多廟，那是形式上的功德，跟人改變自身是不一樣的。

但是我們要表達的是，沒有不是的功德，所有的一切都是功德，包括非人的一切萬有形式都是功德，因為人類也是由那些萬有所滋養出來的。所以我們最大的重點就是要表達，以慣性存在，是功德；以如來存在，是功德；以肉身存在，是功德；以非肉身存在，都是功德。我們怎麼活，任何人怎麼活，都是以其立場當下的定位，確定他的功德。

輪迴也是功德，我們不要以非輪迴來認為輪迴就是不功不德的事情。超越輪迴，是功德，但當你真的超越了輪迴，你就會知道輪迴本身不在輪迴裡面，因為輪迴不在輪迴裡面，所以才能反應輪迴的問題啊！

輪迴不在輪迴裡面，入輪迴又如何？不入輪迴又如何？輪迴是功德，不入輪迴是功德，超越輪迴是功德，輪動所有的輪迴是功德，以非輪迴入輪迴是功德，輪迴當下皆是自性功德，密輪迴妙用是無上功德，密無量輪迴等同等持世尊功德，即身無量輪迴非輪迴，即身肉身自主功德。

不二如實等同如一，功德當下就是，即時即刻就是你唯一的功德，每一個生命當下唯一的功德，每一個當下的共世代的唯一功德。虛空性中，我們的心性、個性、本性，一切都是自性變現的自性之德。只是在相對性的因果中，你要遞增或遞減。你對自己的任何判別也是功德本身，因為你的自性之德在你因果的每一個輪迴裡面，都審判著前進或後退的一切。打破相對，前進或後退只是一種判別下的來去，放下判別即知「本無來去」，德之始也。

輪迴即輪動，一切世代，無量相對，判別之義在無判別之智，無量相對，無窮非相對，共不二之中道，共等同不等同之不可說，即身當下，共同放下。

當下包含著過去一切，當下也影響了未來一切，所以，過去、現在、未來都在同一個時空裡面，都在同一個功德海裡面。自性做一切即身成佛的功德判別，不落入判別，自在於判別。過去、現在、未來皆在輪動尚有分別的識性，分別處即渡化處，一切分別成就無分別，還原所有生命的無相對、無來去，才能切入不承受的無上莊嚴之路。

我們要有「實無一眾生可滅渡之」的確定，把一切的自主與解脫權利還原給每一個生命，他日常生活中進行的本身就是最自然的功德。

不二如實等同如一，功德當下就是，即時即刻就是唯一的功德，日常功德自輪轉。
不二如實等同如一，功德當下就是，即時即刻就是唯一的功德，生活功德本無生。
不二如實等同如一，功德當下就是，即時即刻就是唯一的功德，生命功德佛所說。
不二如實等同如一，功德當下就是，即時即刻就是唯一的功德，存在功德無上智。
不二如實等同如一，功德當下就是，即時即刻就是唯一的功德，存有功德自性海。
不二如實等同如一，功德當下就是，即時即刻就是唯一的功德，因果功德觀自在。
不二如實等同如一，功德當下就是，即時即刻就是唯一的功德，生死功德第一義。
不二如實等同如一，功德當下就是，即時即刻就是唯一的功德，識性功德莊嚴行。

自性的功德

一般的眾人是因為生命不安恐懼，所以想要建立一個形式的功德，但功德不一定是在宗教內，功德不是一種形式，功德是你一定要先確認每一個層次、每一個平常平凡的自己都是功德，不圓滿的任何層次都是功德。不是只有肉身才算功德，那樣會落入人類的立場去看功德，任何非人類的一切有形無形都是功德身。我們要這樣看，才會對萬有萬物都有非常深遠的肯定，這種深遠的肯定與確認就是諸佛如來授記的事實，這是非常重要的。

不圓滿的任何層次都是功德，功之德，德之功，在圓滿，不在圓滿。

不圓滿的任何層次都是功德，即身即德，靈魂德，無形德。

不圓滿的任何層次都是功德，授記之德，緣起性空之功。

不圓滿的任何層次都是功德，萬民有德，諸佛有功，功德無住。

無常的叩問，叩問的無常，無常的功德，恆常的永生永世，不圓滿的無常，更在如何圓滿的無常，無常之究竟，恆常之清明，一切層次，被無常所照見，一切次第，反應無常，因無常知苦，因恆常了義，觀自在無常，第一義於恆常，無常恆常，都是我們自己自性之

海等同等持的無上功德。

當所有的萬民、萬物、萬有需要質變的時候，誰令他們質變？自性密藏，自性如來。所以，主要的是在肉身裡面恢復如來性。怎麼樣恢復如來性？必須放下慣性，放下輪迴的身口意、輪迴的識性，所有對有形無形的相對性理解，都要放下。放下之後呢？什麼內容可以讓他放下？是不是有真正來自自性海的密藏、自性海的解讀解碼、自性海的內容？

自性海的功德力、自性海的密藏、自性海的解讀解碼，自性如來，自性諸佛。

自性海的功德力、自性海的密藏、自性海的解讀解碼，眾生自性，生死自性。

自性海的功德力、自性海的密藏、自性海的解讀解碼，世界自性，宇宙自性。

自性海的功德力、自性海的密藏、自性海的解讀解碼，靈魂自性，第一義自性。

在這個世界裡，最具有覺性、最尊貴的就是人類的形式，人類的肉身在食衣住行中納入萬物萬有，為什麼他們要以生死相來供養給人類的肉身？而人類對萬物萬有最大的迴向與禮敬是什麼？在生命與生命之間某一種密的契約裡面，當萬物以生死供養人類的肉身，提供人類肉身活動的能量，就是要人類活出覺性，把他們的輪迴解除掉。

生命跟生命之間某一種密的契約，萬有生死互供養，萬有引動共密藏。

生命跟生命之間某一種密的契約，即身的覺性，生命寂滅的共主，密因中，自有其共盟訂的等同。

生命跟生命之間某一種密的契約，是無量劫的自性功德。

當能夠放掉肉身裡面的識性，供養給內在如來的覺性，覺性與內在如來就會逐漸恢復，覺性的智慧就是如來密藏，如來密藏就是自性的功德。

識性肉身，覺受即身，等身功德，如來之密藏，當下覺一切識性，解一切慣性，肉身願力，大捨識性，即身寶生，如來肉身，功德所在。

這點非常的重要，當內在如來恢復在肉身的時候，就是指你的肉身有辦法相應如來，甚至完全百分之百覺受你內在如來的法義與內涵，然後用當世人類某一種語言表達出來，提供給所有當世代的人類共同覺醒與提昇轉換的無上佛果的密藏，這個就是自性之德。

當你內在如來恢復在肉身的時候，覺識性，入自性。

當你內在如來恢復在肉身的時候，覺慣性，自功德。

當你內在如來恢復在肉身的時候，覺有情，觀自在。

當你內在如來恢復在肉身的時候，覺當下，第一義。

自性之德是包括肉身在還原解碼肉身裡面如來密藏的時候，在解讀的過程裡，肉身經絡裡很多識性的磁場狀態，全面性的在解讀如來義與解碼如來密藏的當下，成為他心念頭裡的如來智。肉身經絡裡面任何相對性的識性能量場與結界，也全面性地被如來自性的功德法流全部解除掉。

肉身解讀如來義，解碼如來密藏，在肉身經絡的打破與照見中，全然全覺內在法流的輪動與示現，打破肉身的結界，解除經絡一切的覆蓋，無上如來密藏法流，即刻即身，充滿肉身，本然能量，本心本位，自性之力，解無量如來密藏，肉身身口意，生活還原，一切當下，等同等持於如來自性功德存在存有。

自性之德是即身肉身還原解碼肉身的如來密藏，即身世代自性德，結界迴向廣雙修。

自性之德是即身肉身還原解碼肉身的如來密藏，無常了義密如來，空性功德自法流。

自性之德是即身肉身還原解碼肉身的如來密藏，解碼肉身自性義，佛念經絡功德海。

自性之德是即身肉身還原解碼肉身的如來密藏，佛首佛智本自主，無上無道功德無。

這種功德跟一般人類在相對世界完全不懂自己的如來，根本不清楚有如來存在，所對於功德的解讀是完全不同的。人類因為有很多的識性和不安恐懼的覆蓋，完全不知如來世界，不了解自己即是如來，雖然有少數人傳達出人類有一種內在佛性的存在事實，但也不等同於真知於如來性是什麼。或者說，有一些人雖然在修行，有一些內在覺受，但有覺受也不等同於能解脫什麼，那只是一種感應，可以稍微感受到在人之內存在著一個不可思議的力量，雖有意會，但仍是有限。

在這種情況下，當一個世代的人內在清明度或覺性不夠的時候，就會偏向往外做一些形式的功德相。當然，這就會變成了所謂的好人好事代表。偏向我們不要犯錯，不要去傷害別人，要做好人，多說好話，多做好事，集資去幫助一些窮人，或者是發展成更專業化的系統。

功德之義，在世界之覺，在世代之覺，世界了義或未了義，本不是問題。修與未修，都是修行，如何行法，自有其功，自論其德，思議不可。一切狀態，各有層次，層次其中，自有功德。陰陽之功，無極之德，內外無分，傳承諸佛，德之自性，覺一切之寶生。

但是，解脫並不是這麼單純的事，解脫不是好人壞人的問題而已，是我們生活中的慣性、諸苦和不圓滿在當下一定要深化，然後放下，無盡的放下，放到最後就善逝掉，善於把任何慣性都解除掉，把如來的智慧引動出來，成為自身生命最大的涵養。那不是一個所謂表象的福報或好人好事的事情，那是如來密藏全面性的恢復。

當世間有人開始恢復如來密藏的時候，在他周遭的人事物，因為血緣關係或特殊關係，有此生和過去生因果的交集，因為其恢復如來密藏，而會使這種因果交集整個解除掉，這是非常不可思議的如來功德力。這是相對世界目前不瞭解的。

清明之明鏡，鏡中自有覺與未覺、了與未了之處，功德力，自恢復。

清明之明鏡，鏡中自有覺與未覺、了與未了之處，世代因，世界果。

清明之明鏡，鏡中自有覺與未覺、了與未了之處，解碼處，不思議。

清明之明鏡，鏡中自有覺與未覺、了與未了之處，落其中，法自在。

當無量的生命以人類或非人類的形式，互相攀緣的那一刻，其本身就是一種功德，在那一刻，如來性是在的，只是因為人類習慣往外看，所以不知道那背後的能量場就是如來的世界。以落入識性看，是來去的慣性，引動的都是相對性的攀與被攀。以不落入識性，從解脫的角度看，任何的連結本然就是如來之能量場，只是落不落入的問題。落入即識見，所以認為是攀緣；不落入即慧見，所以是無所住的對應，關鍵在此。本來的本源，本來就是俱足的如來自性法流。

世界無量，無量世界，一切所從出，本自性也。無量世代，世代無量，緣起自性也，一切未覺之慣性，一切已覺之功德，皆自性也，無量諸佛所從出也。

當整個世代成熟到一個臨界點時，有一小部分的人會開始逐步恢復如來性，進化到開始解碼自身的如來密藏，然後透過各種不同諸相反應在當世的世界，其肉身的能量場會全部轉化成如來的能量場，然後再擴大出去，其靈魂體的能量場也會轉變成如來的能量場。世代成熟的時候，擴大的所在是行深的必然，全部集結在肉身轉化的當下，當下的生活即是唯一的道場，也是所有無量能量場的對應所在。

能量之無量，無量之磁場，靈魂本無所，靈體自安住，自有功德在，能量如來，世界其中，藏之即身。

能量之無量，無量之磁場，靈魂本無所，靈體自安住，自有功德在，自性功德，無非

無過，解碼無量。

能量之無量，無量之磁場，靈魂本無所，靈體自安住，自有功德在，非人是人，功德願力，能量無量。

能量之無量，無量之磁場，靈魂本無所，靈體自安住，自有功德在，諸相磁場，行深正法，終極廣大。

這個時候，如來的能量場會擴大到把自己和親人朋友之間的過去因果、和相對性結界的識性能量，也全部貫穿打破掉。就是說，其個人即身成佛的能量場，對應父母親人等世間關係，會不斷地把那種連結的網路和相對性的能量場整個穿透打破，變成共同的一種自主的能量場、佛的能量場。一個人自身能量的解密解碼，將同時對應當世有關係的各種人事物，也會對應生生世世無形的靈魂體，全面納入即身肉身一切自性能量的解密解碼，一人自性功德之恢復，等同一切生命回歸如來本願等同之法供養。

打破的打破，照見的照見，知苦的知苦，即身的即身，相對之中無相對。

打破的打破，照見的照見，知苦的知苦，即身的即身，來去之中無來去。

打破的打破，照見的照見，知苦的知苦，即身的即身，不二妙法功德力。

打破的打破，照見的照見，知苦的知苦，即身的即身，生死識性覺有情。

這種情況下，會有密法、密因、密運作、密行、密藏、密內容示現出來，若其自性功德力夠，能量場也夠，同時也會讓此生和過去生有過交集的各種因果狀態共結佛果。無量世的交集本身就是集合的總持，無量持有，在結界中，總持無量能量。共同所在的，圓滿其中；共不同所有的，大行當下。無量世共自主，當下今生今世，一切因果之所在，如一共自主一如來之佛果。簡單的說，就是所有當初的因都會變成今世共同的佛果。

當然，這要看那位即身成佛之人的密覺受，他與如來之間的共識與共願，以及他願意轉化的力道與程度。任何由其如來引動進來，有關的有形無形的相對性的能量場，他以一己之力，用他的肉身、靈魂體、願力，轉識成智，全部變成如來的功德力。覺受的領悟在肉身每一個部位都有不同次第的受用、不同層次的作用，都是為了了義而照見的。領悟的當下，開悟的蓮華，密行當中，不承受而能無染之。

佛成之覺受，覺於識性，共願於人性之共悲苦之處，在於悲苦的，在於共世之佛果。共世本有共願，共世之功德，共因果之生死，共密因之密行，共密法之能量，共佛成之即身，共靈魂體之無形，共皈依之情境，共無上之圓滿。

這個時候，他所有外圍的特殊關係、所謂福報的因果關係、和其他人之間過去共同的因果業力，都會因為這個人即身成佛的願力，願意全面性的在一生當中以最大的願力，不落入任何時空，不落入任何關係，不落入任何因果，或當整個世代空前最大的轉換時，把所有的業力轉成共同的願力。那麼，這種特殊關係就變成了一個修法的道場，所有相對的因果變成共修的真正佛果，包括他此生的父母、過去生的父母、兄弟姊妹、周遭的朋友、或他如來所引動來的有形無形的眾生，在他即身的能量場，在其轉識成智的過程裡面，通通得到空前的自性回歸。

福德之間，輪動交替，自性之德，引動無量福報之所在，畏因於因果，無畏於覺受，一切法一切修，共因果共修行，不落入的當下，一切關係自然轉化，無關於諸有情，觀自在於即身因果，大自在於即身無關無我。

一生最大的願力，不落入任何時空，不落入任何關係，不落入任何因果，以自性起因，一切因引動一切如來自性，應一切時空之本因，願一切因果業力之轉換，關係非關係，變動共修法，有形亦無形，法法入空性，妙覺自性海。

最大的功德就是周遭有緣的人全部也恢復到某種程度，或至少不輪迴，或不落入因果，或者在靈魂體的覺受用裡已經有所改變。甚至他的親人、週遭有關係的人，他們本來比較辛苦的生活模式都會冥冥中改變，都會觀照的到，逐漸有所質變，走向比較不辛苦的狀況。這就是重大的功德力，由自身的轉識成智，不斷地擴大，從一個自了漢到一個大菩薩，到最後共成佛的重大願力與功德。

共成佛的一個重大願力，在於力的，願之不思議，在於願的，佛成其中，共覺的靈魂體，共質變的生命體，打破一切模式，觀自在佛成之即身，成就之當下，不論其大小，所

能轉的，行深無量，所能觀的，無求自在，所能覺的，無所不覺。

這時候，如果有辦法解碼如來密藏，就會完全顯相出來，那就是自性海的功德力。以這樣的功德力往世界看去，他就能夠完全確認所有的一切功德在當下已經都是了，沒有任何的分別，不存在任何絲毫的分別，連分別都沒有，連無分別也都沒有。只有一個確定就是——所有無邊無量共存的存在，沒有任何是覆蓋的或被覆蓋的，沒有任何修行過程，沒有任何因果的過程，**存在的本身就是主的世界、自主的世界，因為自主，所以所有的不自主會反應出來，因為不能自主，所以才能還原自主，這一體兩面其實是同一個時空，是很自然的。**

一體非一體，兩面非兩面，功德不可說，自性在其中，佛說非所說，眾生說一切，眾生自性說，修行無常處，世界本其有，無常叩問之，顯相諸有情，存在即存有，非有空非有，戒定慧其中，還原本願力，結界無上處，自主莊嚴海，思議本非議，功德共無上，其中自有情，情境識性界，皈依佛自性。

這就是自性之海如來性直接展現出，一個肉身就是百分之百的如來，所反應出來的功德力。所看出去的，全面性都是實相莊嚴的，事實就是這樣。

換個角度講，所有的眾生都是佛，不要落入眾生表象覆蓋的東西，如果不落入的時候，就能夠意會到，當下的眾生就是佛的即身。

但人要能決策一生佛成的操盤與運作，在佛成的全然意志中，覺知佛是本身存在的唯一事實。此一知見用在自己肉身身口意的生活中，成為一種自然的狀態，對肉身存在的質變有著莫大的寶生之道，那就是你的功德力完完全全確認了這個事實，所以，在生活中看出去的世界百分之百都是肉身佛的世界。

百分之百整個肉身在生活上，看出去的世界都是肉身佛，佛中肉身佛。

百分之百整個肉身在生活上，看出去的世界都是肉身佛，肉身佛中佛。

百分之百整個肉身在生活上，看出去的世界都是肉身佛，佛身肉身佛。

百分之百整個肉身在生活上，看出去的世界都是肉身佛，肉身密佛身。

只是說，當自己已即身成佛，要引動出去讓別人也恢復生命時，別人會有所相應，但也需要過程，因為每一個人的次第不同，所面對的苦難也不同。

當我們自己確定了肉身背後的佛性，就是即身肉身當下的自己時，不會告訴眾生往外尋求，因為我們自己就是這樣圓滿的。在密的部分，不可說之即身，沒有轉換的過程，沒有預設條件的分別，即身即如來，生活的密行直接授記如來自性的覺受，以了義的自性之智，存在存有於人們一生當中的食衣住行。密行在於行之以如來義，等同肉身，等持自性之功德力，於人一生當中當下的生活。

所以，我們一生當中能做的都會盡力去做，不管擁有什麼或失去什麼，不管是什麼或不是什麼，不管外在條件有什麼。無分別就是密行的開始，以直心納入生命自性本質的作用義，以此行之，密行妙用，即身佛成。

不管外在條件是什麼，不必問什麼，不必拿什麼來問。不管外在條件是什麼，問了又如何？又終將如何去問？不管外在條件是什麼，能有怎樣的條件？拿條件去問的，又能夠問出怎樣的條件？不管外在條件是什麼，即身的條件，即身所問的，條件的得失，都不是往外問得出來的。

我們所要善逝於天下的，自己要先能善逝，因為在這一世如來認為我們能夠恢復到什麼樣廣大的範圍是無法預設的，在廣大的對應裡面，我們的身口意所對應到的人事物、有形無形，他們任何不圓滿的地方，我們都能轉識成智，甚至是善逝。當我們善逝所有因果關係中的輪迴時，就是寶生他們的如來，這個時候，我們的無分別就不斷地擴大，不斷地深化，沒有任何的限制。此時，不是一個人即身成佛，而是我之前所講的，同世代共肉身共即身成佛。這樣擴大出去的範圍，一生能成就多少人的恢復，是無法評估預設的。

一生能成就多少是無法評估預設的，不評估才能不落入，諸佛之間，無可預設，善逝於天下的，方能寶生所有的天下。一切的預設，都在識性的評估中，必不以思議評估之。一生能成就多少是無法評估預設的，生命才有前進的無限可能，在無量大捨後，將有無量之即身寶生，令無常入恆常。

但是更重要的是，這種功德力跟找一群完全不瞭解如來性的人，而只是用一個表象的修法，或成立一個團體做一些好人好事代表的事情，完全是兩回事。當然，我們不否定那個過程，因為，會有很多人需要某一種形式的過程，我們都尊重。但是，人類大部分都只有形式，要人類不落入形式已經是很不容易了，更何況在不落入之後又能不承受，又能夠解開自己的如來密藏，得如來的同意，即身佛成，全面性的廣納一切的因果業力，成自己如來恢復的重大功德力，而自己恢復的如來密藏也分享於全天下。

日常生活當下，觀自在，平自在，一切皆自在，因為，在日常生活當中的自己，當下就是功德所在。觀自性功德之所在，平心自性有關無關之所在，人的永生在自性，人的永世在自性，無論覺與未覺，無不是自性功德所在。未佛成之時，自性功德無所不在，既已佛成之時，自性功德在日常生活中遍一切處。

如來即自性之力，自性力解一切如來密藏，不在一切因果中，肉身即自性，肉身生活，肉身之一切存在存有，當下等同一切自性功德力之莊嚴示現。

當下就是功德所在，在日常生活當中的自己，生活中的一切，不承受之。
當下就是功德所在，在日常生活當中的自己，生活中的當下，不思議之。
當下就是功德所在，在日常生活當中的自己，生活中的必然，不往外之。
當下就是功德所在，在日常生活當中的自己，生活中的供養，不可說之。

第四章

無常苦難的提點與自主生命的變革

天災地變的提點與畏因

什麼是天災地變？天災地變真的有那麼可怕嗎？天災地變不就是在替人類消業障嗎？如果今天天災地變不能夠成為人類一種畏因的提點，對大部分的人來講，會變成生活上什麼樣的理解？人類除了習慣掠奪萬物以外，最害怕的就是自己擁有的東西被毀滅掉，所以，人類對天災地變的理解，就是當天災地變來臨的時候，毀掉了他自己擁有的一切，不是這樣嗎？

天地之內，天地之外，皆天地之本身。

天地之當下，天地之無常，天地眾生，回歸天地。

天地無別，有情有別各天地，有義有智共天地。

我們今天要讓人類知道面對天災地變唯一的心態應該是什麼，人類自己本身害怕天災地變的那個心態是有問題的，為什麼不從這一點下手解除呢？人類為什麼要害怕天災地變？人類本身要把對天災地變的害怕拿掉，因為，最大的天災地變就是人類拿害怕去理解天災地變，難道，天災地變唯一的答案，就是無止盡地讓人類不斷地擴大害怕來面對嗎？

難道所有的答案就有這一個——害怕嗎？難道人類只有以害怕的狀態來面對、解讀天災地變嗎？很多人沒有面對天災地變的智慧，只能夠一味地從表面的諸相上在媒體上傳達，不斷地強調那個毀滅的可怕，而不知道當你不斷地擴大人類的不安恐懼的這種知見與動作本身，即是天地之間最大的天災地變。

人當自問的是，在天地的叩問中，用如何的自己去用力在天地的對應上？

人當自問的是，在天地的畏因中，用如何的因果理解天地對人世的相對上？

人當自問的是，在於人的一切，更在於天地的當下。

人當自問的是，天地所有的狀況，等同人即身在世間所有的狀況。

我們人類到底要怎麼去面對天災地變？當你用不安恐懼去理解天災地變的時候，那就是一個相對性的狀態，天災地變就永遠會是你不安恐懼下投射出去的一種相對性的天災地變，那麼，真正的關鍵在哪裡？

當人類用不安恐懼去面對天災地變的時候，他一定就會不斷的擴大一個想法：「我現在擁有的一切存在都可能被天災地變給毀滅掉」。然後，這種想法又更擴大了他對天災地變的不安恐懼，接著他會用盡一切的方法，找尋各種不同的作法，嚐試去解決或去躲開天災地變。結果，他自己的不安投射出去，原本以為可以解決天災地變的作法，卻另外造成增加天災地變的各種更殘酷的對地球與萬物的掠奪。原本人類的那個作法是要解決天災地變的，結果反而更加速了天災地變。

天地的崩解，人還能繼續怪天地的無情嗎？

無情的是人自身的生命之面對。

生命往外投射於天地，天地所回應的苦難，是人自身造作的生死因果。

天地本然的萬有，無不是人心性是否能夠成就自主的關鍵。

有情於天地，人必然於自身的無常，天不是天，地不是地，因為人已不是他真正的自己。

為什麼會這樣？因為，他用不安去面對，用不安去解讀，這就是問題所在。一個相對性的對應方法無法解決任何的問題，因為最大的天災地變是人類本身現在存在的生活方式，人類現在的生活方式都是由太多不安恐懼架構而成的。人類任何相對性的存在都可以說是天災地變，之所以天地變動，是因為大地已經承載不了了，天的意志是看著人生活上的行為而相應變化，人類生活行為中的「有所為」掠奪了萬物萬有，萬物萬有是在天地之間存在的一切，人類今天用不安恐懼去納入所有的掠奪，讓天不是天，讓地不是地，天地之間只剩人類唯一的殘酷。

天地的問題，人不應以識性解讀天地本身的妙用。

天地的議題，是人本身自身因果的課題。

天地等同人之生死，陰陽日月等同人之因果。

人的掠奪，是天地的情傷，人的往外，是天地的無奈。

人之男女，人之肉身陰陽，即人自身之天地，天地崩解，人自身天地將無安身立命之處。

當人類擁有太多的時候，就是天地失去平衡、陰陽失調的時候。人類在共同的掠奪裡面，令整個天地失去了它存在的真正意義，人對自身的存在並沒有真正的了義，對天地的存在也不清楚，對於人在天地之間也完全沒有任何的智慧做解讀，人只是用慣性不斷地掠奪，造成萬物的不安，成為人類共同的不安。所以，最大的天災地變是源自人本身的生活態度，這是整個天災地變的原因所在。

今天人類不從自身的生活態度去解決，反而去解決已經反應在天地之間的人類造成的重大傷害，那不是天地對人的無情，而是人類對於天地的傷害。天地是覺有情的，而人類卻以無情待之。

天地的中線，陰陽的太極，自身的乾坤。

以天為地，以地為天，順逆陰陽，男女等同等持。

天地相應，男女對應，不以慣性存在於天地之間，應以解慣性之法供養，無所住於天地之間。

如果今天你是一個領眾者，你要傳達給人類的智慧是什麼？如果說今天有一個領眾者的智慧不夠，用沒有智慧的方式去引領眾人，那本身就是一種災難，是一種意識型態的無明災難。人類就是因為用無明去做他不清楚的事，所以人類沒有質變的機會，只有重複的累積。而誰去承擔？只有天地去承擔，然而承受不住的結果就是天災地變，所以天災地變就是在告訴人類：天地已經沒有辦法再承擔人類在天地之間所做的累積。

天地質變之變革，人類自身革命之變動。

變於天地的輪動，動於人間的輪迴。

即身之生，即身之滅，生死非天地，天地當下，生死無量，解生死之畏因，養天地之寶生。

天無量之天，地無窮之地，人無盡了義，人世之變革，解天地無量之密藏。

所以，請問：人類是不是應該自己要改變呢？設法躲避天災地變，跟變革自己的慣性有什麼關係？如果今天一個領眾者一直告訴眾生天災地變有多可怕，那都是在傳遞一種相對性的識性，除了讓人們用更大的不安恐懼去理解天災地變，人們又怎會意識到要變革自己的慣性呢？人類已經用了太多掠奪性的方式而導致天地無法承受，然後再去做更多的嘗試要解決天災地變，但是，人類的這種生活方式、價值觀念、與行為模式就是造成天災地變的重要元素，因為他們心念的背後都是不安恐懼、識性、思議、慣性，再繼續這樣下去，人們還能有機會安住嗎？

人世代自身的一切改變，即當世天地一切的變動，天災地變，人自身的存在不能成天地之間的災難，人應以自身等同天地的感同身受，畏因天地，不以識性覺受天地的提點。人生活之道場本在天地之當下，人之不往外，天地自太平。人以天地為當下願力之示現，天地法供養一切人世間妙因緣，人覺天地無量之變動，人之佛成，天地當下即淨土之示現。

我們所要表達的是，天災地變是「結果」，人們要納入所有的天災地變成為自身反省的「本因」，天災地變的一切變動都是提醒人類自己應該要變革的重大善護。我們在天災地變的當下，應該自問：「我應該要善逝什麼樣的慣性？」我們對天有不對的、對地有不對的、對天地之間的萬物萬有有不對的，通通都要改變。這要成為我們人類自己的因果，不能成為天地的負擔，我們眾生自己造成因果的原罪，要懂得遞減，納入天地的變動成為我們日常每一天每一個人自身質變的動力、自己慣性的善逝，拿天災地變的提點納入自己本身生活當下，每一分、每一秒進行自己習性的質變，善逝自己、質變自己就是對天災地變最大的相應。

天地當下已是主的國度、諸佛的淨土。

天災地變，無不是為了照見人世間過度累積的因果業報。

天災地變是人佛成的成全，滅以生死，生以生滅，皆人自身能不能自主之納入之必然。

天災地變就是要人類質變自己、善逝慣性的重大教法。天在天，地在地，我們有如來之天，有不動之地，要成為我們每一個人自己的心性之志，這是我們人性的志業，是我們的道德——得到我們自性之德的志業。我們不落入天災地變的毀滅性，更不能用任何的不安恐懼去對應所有的天災地變，我們人類已是整個天地之間最大的毀滅者，毀天於一念之間，毀地於當下之時，將人類自身的陰陽失衡反應在我們對天地的傷害。

天地一念，一念佛念，念之乾坤，佛首天地，天地自性之德。

天地一念，一念佛念，念之乾坤，佛首天地，天地萬有之功。

天地一念，一念佛念，念之乾坤，佛首天地，天地生死之義。

天地一念，一念佛念，念之乾坤，佛首天地，天地陰陽不二。

人類一定要從自身的不安恐懼去下手解除，因為人類在每一個世代的傳承裡面，對於天地的心念、看待與行為模式已經不再相應了，不相應於天，不相應於地。所以天災地變就是對人類的提醒，整個世代人類的心念、行為、價值觀都必須還原他內在的心性之德，通通都必須轉識成智。以天災地變的提點，觀他自身在天地之間所有不容於天地的殘酷之處，成為自身回歸其自性之德的即身佛成重大資糧。

天地的一切變動，無不是應於萬有宇宙當下的轉識成智。

天地世尊，世尊天地，人類生活的佛果，等同天地萬有的永生。

天地所有的收圓示現，無不是如來意志的重大顯相。

天災地變無不是天地覺我們人類諸眾人於日常生活中的有情，我們的情多了太多不必要的情境，我們無明的做了太多傷害天地的事情，這是我們人類的慣性，所以重點是應該要拿天災地變成為我們日常生活中人與人之間生活態度的畏因，而不是用不安恐懼的相對性的心態去看待天地與萬物。

天不必是天，地不必是地，我們人類要能夠納入天地的苦難，要能夠納入天地的崩解，納入天地的一切不圓滿，我們人要有那樣子的大格局去納入天地的不圓滿，使之成為我們恢復自性之德的涵養。天地以不圓滿供養我們每一個人於日常生活中，養出我們「自身就是天地等同等持的存在」的知見與涵養。

天入一切天外天，地現一切地外地，生活天地人世間。

天入一切天外天，地現一切地外地，人間天地一念間。

天入一切天外天，地現一切地外地，宇宙虛空無太極。

天入一切天外天，地現一切地外地，有情天地男女智。

天之所以為天的無窮盡，地之所以為地的無邊無量的大愛，大地沒有不能承載的本心，宇宙沒有不能點亮的星辰，眾人的心在生活的當下，要能夠把所有的不安恐懼做全面性的畏因，解除所有的不安恐懼，不以不安恐懼對應天地。天是你，地是你，天地萬有都是我們即身肉身存在的等同等持，我們成就無上正等正覺就是回應於天地的唯一。

正法的呈現是沒有既定答案的，天災地變也是正法的一種呈現、一種教法。天地容納了人類，孕育了人類，而人類本身也有他進化的過程，天地深知人類在整個天地之間的時空裡面有人類所要恢復的層次，天地容得下萬民存在於天地之內的一切。所以，天地本身也是人類的意志，天地跟人類的共振就是人類與天地之間的修法跟教法，這是重大的解因解碼。天地之間的變動就是人類次第的轉換，天災地變就是要照見人類用多少識性與慣性掠奪萬物的行為，這一切都必須得到重大的震盪、照見與提點，才能夠有解除的機會。

天地正法，引動人類一切次第之不思議。

天地意志，引動世間諸有情之皈依境。

天地無別，願解如來無量教法於一切當下。

天地示現，天災地變等同解因解碼之密行。

所以，天地的變動就是人類自身共如來的本願，用天地的災變去引動人類在當世所有累積的識性分別，今天用天災地變把所有人類的不安恐懼全部都震盪出來，人類才有辦法在這個世代解除他識性的不安恐懼。所以一個大智慧的領眾者提供給人類如何面對天災地變的知見時，第一個就是所有的不安恐懼都必須止息掉、解除掉，不以不安恐懼見天地，只能夠把天災地變變成自己對自身革命質變的重大資糧。

天地供養人類，所以人類也必須養出自身的自性之德，以迴向給天地的變動，不能再拿慣性的掠奪習性去理解所有的天災地變。所有的天災地變都是天地與人類的修法，盼人類能夠轉識成智，共振成一個人與天地「各自主、互自主、共自主」的淨土與世代，這就是天災地變等同如來本身的初衷。

人類對自身重大智慧的教導，除了不要落入不安恐懼，甚至要整個解除不安恐懼，感恩天災地變震盪出自己無量劫來無法轉化掉的不安恐懼，更或者，懺悔自己用那麼多的不安恐懼的心念和行為去掠奪天地，而導致了今天的天災地變。

密天地自性皈依境結界功德一切本願，解除一切意識型態。

密天地自性皈依境結界功德一切本願，轉化所有不安恐懼。

密天地自性皈依境結界功德一切本願，無住宇宙虛空本體。

密天地自性皈依境結界功德一切本願，密行男女雙修共願。

所以解除自己對天地的不安恐懼和慣性，是面對天災地變唯一的正法，這樣，人類才能夠在天災地變之後而有真正的再生之機。**人類的再生、人類自性的恢復是天地不再災變的關鍵。**

淨土，有各種不同形式的淨土，不是只有諸佛的世界叫做唯一的淨土，淨土是我們在其中一定的時空裡面就能夠成就眾生的永生永世。在一定的天災地變裡面，把所有人類無量劫來在無量世界累積的一切不安恐懼、一切的不圓滿全部震盪出來，然後解除，在最當下的時間善逝一切的不安恐懼和慣性，所以淨土本身也可以用天災地變成為一切肉身即身成佛的重大如來正法的教法。

淨土無一定的淨土，地獄非地獄，天堂非天堂，六道、無量道亦非無量道之本身，如來一界寶生無邊無量，天災地變無不是諸佛菩薩要人類善逝慣性的重大密藏，請所有的眾人在天災地變的當世，成就自己即身成佛的正法法緣。

天地無量道，法緣本佛成，眾生不可說，自性天地義，宇宙莊嚴境，生活虛空智，當下法供養，密藏諸有情，萬有功德力，不動佛如來，一念本無生，當下正法主，生命自問答，生死自照見，示現即身密，諸佛第一義，空性空天地，自主如來密。

宇宙生靈的一切不圓滿處皆為夢相

眾生的苦難可以是一個夢境，「不圓滿處皆為夢相」這句話的用意是一個比較柔和的表達，就是你要從苦難的夢中睡醒，但是睡醒之後的路呢？

夢中是一種修行，所行是夢的觀照，有肉身是夢，非肉身是夢，即身夢中夢，夢中不落入夢，夢中的境界都是所有修行的次第。宇宙是夢的道場，生靈是夢中的萬有，夢中畏因，照見夢中的一切，覺所覺空，夢出自己的自主，夢中的陰陽乾坤是我佛如來入夢覺醒的無上正等正覺。

夢之路，宇宙生靈圓滿非圓滿解密藏，非夢之覺夢觀。

夢之路，宇宙生靈圓滿非圓滿解密藏，非夢之覺夢境。

夢之路，宇宙生靈圓滿非圓滿解密藏，非夢之覺夢密。

夢之路，宇宙生靈圓滿非圓滿解密藏，非夢之覺夢因。

夢之路，宇宙生靈圓滿非圓滿解密藏，非夢之覺夢果。

夢之路，宇宙生靈圓滿非圓滿解密藏，非夢之覺夢生。

夢是夢，苦難是苦難，苦難本身就是一種撕裂之痛，它不會是在夢醒或不醒的狀態下獲得所謂的解決。對某些狀態來說，夢醒是某一種境界的處理，我們最多只能說夢醒是某一個境界的提昇，但是，它不會是一個真正解脫性的解決。夢是痛，痛是夢，覺與未覺而已。夢的覺處，覺夢的密藏，痛的點就是切入夢密藏的點，夢中的慣性就是承受之痛所要放下的切入點。

夢無上正等正覺法供養中道乾坤，夢密虛空終極夢太極。

夢無上正等正覺法供養中道乾坤，夢密虛空終極夢終極。

夢無上正等正覺法供養中道乾坤，夢密虛空終極夢無極。

夢無上正等正覺法供養中道乾坤，夢密虛空終極夢原點。

夢無上無分別一切夢。

夢究竟無關一切夢因果。

夢佛說無所說無為無做。

夢圓滿夢實相一切處正法。

夢當下寶生眾生等同等持。

宇宙遍滿的部分就是一切苦難示現的部分，所以，宇宙也可以是一個「被覺的夢」，但重點是醒了之後呢？你要怎麼樣？那麼，不醒的話又怎麼樣？對無量宇宙裡面許多生命本身的存在而言，他們是無邊無量的慣性與識性所形成的生命形式，那個生命形式裡面的基因與密碼，存在在他們的生命所要面對的慣性與識性，如何解除的所有可能的過程裡面，我們要從那個地方去切入，才有可能尋求任何可能解脫的狀態。

夢中的覺，覺夢中的妙法所提供的平台，夢中養無量的如來能量，被覺的慣性在夢中等同解密解碼的覺所的空性。宇宙是夢，夢中自有宇宙，覺無量之識性慣性，從夢中覺而大行，了義一切佛首佛智，第一義空性之夢，如來密行妙法，夢之覺，無量宇宙之夢中善逝寶生。

密實相生靈覺夢非夢法供養，夢無量義一切智空所之夢。

密實相生靈覺夢非夢法供養，夢無量義一切智無所之夢。

密實相生靈覺夢非夢法供養，夢無量義一切智如來之夢。

密實相生靈覺夢非夢法供養，夢無量義一切智眾生之夢。

密實相生靈覺夢非夢法供養，夢無量義一切智生死之夢。

密實相生靈覺夢非夢法供養，夢無量義一切智願力之夢。

第一義入夢一切妙法。

輪迴無量靈魂體夢覺無上莊嚴。

中道夢觀肉身即身覺夢非夢根本智。

我們在過程當中，在生活中每一個對應當下的每一個動作，都可能進入某一種覺受，那可以是在清醒的狀態下進行的，或非清醒的狀態下進行的，而肉身在世間的一切行進是一個重要的途徑跟轉換的機制。當下的轉化是夢非夢，轉化識性夢中的部分，行深夢中智慧的相應，覺受夢中的承受。夢是修行，夢中教化，無住於夢的一切流程，夢中自有其觀自在，必當大捨其中，自在夢中的來去。

我們要確定一件事情就是，無邊無量的生命都有他在夢中的一個時空門，也就是啟動他轉換的某一種提點。空性之門來自夢中的法緣，啟動的法義都是如來授記的示現，夢中的內容都為了相應日常生活中的一切，夢中自有其願力的真實義，密行入夢，夢中自有諸佛本尊的修行轉化，這一切的緣起，無不是源自於自性如來無上的莊嚴變現。

之所以一切的愛，夢無量情境，夢境覺諸有情，即身入夢，引夢成佛，佛入諸夢，夢中淨土，生死眾生，夢生死輪迴，成就生死夢之輪動，入夢非夢，覺夢之法供養，夢解慣性，夢即如來無上教法。

所以，重點不在於有沒有夢的問題，或是不是在作夢的問題，而是說，如果不圓滿是一個夢，你如何在夢中的某個途徑獲得一個夢中觀照的提點？你如果是在夢中的某一個流程、某一個情境裡面，你要如何覺察到你該放下的慣性是什麼？如何在夢中的觀照裡面直接平其心？甚至你能不能在夢中直接了掉跟夢中所有互動人事物的牽扯？甚至與任何有形或無形生命之間的因果？

密肉身夢一切次第不二密夢觀如來，終極夢生命原點正法一切。

密肉身夢一切次第不二密夢觀如來，終極夢生命原點當下一切。

密肉身夢一切次第不二密夢觀如來，終極夢生命原點善逝一切。

密肉身夢一切次第不二密夢觀如來，終極夢生命原點畏因一切。

密肉身夢一切次第不二密夢觀如來，終極夢生命原點無形一切。

密肉身夢一切次第不二密夢觀如來，終極夢生命原點密行一切。

夢即身肉身一切智。

夢虛空密藏諸佛了義眾生。

夢供養生命慧命當下善逝。

因此，重點不在於夢是真實或不是真實，不在於我們的生活、我們的苦難、我們的世界是不是一場夢，而是它是讓我們面對生命的一個重要的圖騰、提點、與轉換的機制，也是我們生命內在如來教法的一個重要的示現。我們如何在夢中當下知自身之苦？我們跟別人互動的任何會導致我們輪迴的慣性，都能夠獲得解除，才是真正的善意，因為夢是從意念而出的某一種反觀自照的一個妙用跟善巧。

意念之夢，念念如夢，入夢無量，夢中生命，示現入夢，觀照入夢，如來教法，一切

皆夢中引領，夢中之變動，心念如夢，相應如來，夢如來，夢不二，夢當下，夢善逝，夢世尊一切智如本如法。

天下沒有不是的夢，因為，所有的夢都是重要的覺察與觀照的道場，這是我們一定要去正視的應有的態度。

宇宙也可以是一個夢，存在也可以是一個夢，眾生的很多行為也可以是一個夢，對自性海來講，肉身難道不是一個夢嗎?但是，當你的執著仍在的時候，痛苦仍在的時候，當你有無盡的碎片都流浪在無盡宇宙虛空的時候，你就必須以肉身存在的觸動點去意會到你是如何真實地存在在那個痛苦裡。那麼，這個痛、這個不圓滿就不是夢，而是你的本身，包括你的一切無量碎片散布在無盡宇宙深淵的當下，都是在呈現不圓滿的狀態。

夢是正法的收圓之大門，夢中輪動的納入等同皈依境上宇宙生靈回歸的納入，諸佛以夢布局，虛空是自性最大的夢的存在存有，無邊無量宇宙生靈所進行的演化本就是無量的夢境的結合。有形是夢，無形是夢，存在存有無不是夢，諸有情皆是夢。以夢成主皈依境，以夢收圓圓收萬靈萬物萬有，夢所皈依，夢中乾坤，夢納入無邊無量主皈依境結界。

密宇宙覺道場夢法界皈依境，主正法夢無極虛空夢境。

密宇宙覺道場夢法界皈依境，主正法夢無極密藏夢境。

密宇宙覺道場夢法界皈依境，主正法夢無極男女夢境。

密宇宙覺道場夢法界皈依境，主正法夢無極修行夢境。
密宇宙覺道場夢法界皈依境，主正法夢無極佛說夢境。
密宇宙覺道場夢法界皈依境，主正法夢無極供養夢境。
密宇宙覺道場夢法界皈依境，主正法夢無極世間夢境。
密宇宙覺道場夢法界皈依境，主正法夢無極共願夢境。

夢非夢，我們重點就在於，夢是自性變現引領的重大回歸機制，夢中乾坤，不以識性解一切夢之答案，以夢叩問如來，以夢的無極覺醒生活中落入的男女相，以夢解一切苦難所切入的生死。

夢是佛所說之妙法，夢是無上法供養的究竟，夢是善逝寶生不可說的密藏如來，夢是主正法第一義示現之修行。

夢即如來，夢即肉身即身之一切次第，夢不離肉身之即身成佛。

夢中一切事，夢境中一切境界次第，如來之夢，夢之如來，生活如夢，以夢成就一切生活自主的無上妙法。

在無常面前放下無量的法教法執

我們今天要表達一個重點是，自主性的恢復是在無常中形成的重點是在於，那不是在宗教中形成，不是在某一種系統中形成，不是在各種不同系統的利益中形成，也不會是在一個法門中形成，更不是在某一種次第中形成。

人類一直在犯一個錯誤就是用教法去理解形成，所以永遠也沒有辦法究竟。人類的問題是在於，因為系統的教法它只能夠在某一個次第裡面去認知所謂的改變，而往往當形成了一個系統或教法的時候，就難以改變。因為引領者以及追隨者他們會形成一個共同教法上的綑綁，這個是長期以來對廣大的大眾最大的一種悲哀。

無常之行深，我們當自問，自我的引領是否成一種平生的態度？在一切的法緣中，只有你自己的無常，在成就你所有的自主性，唯有要放下的，是身外之物的教法。

無常之中，真理之路，佛說圖騰，覺變，觀自在報身問實有果。

無常之中，真理之路，佛說圖騰，覺變，觀自在報身問實無因。

無常之中，真理之路，佛說圖騰，覺變，觀自在報身問實無果。

無常之中，真理之路，佛說圖騰，覺變，觀自在報身問非是因。

對世間人來講，他們在教法系統裡面的其實就是一種法執。在中道的立場上來講，建立某一系統的法教，針對某一部份的人引領，這是沒有對錯的問題。但是往往在形成一個系統教法之後，引領者沒有辦法同時間打破他所建立的教法的法執問題。大部份的領眾者，他如果只能在某一個範圍裡面建立某一群人所需要的狀態，那麼，最大的愛就只能在這個範圍裡面而已。

但是在中道的智慧來講，當你建立某一個系統教法的同時，你是要同步去打破這個法執和教法。以這個中道智慧去檢視現在世間所有的教法，那是沒有任何系統做得到的，甚至也沒有這種能力和知見。就算是有些領眾者在系統建立之後，他意識到這個法執已經累積到他必須去打破的時候，他也會受制在自己的慣性及追隨者的識性，而形成共同教法上的綑綁。

人海之中，我們以無常為共同當下的道場，這樣的認知是最重大的，這一切納入無常的面對，是唯一立地究竟的必然，無常是我們最初與最後的道場。

金剛之力，緣起性空，本願中道，中道圓成，觀自在報身問非問因。

金剛之力，緣起性空，本願中道，中道圓成，觀自在報身問非問果。

金剛之力，緣起性空，本願中道，中道圓成，觀自在報身問有問因。

金剛之力，緣起性空，本願中道，中道圓成，觀自在報身問有問果。

在某一個廣大天下、無常天下還沒有完全形成的具體狀態來到這個世界之前，這個世界的每個區域需要各種不同階段性或某些次元的教法形成，但是形成之後，往往又會變成一個打不破的法執。這裡面當然有它的密因，那就是某些教法它在某個時空的歷史經驗值上建立是某一部分眾生的需要，同時它也必須留在這個世界做為一種關鍵性的軌跡。

但是，人類現在最大的問題是，都習慣於某種次第的修行和教法，所以，當我們進入無常，當以廣大的無常直接形成唯一道場的時候，就會產生一個問題——會用修行相去理解無常的建立。會有非常多所謂的次第、法門、修法，要有「修」的感覺我們才有一種安全感，我們才有辦法去認知很多面對的狀態。

無常是最具體實修的臨在，密行之中的廣大，要成為自主的主性，必入無常等同行深的自我革命，必然的莊嚴，就在無常中行化所有的自己。

無常廣輪動，無量開其悟，悟其無窮所，開悟無常同，觀自在報身有因是果。

無常廣輪動，無量開其悟，悟其無窮所，開悟無常同，觀自在報身有果是因。

無常廣輪動，無量開其悟，悟其無窮所，開悟無常同，觀自在報身有因無果。

無常廣輪動，無量開其悟，悟其無窮所，開悟無常同，觀自在報身有果無因。

但是事實上，我們要表達一個非常重大的關鍵就是——無常性的成就、無常性的形成它完全不在任何系統或教法裡面去理解。無常性的完整只有一個答案，那就是沒有任何次第，沒有任何修行的狀態。它只有一個關鍵性的顛覆的答案就是——多生累劫以來任何的系統、任何的教法、任何的法門、任何的次第、任何的層次全部都會被打破打碎，都會被無常的存在打碎。

所以，任何生命只要有恢復的機緣，那是不會在任何的系統裡面，不會有任何的教法，不會有任何的次第，不會有任何所謂的多餘的軌跡，也不是來自於任何修行相。累劫以來歷史上各種不同曾經形成過的次第教法、系統、法門，都只是無常教法裡面的一個小小範圍，甚至必須完全被打破，才有辦法完全融入在無常道場裡面，這是一個非常關鍵性的角度。

無常共主性，主性一無常，一無無常中，無常一如一，觀自在報身有有因果。

無常共主性，主性一無常，一無無常中，無常一如一，觀自在報身有有果因。

無常共主性，主性一無常，一無無常中，無常一如一，觀自在報身有有無因。

無常共主性，主性一無常，一無無常中，無常一如一，觀自在報身有有無果。

因為在無常裡面自主性的恢復，那是修不來的。你今天如果在無常中有某種教法上的理解、某種叩問的軌跡、或某種修行相狀態的存在時，你自己本身就會有承受的感覺，因為它是必須被無常的存在形成所打破的。

無常的形成本身就是無邊無量，對無常的狀態第一個了義的部分就是，它不會在有限的教法裡面存在著，反而它會打破所有系統性的教法或法門。所以當你自己覺得有某一種教法上的觀照時，同時又覺得無法用力在無常存在的形成裡面時，這時，你要完全解除你還有殘存的一些累劫來某一種系統性階段性的教法。你以為你要有什麼樣的修行，事實上，那就是你攀在過去教法時空裡面的殘存軌跡，是被無常形成的狀態所照見的。所以重點是在於無常的形成可以排毒所有過去教法中的累積及法執上的問題。

無常是無預設的打破，雖然無法在一切的識性中被設定，但絕對是全面性排毒的重大面對道場，這樣的真實義，只有在無常的考驗中見真章。

開於無所之開，悟於無常之常，觀自在報身因果有因。

開於無所之開，悟於無常之常，觀自在報身因果有果。

開於無所之開，悟於無常之常，觀自在報身因有因因。

開於無所之開，悟於無常之常，觀自在報身因有因果。

所以今天我們要表達的是，無常沒有教法，無常是要讓我們放下所有的教法。當我們能放下的時候，我們不只是放下任何的修行相，我們也會放下任何修行相中教法上的知見，或曾經在各種不同教法中成就過的任何次第的軌跡全部解除掉，這個目的很清楚，立地成佛。我們本身只要當下的解除，我們只問當下的解除。

如果今天的無常已經是佛的重大道場，那麼很清楚的，它就是用無邊無量去算計，而不是在於某一個區塊去算計。重點是在於，對無常來講，它已經是最大的形成，所以它沒有什麼可以形成的，只是對於進入無常的人來講，我們需要在無常中表達一種在無常形成的狀態。事實上，如果我們用更俱足、更完整的角度，打破所有次第教法去看待無常的時候，你會了義一件事情，那就是——無常其實就是俱足的狀態，我們要確定這一點。

如果無常是俱足的狀態，那麼，很清楚的，這就是為什麼我們所有的狀態都會在日常生活中承受到那裡面無法承受的苦難，因為被照見。但是我們如果只能夠用一個範圍裡面的教法去對治的時候，往往我們本身反而是再增加另外一層障礙及痛苦，而且窺不到無常本身所要納入的對應和解除的全貌。

應許真義，感其真實，無常空行，密行無常，觀自在報身有空空因。

應許真義，感其真實，無常空行，密行無常，觀自在報身有空空果。

應許真義，感其真實，無常空行，密行無常，觀自在報身有問有因。

應許真義，感其真實，無常空行，密行無常，觀自在報身有問有果。

所以，我們今天講無常中的形成，就是要超越所有形成的相對性。我們要確定**無常本身就是我們等同的存在，這裡面是等無差別的**，我們沒有辦法在無常中去另立其他的名目，所以最真實的真義就是你把自己的肉身丟在無常中。因此你自己任何的狀態必須很清楚的你都可以去應用，但是絕對是來自打破，絕對是來自解除，這是關鍵。

很多修行人最大的障礙就是在於，他一直用自己熟悉的某一個教法或修行次第去面對無常，所以引領眾生的時候永遠是不俱足的，永遠是有更深層的不安恐懼。因為，任何的教法當它被無常照見的時候，這些教法的引領者、開創者會用更大的法執去貪圖及鞏固他這個門派，這就造成更大的障礙。因為一般人他在系統教法裡面，他付出很大的有形無形的代價，他又要去面對無常苦難中生活的狀態，往往就會變成更大的一種承受與累積。

叩問於無常的，是對自己最大的精進，天地之中，我們在人性的無常中，成就所有的無限可能，無常也在叩問著我們如何去面對所有的生死因果，這就是面對無常的核心重點。

妙成無常，無常天成，觀自在報身果有因因。

妙成無常，無常天成，觀自在報身果有因果。

妙成無常，無常天成，觀自在報身因無因因。

妙成無常，無常天成，觀自在報身因無因果。

今天我們要表達一個事實就是——**無常就是佛的意志**，它絕對俱足所有我們多生累劫問題的重大反應。剩下來的就是我們的態度及我們的知見，怎麼去面對我們在無常中所反應出來的功課，關鍵就是在這裡。

有一個很深的奉告就是，所有的教法在無常存在存有的實相中必須全面性的放下，必須全面性的解除，不要再用自己所熟知的宗教系統或修法裡面的範圍去面對自己無常中的生活。任何的宗教系統、任何的法門、派別都只不過是無常中的滄海一粟。人類生命的「覺」才是本源，所以很清楚的，我們要在無常中升起「覺」，這個「覺」才是真正能窺得整個實相無常中所引領你的真實完整性的面對，你所有的問題才會被反應出來。但是如果你只能夠在某種教法中恢復某種覺，那是有限的，這個有限的狀態往往在面對更大的因果無常的時候，這個覺本身就很容易被覆蓋。

應之無常，無常主性，無常無量，空性無常，觀自在報身因非有因。

應之無常，無常主性，無常無量，空性無常，觀自在報身因非有果。

應之無常，無常主性，無常無量，空性無常，觀自在報身果非有因。

應之無常，無常主性，無常無量，空性無常，觀自在報身果非有果。

所以我們自己一定要放下所有的法執，不必過度強調任何次第系統宗教的教法，我們只形成在無常道場中重大的中道正法。你自己的肉身就是你在無常中最尊貴的道場，你自己的生活就是你日常生活中無常顯相最重要的觀自在。即身觀自在的肉身，即身緣起性空，無常的輪動就是已經俱足所有諸法所莊嚴成就不可思議的功德力之所在，無常已經俱足並反應所有人類永劫來的諸苦。所以我們成佛做主就從無常下手。

無常是我們自己顯相最關鍵的問題之反應。
無常是我們自己緣起性空解密解碼的行深。
無常是我們不思議的戒定慧，不落入無常的當下。
無常是我們無上的妙用，在觀自在的妙法中，無常是檢視我們的觀自在。
無常復興，當下復興，肉身復興，觀自在報身因空無因。
無常復興，當下復興，肉身復興，觀自在報身因空無果。
無常復興，當下復興，肉身復興，觀自在報身果空無因。
無常復興，當下復興，肉身復興，觀自在報身果空無果。

把自主的內涵變成是面對無常的厚度

生命的善護存在於生活中每一個銜接點，當生命卑微的時候，即使我們以一種深遠跟全然的態度面對自己的生命，但如果內在基礎不夠，當我們各自在做轉換的時候，過去的慣性就會紛飛到各自日常生活中的身口意裡面，就會產生一個轉換上的落差。

臨界點的轉識成智，界面無量，迴向無盡。

一種落差，無量轉換，轉化之中，靈魂交換。

身口意之內之外，在其中，不在其中，即身處一切處。

面對生命當下的覺受，在轉換當中是何等的孤獨淒清，一邊看穿人世，洞徹人世間無盡的苦難，一方面又了然自己尚有多少未能轉化的苦楚，一方面又要面對深遠生命最後的終極，這一切存在在自己每一刻當下的輾轉與難以預設的狀態下，到底這一生能解除多少？能解脫多少？周遭所有的關懷者和彼此磨合卻尚未圓滿的老父老母擔心的眼光，終究在心頭的點滴，在面對生命深層的評估中都成為生命的痛楚。

人情世故，獨孤無量，通透的透徹，不落入情境的關懷，層次非層次，覺受自主，無

預設任何的狀態。

無常慣性，多少時空照見的逆向，起承轉合，關係著不可說的傳承。密因之行，行在人為的習性中，行在人際的狀態中，承受與非承受，都在人當下放不放下取捨的自我判別中，決定在己，因果在自身，能不能自主在於不被攀緣的生活解脫的權利。

主世界無上覺輪動生命不承受，本質慧命深遠深層。

主世界無上覺輪動生命不承受，本質慧命迴向輪動。

主世界無上覺輪動生命不承受，本質慧命靈魂本體。

主世界無上覺輪動生命不承受，本質慧命當下時空。

每一個生命轉換的臨界點都代表著某一種沉淪或某一種提昇的可能性，自主的正法對一切夥伴最深遠的情義與善護裡面，觀照了每一個生命面對完之後轉身回歸到自己或苦難世界的每一個落差。面對生命苦難時不能夠只是依恃於正法重要的內涵，不能夠好奇於在面對生命過程中那互動的具體面。這些終究是關鍵，但正法會了然每一個生命重要夥伴回歸時的落差，終究，我們每一個人都要把這些內容內涵變成日常生活中面對無常苦難時真正的厚度，才是對自己生命最深遠的善護和誠意。

世代臨界點，人性不可說的深遠。

世代臨界點，人我不可分的界別。

世代臨界點，人人不思議的思維。

世代臨界點，人本不落入的自然。

這個落差的照見是正法對我們存在的每一個界面重要的善護，與自主之正法交會之後，真正重大的關鍵和厚度是在於，交會之後我們的生命不再被這一世代苦難世界的任何苦難所牽動，當這一點確定的時候，才是與自主之正法真正的交會，不再有任何不穩定的狀態。

照見的介面，一切生活的落差，都是與主性交會的提點，交會內在的主，相逢一切的主，世界有著各種世代苦難的結界，守候某一種時空世代生命覺醒的自主。之所以來臨，之所以確定時空必然的變革，所求為何，一種決心，萬有變現，一切自主。

無常逆向，原罪審視，肉身檢視，納入還原。

主之示現，天下收圓，生命萬靈，一念結界。

存有承載，無量無住，諸相本源，萬法皆空。

所以，生活中所有互動的全然納入，必須在自己存在的孤獨裡能夠養出自己就能夠轉換轉化的經驗值，只有在生活裡面培養出能完全轉換轉化的能量、能力、智慧、執行力與操盤力，運作在生活的每一刻，恢復到讓如來能在肉身上展現實力，甚至是全部，才能夠與主性之存在共同成為一個彼此等同等持的真正自主的生命。

自主之正法在肉身即身的當下，展現自主生命力於生活的一切處，自己的行深在主性的變現中全然輪動世間尊重的寶生之力，人的存有已是即身納入無量的存在，變化中有無窮之靈性，變動中有無盡之法緣。主性之存在連結生活所有，會通生命所在，自主無上之正法內容必圓成所有生活中等同正法自主的存在能量與磁場。

主正法寂滅變動變現變化存有，本然自然無上精義奧微。

主正法寂滅變動變現變化存有，本然自然無上精神不滅。

主正法寂滅變動變現變化存有，本然自然無上能量磁場。

主正法寂滅變動變現變化存有，本然自然無上宇宙萬有。

主實相本質密行眾生等同如來，眾生密存在層次境界。

主實相本質密行眾生等同如來，眾生密存在時代時空。

主實相本質密行眾生等同如來，眾生密存在觀念概念。

主實相本質密行眾生等同如來，眾生密存在一念之間。

人生不必在夢裡夢外，夢中的主也在我過去生中的當下，非夢中的一切，是意識型態投射的反思，有一種愁悵的悲情，是情境，更是生命的層次，夢觀照的都是我對自己無量功過的思念，曾經的自己，無不是的別人，給我答案的夢，夢中的主，讓我在夢裡解除慣性，醒來等同的覺醒，我一本初衷，還我本願，在我如來的生活，做自己來去觀自在的主。

無常的苦難即自主的正法

自主的正法是不可說的存在，自主的正法是一種重大空前的力量，自主的正法在無窮盡的無窮盡裡面存在著，守護著無邊無量存在的一切存在，自主的正法在未來的無窮盡也存在著自主正法的存在。

自主正法是不可說的，自主正法本身融在一切無邊無量生命的慣性裡面存在著，自主正法也存在於一切無邊無量苦難慣性想要試圖改變苦難本身的那個當下的一切改變的可能性裡面，自主正法也存在於一切解脫之後無邊無量眾生成佛之後，等同自主正法存在的那樣的一個存在。

改變的可能無不是正法的當下，一個永生的質變。
改變的可能無不是正法的當下，一種永世的生活。
改變的可能無不是正法的當下，一種永恆的態度。
改變的可能無不是正法的當下，沒有不能改變的本身。

當自主正法在解除一切苦難，當無量時空某一個臨界點的某一個世代的某一個時空的某一類別的眾生，不管他眾生的類別多複雜，苦難形式到怎樣的慣性狀態，都無礙於自主正法的存在。

而當那一世代無窮盡的苦難本身準備好了，準備做一個變革，改變其苦難形式的解脫過程當中，自主正法會以無邊無量、不可思議的狀態去示現，自主正法會以那個苦難的模式，以那個世代眾生的慣性來打破他的慣性，會以眾生所需要的、所熟悉的形式，直接或間接引動他改變的契機。

自主的正法也會以完全在苦難形式裡面任何設定的預設標準，超越他們所有無法預設的想像，直接無窮盡的摧毀，讓他們成為無窮盡流浪的碎片。

變革之道，直心本念，一語道破。

變革之道，不預設之無窮，中道太極，無極世尊。

變革之道，天下無為，正法無住，終極原點。

自主的正法是無邊無量苦難等同的存在，更是無邊無量等同存在的非等同存在。

正法非正法，自主的正法俱足無邊無量的妙法，自主的正法不是只有成就你無邊無量的解脫，自主正法也會以無邊無量的沉淪來成就你加速的解脫。自主正法以你的苦難、加倍的苦難深化你本身的苦難，當你承受不了你自身苦難的臨界點時，你就只有放棄你的苦難，放棄你的執著，放棄你自己設定的那一個框框的世界，放棄的本身等同另外一種剝離、出離的現象，一種契機，一種法緣。

無法放棄那妙法的存在，永恆的姿態，化作解脫的如來。你是你出離的另一個密因，我是我解脫另一種密行的如來。

法無一定法，謂之正法，法無無量法，法沒有任何可說的法，執著的一切也是正法的本身，苦難就是正法。法不在法，不落入法，觀法而無住於法，法之觀自在不二正法。

自主正法所示現的就是「吾將親臨，以汝存在之一切，解除汝所存在之當下。吾在其中亦不在其中，吾在其中，運作所有汝能變革的正法；吾不在其中，觀照、善護、守候、毀滅一切可能的契機，等待一切生命成熟之機，進入另外一種轉化進化的階段」。

自主的正法無所不在，所在之處皆在其中而不在其中，妙用其解，解無量，解一切本身的執著點。**自主的正法唯一的臨界點就是與一切苦難共存在**，你的苦難到哪裡，自主的正法永遠在苦難最深的地方守候著你。

肉身自主密肉身解共苦難之存有，肉身之義，妙行修行之密因，密肉身輪脈自主正法於生活之親臨，解苦當下，變革身口意，不二正法，主肉身一切淨化轉化，即身成佛，於生活本身。

自主正法的存在為非一切存在可以評估的存在，自主的正法本身無法用既存的苦難去設定、評估、思議，只有放下所有的慣性、所有的思維、所有那個世代時空任何生命形式裡面既存的自以為是的價值與文明。放下的當下，就是自主正法的乍現。

文明的不思議，在一生的自問當中，走上極樂世界的淨土。妙用的本身，任何存有的條件，都是正法供養必然的相應。

當苦難本身並沒有要改變的時候，自主的正法不會有任何的強求，當一切苦難世代的變革來臨的時候，就是自主的正法彰顯的時候。但是，在永生永世的重大空前的如來意志裡面，也有特殊的狀況，那就是，苦難本身不必等待苦難，當重大臨界點來臨，自主正法的願力一切入，就會變現共同苦難的生命形式，引動出一個重大超越的文明，這也是自主正法的變現。

正法無邊無量在於不可說的入諸國土，「吾之親臨，吾令其變革變動成無上的可能性，吾解除某一種必然的情境，解除某世代必然的苦難」。

其生其滅，皆不可思議，緣起之初，本於自主正法之初衷，苦難之存在，苦難本身就是重大密因的示現，**苦難非苦難，苦難就是所有無邊無量不圓滿的狀態，透過苦難本身的意志所變現出來的可能性**，苦難的變動，不是在苦難裡面的眾生在苦難當下的執著點可以判別的啊！

苦難非苦難，苦難就是所有無邊無量不圓滿的狀態，透過苦難本身的意志所變現出來

的可能性，密主親臨的初衷。

苦難非苦難，苦難就是所有無邊無量不圓滿的狀態，透過苦難本身的意志所變現出來的可能性，密主親臨的納入。

苦難非苦難，苦難就是所有無邊無量不圓滿的狀態，透過苦難本身的意志所變現出來的可能性，密主親臨的佈施。

苦難非苦難，苦難就是所有無邊無量不圓滿的狀態，透過苦難本身的意志所變現出來的可能性，密主親臨的意志。

所以，當眾生在自己苦難的臨界點裡面，他不想要改變，或者他認為的改變是以他苦難的生滅、苦難的節奏來決定，就像一個人關在他自己習慣的世界、習慣的家庭裡面，但是，外面世界的變動是不一樣的，所以很多的家庭會因大環境的牽動而變革，跟他自己家裡面所以為要變革的節奏是不一樣的。就像兩性關係，我一個人，我要變動，我有著我習慣的節奏，但成為一對戀人，成就一對彼此相愛的狀態時，彼此就要互相的牽動，互相變動，那個速度是加速的。

苦難的設定，是主性意志的運作，苦難照見所有尚未圓滿的覺受，苦難在宇宙的輪動中，把虛空境裡尚有的輪迴元素，全部引動成成佛的畏因，苦難是所有生命成佛必然的納入，苦難的功德，是苦難本身俱足震盪出存在宇宙無盡最深的問題，苦難即如來在密妙法

運作等同正法的不可說之示現。

無量的生滅，無量的類別，無量的情牽，無量的情境，無量的變革，無量的引動，無量的進化，所有的牽動不等同於進化，也有可能是無邊無量沉淪的退化。但是，以中道中觀來看，所有的遞增與遞減若沒有以「覺」當做基礎，一切等同於沉淪的執著。

所以「覺」的世界就是正法親臨重大的機會，「覺」的世界是一切苦難通通要解除的重大的真正的承諾與唯一的事實，正法以「覺」入諸國土，令其一切苦難的生命體全面走向覺醒的道路。

所覺的機會，無量情境進化出無窮盡的轉化，所覺的觀照，沉澱出不等同的智慧，正法以覺入一切處，我即是覺的本身，覺中道之正道，覺平凡之太極，覺有情之無關，覺無所，覺空性，即本覺之圓覺。

所以，變革的時間空間、變革的內容、變革節奏的快慢不是苦難的執著的人事物或他自己時空裡面可以去設定的，「我在苦難裡面，設定我要改變或我要解脫的機會與速度」，這是沒有智慧的自以為是。

當自主正法的力量變革親臨的當下，很多世代的生命，在他苦難執著的世界裡，他知道要改變，但是他自己只能夠按照他原有的基礎去改變，當正法的切入點超越他的改變之時，他以為他沒有自主性了，這樣的認知是讓自己讓整個世代走上沒有機會的重大無知——用苦難來預設自身的自主。

生命全體覺醒的國度是無上法緣質變的節奏，說法世代的妙法。

生命全體覺醒的國度是無上法緣質變的節奏，說法當代的行法。

生命全體覺醒的國度是無上法緣質變的節奏，說法人性的用法。

生命全體覺醒的國度是無上法緣質變的節奏，說法個性的方法。

所以，當自主正法提升這樣的世代眾生到一段時間的時候，某一些眾生又自以為是：「自主的正法把我拉到這個樣子，我都要聽正法的嗎？」他忘了，「自主正法的節奏超乎我的想像」的那種認知與知見，顯示出他沒有任何感恩的心，沒有任何沉澱跟反省的能力。正法提升他，已經成為理所當然，當正法拉他到一個臨界點的時候，他又用自己尚存苦難知見的自以為是的自主認為：「自主正法的節奏快速，面對正法，自己比較沒有自主性」。

感念的時空，是無法忘懷的初衷。

感應的虛空，是宇宙必然的情懷。

感召的歲月，是人性成佛的磁場。

正法的時空，自主的正法在你面前的變現，正法的力量真的超前了嗎？還是你本身被拉的狀態更是在落後的當下？只因為過去的苦難累積太重。

正法是無常，自主的正法對世界的尊重等同生命的意志，正法尊重你，你就按照你自己的節奏繼續走吧，自主的正法等同於無邊無量的情境，放棄了你也是很正常的，就像你可以覺得正法是不可思議的前進。在人的世界，無常也是正法，捨與被捨是在於自己面對生命的態度所決定的。人要無量的輪迴，本來就是自己的選擇，這也是會被尊重的，無常不就是這樣的狀態嗎？

眾生的苦難是在相對性裡面，一個可以解苦的自主正法力量，不管它是什麼，它本來就不存在在你自己的苦難世界所能夠預設的範圍內，如果它能被你預設，那麼，它不就等同於你的苦難了嗎？怎麼有能力去拉你變革呢？或示現一個不同的機會，走上更自主的一種磁場與能量呢？

當你放下所有的苦難，才能夠真正感受自主正法的存在，正法不必是什麼，它就是存在著，因為它本身不受制於你任何苦難的預設。

而你自己被正法解除了某一些困厄的同時，竟以解除之後自以為是的某些自主的基本空間，一方面認為自己有跟不上自主正法的落差，另一方面又畏懼自主的正法成為另一種可能控制你的力量。如果你自己能夠將自己從苦難中拉拔出來，就不必等正法把你引動成一個重大示現的自主狀態，而沒有意會到自己本身還在相對性的世界裡面，自以為是的理解自主。

密正法自性主覺時空虛空不二示現，自主第一義不動不二。

密正法自性主覺時空虛空不二示現，自主第一義如來如一。

密正法自性主覺時空虛空不二示現，自主第一義如一當下。

密正法自性主覺時空虛空不二示現，自主第一義如來如一。

相對性就是通往不自主的路，只有無分別，只有解除相對性，才能夠通往更大的視野、更大的時空、更大的存在、更大的永恆、更大的不可說。

這是很多有機會被正法整個提升上去到基本自主狀態的人所要非常注意的地方，正法會提升某些夥伴是因為要回應某一些世代的眾生與諸苦，重要的領眾者要有這樣子的意會。當嘗試著要走上一個更大可能性的路，解除那一個時空裡面世代眾生的苦難，先要有無邊無量感恩的心，自己解除了某一些苦難，但要深刻的沉澱出自己尚有哪一些是不能自主的，更要深刻的無邊無量的禮敬與感念讓你能夠走上自主的正法，而只有剩下的最後一念：「我如何等同自主的存在，走上自主的路？」你納入正法的一切變現都來不及了，怎還會畏懼正法呢？

主的路是我空性的一念。

主的路是我納入的唯一。

主的路是我供養的當下。

主的路是無路的行路。

主的路是我原罪的正法。

主的路我不必再有任何多餘的想法。

當你本身還沒有辦法完全自主的當下，是不是正法也會提點你，示現出下一步驟更大自主的時空與節奏呢？不要把正法重大的善意、智慧、示現，讓你感受下一步更重大時空與內涵的當下，你竟以自己本身的受制與慣性，以為正法提前要你怎麼樣。

走上完全自主之路只有唯一的一念，自己本身還有哪些沒有辦法等同正法存在的慣性與苦難，是自我唯一的檢視標準，其他不必存在。

如此，無量世代、無量存在、無量苦難才能得自主正法之妙法，而成為自主的時空，而成就一切當世共主的生活。

唯一的檢視，無不是苦難當下反應的時空，自主於人性的慣性中，唯一的成就，無不是生活自性生命的轉識成智，彼此的共振，在存有的本身，成就肉身如來的密身，共世代於共一念之寶生，佛說而說一切眾生正法自主的功德，入當世今生所有眾人自性自主空行佛首清明清淨的圓滿生活。

在無常中顯相主性

何謂主性的顯相？存在無量的一切都是主性的顯相。主性的顯相就是正法的中道、中道的正法，所有無量生命的形式都是主性的顯相，所有無量存在的形式都是主性的顯相，所有無量的無形都是主性的顯相，所有生命的既存狀態、轉化狀態、圓滿狀態都是主性的顯相，所有無邊無量的、非無邊無量的存在都是主性的顯相，人類存在的一切亦都是主性的顯相。

顯相在諸相，顯什麼相？「顯」就是照見，所照見的一切狀態就是一切主性的顯相。主性在非主性的狀態顯相，非主性狀態的顯相就是不能自主的狀態全部照見、全部轉化。所以，無邊無量的一切生命在封住的結界裡面永劫輪迴，永劫沒有辦法改變的業力、因果、生死都是主性的顯相；照見存在本身諸苦難的狀態，照見的當下也都是主性的顯相；而當生命想要恢復生命自主的初衷、本義、本願，所轉化出來一切無邊無量的功德力、無邊無量的法緣、外緣、因緣、與修法都是主性的顯相。

顯於諸相，顯用萬有，顯之智，顯畏因之照見。

顯之法緣，顯之不可說，顯密一念之無邊無量。

顯之宇宙，虛空之盡，顯之一切，以輪迴示現照見。

主性顯相於眾生平常之行路。

主性顯相於平凡神聖之不二。

主性顯相於密行修行之示現。

如來在一切處顯相，主性在一切如來處顯相，主性在一切眾生處顯相，無量的情境都是主性的顯相，存在的所有諸相與其所對應出來的、在生活上的一切情境都是主性示現的皈依境，所有的存在在通往回歸的過程當中，歸於無邊無量終極的原點都是主性的顯相。

主性在所有生命於生生滅滅不穩定的狀態中，令其在他生活當中呈現出所需要轉化與放下的部分，是主性的顯相；存在於宇宙星球的任何道場，在無邊無量生命的衡量裡面，與每一個生命傷神的部分，都是主性的顯相；所有衡量與傷神所照見到的不圓滿，亦都是主性的顯相。

主顯密功德密顯諸佛世界，顯相一切知苦妙用。

主顯密功德密顯諸佛世界，顯相一切知苦轉化。

主顯密功德密顯諸佛世界，顯相一切知苦無為。

主顯密功德密顯諸佛世界，顯相一切知苦不二。

所有的生命形式所存在的道場，其道理，其場合，是主性的顯相；生命自己本身的不安恐懼也是主性的顯相；當一切生命在轉化進化的過程中，進展到人類肉身的存在能夠達到世尊的境界，也都是主性的顯相。

人類最大的機會或無量生命最後的機會，是他本身先要能夠顯露出他的不圓滿與不安恐懼，生活上的一切不安恐懼為的是要真正顯相出一切生命能不能自主的關鍵與機會點，因為生命不能自主，所以才要在生活中顯相出他不能自主的一切狀態。

但是，他由怎樣的生命形式來顯相他自己？這裡面確定的一切都是主性的意志、主性的存在，一切如來等同於主性來到無量世界顯相一切，讓無量眾生、無量生命在他生活的道場中，面對他自身所有不圓滿的逆向考驗，反應出他不能自主的部分，為的是讓一切生命終將能夠達到圓滿的確定。

不安本義，如來存在之最後法緣。

一念之機，顯相無預設之所有狀態。

宇宙之能，本能本有諸相相應密行諸佛。

在生活中的一切都是主性的顯相，包括不能自主的部分顯相，如何通往自主的部分顯相，真正能自主的部分顯相。因此，諸相的本身就是主真正的大顯大用，顯一切如來義，顯一切主意，顯一切處，遍一切處。

生命的實相，主性的存在，不可思議的密功德，在無量層次裡面，主性真正顯相的開始就是收圓的啟動，收掉所有不能自主的部分，示現真正能自主的經典之作，示現能自主的重大內涵。

開演真實法界密顯如來本處，我佛示現一切。
開演真實法界密顯如來本處，我佛慈悲為懷。
開演真實法界密顯如來本處，我佛感應相應。
開演真實法界密顯如來本處，我佛等同等持。

主性因何存在？因何不必存在？在密行的當下，一切非自主的密功德力皆以自主的一切世間尊重，得以令所有的眾生按照其因緣果報，逐步在不自主的生死輪迴裡面的生活行徑中，輪動出他通往自主的生活態度。

修行本身就是一種不自主的狀態，得以修正而行往自主的通路，在這個經驗值裡面，一切都是主性的意志，原罪是主性，非原罪是主性，洗淨原罪是主性，一切的國度是主性，國度裡面的渡化是主性。

主國度之一切以自主之正法渡化一切慣性之苦難，慣性是主性的彰顯，所要彰顯出的轉化是在於國度的渡化裡面界別了無邊無量的苦難，國度的渡化，一國之修行，一國之普渡，一念一國，一國無量原罪於一念之當下，罪之非罪，會通所有意志之本念，苦難類別之分別，入諸國度，輪迴洗淨之救贖，輪動國度淨化成就之淨土。

生命是主，存在是主，宇宙是主，虛空藏是主，我們表達的主不是一個既定的形式或某一個範圍的存在價值，主本身的存在是不可說、不可思議的。

無量終極原點密主之無上功德力，生命尊重，主世尊，主志業，主大威德力。

主一切相應的解碼，主一切生命的安住，主所有世間妙法無上正等正覺的自然大道。

主回應世間尊重的志業，於內外不二中道世間尊重的總體法界體性智慧。

主生生不息在本願的功德力當中供養無量生命，在生命本身的密行有著不可思議的生生不息之如來本義。

如來之本願為主之所在，如來入一切處，如來遍一切處，等同主之存在，如來本願是主之初衷，眾生存在所在之本義皆不生不滅於其安住的覺所覺空，覺一切處，如來眾生不二共主，如來主，主眾生，如來願，眾生念，主入眾生一切處，如來主示現無量眾生共願當下處，主以如來密行，顯相無量眾生共如來共自主。

如來處，覺所有本然如來顯化之諸相。

究竟處，觀中道本願空性功德萬有之諸相。

清淨處，修世尊本有自性因果虛空之諸相。

圓滿處，圓如來不動空性了義淨土之顯化。

一切當下放下的供養就是如來本身彰顯的狀態，如來的密藏就是主性所有存在功德力的重大內涵之所在。所有無量生命要自主的關鍵，應得其如來根本重大皈依境上的善逝寶生，善逝無量苦難，成自己的主，寶生無量佛果，成就自己本身主的定位。

生命就是生活，生活就是生命，國度裡的功德，轉化無量生命的慣性，這一切大用的密行有等同等持不二的功德，共不同的存在就是共主性的必然、自主的共同。顯相自主，諸相等同主性如來的顯化，無不是為了識性慣性的轉化。主性顯相，顯化於諸相中，生命生活無不是自主正法內涵示現的功德顯相，早在世界的存有中遍一切處。

密國度如來生命眾生生活共不同共自主，主國度功德轉化。

密國度如來生命眾生生活共不同共自主，主國度功德示現。

密國度如來生命眾生生活共不同共自主，主國度功德不動。

密國度如來生命眾生生活共不同共自主，主國度功德大用。

我們必須共同面對一切不等同的苦難形式，界別出一種不受干擾的當下放下的重大宏觀，當觀照所有生命的同時，等同觀照自己不能自主的部分。自身的放下也是為無量眾生必然的善逝，一人放下的示現，等同令一切無量生命放下之後的自主。

放下之密行，一切形式皆顯相，放下之善巧，無量無形皆觀自在，放下之慈悲，當下之智慧，界別無所，無量分別，無所等同，無住等持。

放下的本身就是主性如來法界重大不生不滅的功德力，放下即一切善逝之緣起，空性之主，如來之本，眾生之畏因，在生活中的世間尊重，就是解脫成自己自然自主的空性之主，於一切生活中存在著。

不滅之顯，萬有之生。

非生之滅，萬生萬有。

不生不滅，開萬世太平之功。

生滅寂滅，演太極平凡之聖。

寂滅顯相，成無極平常之智。

空有雙融，圓原點永世之愛。

主性的親臨不在一切眾生的預設，更在一切眾生存在的事實，主性的親臨、主性的來臨就是一切自身本位的來臨，是一切功德不可思議的來臨。主性的親臨為不可思議的狀態，**放下慣性為所有眾生親證主之親臨的唯一方向，放下也是得到救贖的最後機會**，在每一個眾生行進的當中，當下放下為唯一原罪的洗滌。

所有的安住是無條件的，所有的恢復是無預設的，生命恢復唯一的企求就是所有相對性的放下與解除。

所有慣性的用法都等同主性親臨的變現，主性的示現也必當等同。無量劫來，人類自身慣性的殘酷，加諸在無量的弱勢生命上，若人類果真沒有辦法讓放下慣性成為自身唯一的救贖，無法在日常生活中成就他的自主，仍不斷遞增慣性，那麼，主性的威德、主性的存在必終將以一切行法、一切妙用，把掠奪者變成被掠奪者，無邊無量地加倍，以人類強勢掠奪的慣性行徑讓人類承受當初萬有被掠奪的痛苦，感同身受，無量地承受，一直到原罪的清淨，意識到主性的來臨。

主顯相萬德萬有萬聖萬靈之功，主顯一切不可說平安平凡。

主顯相萬德萬有萬聖萬靈之功，主顯一切不可說永世清淨。

主顯相萬德萬有萬聖萬靈之功，主顯一切不可說永恆一念。

主顯相萬德萬有萬聖萬靈之功，主顯一切不可說念念主位。

主顯相萬德萬有萬聖萬靈之功，主顯一切不可說歸主所有。

主顯相萬德萬有萬聖萬靈之功，主顯一切不可說主之存有。

毀滅非毀滅，原罪非原罪，慣性非慣性，自主的正法將以人類的慣性成就他自己的主，以慣性摧毀慣性也是主性的妙用，因為眾生就是主，眾生就是主的親臨，眾生照見自身的不自主以彰顯出可以自主的部分，在以不自主彰顯自主的共同狀態裡面，讓慣性的不能自主、苦難的不能自主彰顯生命圓滿的自主，令這兩種狀態共主，成為萬民之主，於日常生活中。

主性的親臨無法預設，在放下之外未能放下的部分，自有妙法對應，無量的不能自主終將成自己的主，這是自主正法的承諾，在平凡的歲月中成就空前不平凡的自主示現，於日常生活中。

主人類正法親臨國度本妙本覺皈依境，生之智主無上。

主人類正法親臨國度本妙本覺皈依境，滅之義主無上。

主人類正法親臨國度本妙本覺皈依境，觀自在主無上。

主人類正法親臨國度本妙本覺皈依境，不思議主無上。

主人類正法親臨國度本妙本覺皈依境，即身佛主無上。

主人類正法親臨國度本妙本覺皈依境，究竟處主無上。

主之顯相，於不可說之盡處，主之顯能，於不思議之傳承，主顯化在於眾生解苦解難解諸有情之當下，主親臨即顯相之開始，所親臨的顯相，是正法內容於苦難世界顯現的開始，眾人所臨受的恩典，即是主顯相萬有功德入一切諸國土自主無上的空性磁場。

自主入一切世代的無常

這個世代人類最大的問題是在於，所有一切的如來性都已經完全被覆蓋，任何體系全面性地失敗，只剩下人類不安恐懼下的掠奪性格與模式。所以，現在最重要的就是當不斷地收圓到無盡的時候，我們要對於世間地球的眾生有一個重大的確定與保證，在生活中，他如來的寶藏能夠生生不息的恢復。

入世本身即是入空性，以空性入世，就是以空性吸納一切被覆蓋的部分，把它解除掉。在解除的過程裡面，無量生命的如來性被覆蓋的部分，都能夠照見到，而且也願意承諾用重大的莊嚴力道去解除掉，來讓自己在入世的同時也是恢復的過程。

入世無量世，入世無量法遍一切。
入世無量世，入世無盡義遍一切。
入世無量世，入世無染智遍一切。
入世無量世，入世無所住遍一切。
入世無量世，入世不二行遍一切。

入世無量世，入世世尊慈遍一切。

今天，無量的生命已經在地球全面性的被覆蓋，這是入世的代價，現在人類的生活就是無量劫來以他們無量的不圓滿，所交織而成的一個無量層次的共同架構，那叫共業，無邊無量在宇宙存在無量劫的共業，都在地球上交織而成。

地球本身就是空性，是空前絕後存在的空性的星球，所有的生命在此能夠完全被照見他無量劫的不圓滿。地球是主性的意志、主性的一念所形成的解除之所在，解除無量劫來無量苦難在生活中存在的覆蓋。

所以這一個世代的重大示現就是在生活中因「當來下生」的磁場與能量，獲得照見，獲得觀照，獲得解除，獲得如來恢復的重大機會。當來的不預設，放下的才算數，放下究竟等同入世的無常，解除解脫等持出世的智慧，無常入世，恆常出世，無常當來，放下出世，示現恆常，出世入世，共同共等同，因此，入世就是出世，入世就是入空性，空性就是入世。

當來之智，當下之義，入世本然，空性等同，等持人世，了義無常，圓滿即不圓滿，不自主即自主，最後無量世，最初無量劫，當來下生之不思議，不預設之當來下生，入世出世，自主無上，自性一念，空性空前絕後，無量劫入世，無量劫出世，空性等同等持。

入世之智，仁慈之志，人世無常，空性有義，入世之不可預設之知苦照見，出世出離

無量苦難之覺受，當來一切苦難，放下善逝無生寶生之佛果，入世之無量世代，生命自主無盡之出世，出世入世等同等持，入世無常到哪裡，解除苦難到哪裡，中道不二，世尊本智，無有一切，虛空密藏，共同共主莊嚴實相。

入世入一切諸國土，空性之入世代無邊無量。

入世入一切諸國土，當下之入世代不生不滅。

入世入一切諸國土，根本之入世代生生不息。

入世入一切諸國土，自性之入世代共願共主。

今天有無量的靈魂體透過肉身誕生在地球上，就是為了他的一切不圓滿能夠在地球主性意志的磁場裡面通通被照見。照見的過程中，所反應出來的表象上的覆蓋，也是為了等候主性的來臨以空性解除掉。這時候，共願的夥伴要示現的就是自己要有寶生如來的能量與能力。即身靈魂體佛成，共肉身即身成佛，共願的大能，共功德的地球示現，佛寶生肉身的成就是宇宙終極意志，是無量靈魂體眷屬的本願，在無量的連結中共夥伴、共眷屬。

這一切的寶生訴求如果都被覆蓋而沒有恢復，又如何能保證他的眷屬、夥伴、他自己無量劫來被攀緣的那些法緣能夠解除掉呢？因此，共願的夥伴自己要能清楚明確的示範，這就是共願共振共圓滿的中道正法力量。

密正法入世不可說，入正法密示現無上義。

密正法入世不可說，入生命密不動如如不動。

密正法入世不可說，入生活密世代供養自主。

密正法入世不可說，入一切密如來不可思議。

我們在入世的當下，就是要活出生生不息的如來密藏，而且要清楚的示範給全人類看，讓每一個人獲得他在日常生活中應有的解脫權，讓他自己懂得養他自己的本源，養他自己一切的存在狀態，讓他懂得他本身的存在能夠因如來性的恢復，而尊重他自己永不被覆蓋的最後機會。這就是我們共願的重大本義，與對一切眾生在背負無明的時候所做的承諾，這是我們本身應該做的事情。

共願的夥伴沒有一個人能退轉，他只有完成，沒有第二條路可以走，這是所有共願對共生死、共存亡、共苦難、共輪迴的無量眾生重大的承諾。

所以，這就是為什麼以寶生如來切進整個入世的重大關鍵，寶生方能確保傳承上的示現，自主之路無不是當來下生之共世尊，結界皈依，生命的尊貴緣起於無量機會，諸佛共加持的自性自主示現在共同傳承的一切經驗中，解除覆蓋，解放無明，諸佛親臨，寶生所有生靈的回歸之路，就是——如來降臨一切苦難之處，寶生所有生命的慈悲誕生。一切生命等同於生命的寶貝，你必須讓他有最後的機會，所有的生命在如來的善護加持下，能夠確保他生生不息的可能性。

對眾生來講是艱辛的面對過程，因為眾生習慣於用一種毀滅性的心態把彼此滅掉，但那種心態是相對性的、掠奪性的，毀滅等同於沒有解決任何的問題，因為得要重新輪迴再來。

寶生入世，不墮輪迴。

入一切慣性，生生不息一切如來心性。

毀滅的相對，非毀滅的絕對。

永生的寂滅，永世的極樂。

空性滅非滅一切不可說之狀態，存在之當下，必然之永恆。

地球的時空會快速的輪轉，讓很多的生命體不斷地在短時間內、不斷地輪迴他在無量劫未解除的狀態，在生活的某一個點裡面不斷的重複那個痛苦。所以，對於眾生的無能為力，我們要有非常清楚的認知與瞭解，我們在運作的智慧當中，要能夠建立愈來愈不辛苦、愈來愈不消耗的基礎。

就是因為我們有空性的基礎，讓我們懂得在覆蓋的部分又能夠生生不息，不受制於覆蓋，把覆蓋轉化掉。覆蓋本身就是空性的示現，把這樣子轉化解除的功德、內涵、存在的一切全然的交還給所有苦難眾生存在的身口意，因為我們有等同的肉身，我們就確定我們有等同存在的可能機會與法緣。

密肉身身口意入世，入苦難解宇宙之盡。
密肉身身口意入世，入慣性解究竟之因。
密肉身身口意入世，入永恆解如來之密。
密肉身身口意入世，入當下解永生之智。

當我們有人示範寶生如來於生活上一切的時候，當生活上的來來去去都成為一種恢復的重大契機的時候，也讓所有眾生解脫的權利，正式地成為他生活上的必需品，自然自主地讓他有一個基本的生命解脫權利，必然地對自己、對別人、對一切存在的任何生命形態都存在著世間尊重，而且示現給不能自主的無量苦難生命，而讓無量存在有共莊嚴的圓滿。

所以，我們一定要在生活中保證一切生命的自主性與如來的恢復，把這個權利還原示現給一切苦難的生命，讓他懂得自己的存在就是如來本身等同的存在，在日常生活中生生不息，成為他生活上自然的事實。

入生活之無窮，入自性之莊嚴神聖。
入生活之無窮，入肉身之解因解碼。
入生活之無窮，入功德之存在存有。
入生活之無窮，入因果之非因非果。

入生活之無窮，入情境之非男非女。

入生活之無窮，入生命之本然俱足。

因果入世，非因非果出世，人性入世，觀自在出世，苦難入世，畏因出世，無量生死入世，一切世代輪動，無盡眾生入世，解碼密行本然自主之自性，因果入宇宙本然之一切，生命恢復之等同非等同。

空性太極，圓滿圓收，窮盡虛空碎片於非時空之時空當下，如來一念，無量大千世界，佛運作密因，無上結界，圓成終極，實相自主。

從無常苦難中生起自我質變的革命

我們要表達一個關鍵性的涵義，就是無常苦難中升起一切自我質變的革命。無常苦難有它終極的目的，當所有的生命覺得苦的時候，他一定有很深的難處，這個很深的難處是累積下來的。所以重點是革命本身的用意，不是單純解除已經累積的苦難，而是我們今天要解除這個相對性，因為有相對性，所以在很多的傳承上它就是一種累積性的狀態。重點是要標示在這裡，這是一個本質性的清楚。

處在相對性的狀態裡面，一定是會累積的，但是大部分的生命都是活在相對性裡面，而他們不知道自己是一種會累積的狀態，重點在這裡。累積久了，就沒有了動力，就不會想改變；當不想改變的時候，就只會鞏固這個平安的表象而已，那就是苦的本身。那個「難」就是他們累積了太多不必要的狀態，和太多自己沒有意會到的狀態，這就是最深的苦。

無常的當下其實是最深刻的機會，我們要懂其中的根本，在無常中得主性的傳承，這一切的改變，就是以無常引動所有宇宙的輪動。

照見不空苦難解因解碼，大慈大悲初衷終極，觀自在報身因因果。

照見不空苦難解因解碼，大慈大悲初衷終極，觀自在報身因果因。

照見不空苦難解因解碼，大慈大悲初衷終極，觀自在報身因有因。

照見不空苦難解因解碼，大慈大悲初衷終極，觀自在報身因有果。

所以，重點是在於我們失去了意會的能力，我們失去了等同性，因為人類只有相對性，沒有等同性。當我們本身有絕對的等同性的時候，我們就會知道有哪些累積點，及各種不同層次累積的輕重，那麼，我們在第一個時間點就可以解除掉。這種解除的能力是我們要能夠主動升起的，解除的過程我們稱之為革命，這就是革命的本質。但是，如果我們今天沒有覺察的能力，失去了意會深廣的能力，一直都活在一種累積的狀態下的時候，我們是革命不起來的，因為我們不會覺得那是一個問題。然而，不會覺得那是一個問題才是真正的大問題。

本心之意會內涵，應往實相之處互動，觀自在報身因無因。

本心之意會內涵，應往實相之處互動，觀自在報身因無果。

本心之意會內涵，應往實相之處互動，觀自在報身因因因。

本心之意會內涵，應往實相之處互動，觀自在報身因果果。

所以整個人類很難改變的原因就是在於，因為他不覺得那是一個問題，他根本不會想改變；不會想改變，就什麼都動不了；到最後就只有等著被因果打到。真的只能在那邊等因果打到的這種生命體，他是等著被寂滅的，沒有什麼改變的能力，通常，這種人也沒有能力去做出任何的革命。我們講的革命是在於，我們本身不是等到無常苦難發生的時候才去面對這樣的一個改變，而是在面臨相對性的一個重大牽動的時候，我們都是在進行重大的革命，重點是在這裡。這是大部分的人沒有辦法這樣去生活的狀態。

面對無常，沒有生命能停下腳步。

面對無常，不管你要不要前進，不要讓自己變成一種無常的累積。

面對無常，一切都是機會，得智的機會，恢復主性主體的機會。

廣志世代革命傳承第一義起義，開演，觀自在報身果因果。

廣志世代革命傳承第一義起義，開演，觀自在報身果果因。

廣志世代革命傳承第一義起義，開演，觀自在報身果是因。

廣志世代革命傳承第一義起義，開演，觀自在報身果是果。

如果今天一個生命，他在日常生活之中，他是優質的，這個優質本身是本質性的狀態，他是非常優秀的，這個本質性的狀態是不會允許識性存在的。所以就是，當你不斷去進行主動性的革命，不斷的放下相對性的時候，你所改造的工程，最大的收穫就是恢復本質性的一切。本質性不會有任何多餘的用力動作，只要沒有用力動作，就不會有任何累積的苦，因為用力就是相對軌跡存在在那邊，所以你會有用力的感覺。而你會覺得有用力的感覺，就是為了要把用力的累積革命掉的狀態。想要去革命那個用力的相對性，就是本質本身存在的方向。

跳脫一切辛苦用力之處，觀自在報身因果有因。

跳脫一切辛苦用力之處，觀自在報身因果有果。

跳脫一切辛苦用力之處，觀自在報身因果是因。

跳脫一切辛苦用力之處，觀自在報身因果是果。

所以本質的存在會對相對性的辛苦產生重大的畏因，這個很清楚。為什麼有時候我們在很多的對待軌跡裡面會覺得有點辛苦、很辛苦、或幾乎無法承受的辛苦時，各種不同的身口意就都會反應出來？那是因為我們生命有一個本質，這個本質有「覺」的功能，當產生不舒服的狀態，是因為你的身口意違背了本質。但是人類不知道，目前人類沒有辦法進化到以本質生活的狀態，因為我們的方向錯誤，這就是我們要革命的地方。但是，革命不是等到了累積這麼重之後，才產生一個革命去把這些累積狀態解除，這樣的革命是有限的。

無常是讓我們解除最重要的開始，很多事情，我們累積了，無常的輪動成就了我們所有的出離，無常的密行本就是主性傳承的密碼。

法緣引動的不可思議之覺，畏因，觀自在報身因果實因。

法緣引動的不可思議之覺，畏因，觀自在報身因果實果。

法緣引動的不可思議之覺，畏因，觀自在報身因果無因。

法緣引動的不可思議之覺，畏因，觀自在報身因果無果。

我們所講的是主性的革命、世尊的革命、覺的革命、圓滿的革命、解脫的革命、中道的革命，這樣的革命表達的很清楚，就是你一定要不斷的深化到一個真正的關鍵，轉識成智到一個功德力就是——我的身口意完完全全都是本質化的狀態，我的戒定慧都是自發性的，我的一切密藏都是自發性的，我的一切狀態的引動都是自發性的本質狀態。這就是佛的狀態、如來的狀態，這是整個革命重大的根本。**我們自我質變革命的目的是要恢復到所有人都是本質性的自主狀態**。有本質才有自主性可談，沒有本質是沒有用的，這是事實。

對外的革命等同對內的革新，大自在，觀自在報身因是因果。

對外的革命等同對內的革新，大自在，觀自在報身果是因果。

對外的革命等同對內的革新，大自在，觀自在報身因非因果。

對外的革命等同對內的革新，大自在，觀自在報身果非因果。

今天對大部分人來講，都是活在相對性的識性狀態裡面，當他不認為苦是苦的時候，你跟他傳達任何生命本質性的智慧內涵，他是聽不懂的，這就是為什麼轉識成智的過程對人類是何等重要的原因。為什麼因果的妙用，它會有各種不同的層次、各種不同的狀態去打在那些還活在識性不知苦的人的身上？這就是所謂生活中的因緣果報。當你被引動出來的因緣果報打到的時候，就要意會到你這個生命體必須進行改造，你必須調整生活，你必須調整人際關係，你必須調整很多的知見，你必須調整你的身口意，你必須調整你的飲食，然後，你就會在不斷地調整你內外在的一切形式和不斷遞減相對性識性的過程裡面不斷地放下。當你能夠愈來愈熟悉這種遞減相對性識性過程的時候，你就比較能夠意會到本質性的方向。這時候，你生命的層層改革就會湧動上來。

無常具備無邊無量的層次，無常是我們的另一種生命改造的生活道場，肉身的無常，廣大的無常，我們自己在無常中成就本然俱足的實相。

無為者的革命，變化行深，觀自在報身因在因果。

無為者的革命，變化行深，觀自在報身果在因果。

無為者的革命，變化行深，觀自在報身因無因果。

無為者的革命，變化行深，觀自在報身果無因果。

即身的革命是最重要的，不從自己改革起的話是沒有用的。人類大部分的改革都是相對性的，都是在改革別人。我們在這個世代的改革是自主性的改革，就是自主的臨在，就是你自己在日常生活中解除因果重大的自我質變的改造，讓自主性完全恢復臨在在你的日常生活當中。這是必須完全建立在自己本身世間尊重的日常生活之中，這才是第一義的法流、第一義的功德力、第一義的革命。

所以，我們要革掉自己慣性的命，革掉自己識性的命，革掉所有一切相對性的命。我們自己要非常清楚，自我質變的革命並不是落入相對性的革命，反而一定是要解除所有的相對性，這才是真正革命的第一義。

緣起當下，革命法流，即身莊嚴，觀自在報身空因空果。

緣起當下，革命法流，即身莊嚴，觀自在報身空果空因。

緣起當下，革命法流，即身莊嚴，觀自在報身空因非果。

緣起當下，革命法流，即身莊嚴，觀自在報身空果非因。

所以，恢復生命的本質性是革命的所在，恢復所有的自主性是革命的根本，恢復所有世間尊重的重大狀態就是革命的啟程。當我們能夠確定這個狀態的時候，我們就會很清楚的知道，這一切的革命，從你開始覺得無常的苦難已經是你無法承受而必須有所改變的時候，那就是必須啟動你自己本身無上革命的時候。

所以，所有的苦難就是革命的號角，當你無法承受你的苦，你承受到難以再承受的時候，就是你革命的時間點已經到的時候。但是一個非常清楚的重點是，不單只是把表象的累積做革命性的解除，而是在革命的過程裡面，你所有相對性的狀態全部解除掉，以恢復你生命的本質，這才是革命本身核心價值之所在。

苦難是在人性中進行的一種革命變動，我們自己要自主，我們要很清楚的瞭解，我們的世界為何如此的無常？因為我們的圓滿必須通過所有無常的檢視，我們要用生命去意會這個重點，我們才能全然在無常中進行改造的工程，以恢復主性。

主性無量，革命精進，觀自在報身空是非因。

主性無量，革命精進，觀自在報身空是非果。

主性無量，革命精進，觀自在報身空有因果。

主性無量，革命精進，觀自在報身空有果因。

佛殺慣性，寶生如來

所有眾生的行為本身就是一種「佛殺」的過程，為什麼叫眾生？其實，成為眾生的目的就是為了自身的生命要能夠真正的生生不息，而生生不息最關鍵的究竟就是「滅」，「滅」的本身就是一種「殺」，就是一種「善逝」。但是人類並不知道這個關鍵點也是重大的智慧點要如何去解讀，所以人類對於死亡——也就是肉身消失，有著無止盡的恐懼與不安，當他的肉身要死亡的時候，就是所謂這一世即將結束，其實就是「善逝」的妙用。

善逝之滅，識性之殺，如來密因，眾生密藏，密識性之本藏。

善逝之滅，識性之殺，如來密因，眾生密藏，密慣性之第一義藏。

善逝之滅，識性之殺，如來密因，眾生密藏，密生死之莊嚴藏。

善逝之滅，識性之殺，如來密因，眾生密藏，密男女之雙修藏。

善逝之滅，識性之殺，如來密因，眾生密藏，密天下之廣三藏。

善逝之滅，識性之殺，如來密因，眾生密藏，密輪脈之即身藏。

眾生只看到表象，只看到果，當他這一生的示現要結束了，眾生看到的是死亡，但是，以佛的角度來看卻是「善逝」，是因為這一世不管怎麼活都已經是功德圓滿了，功德圓滿不是說成佛的意思，而是指以良善的角度來看，這一世基本上已經是該告一段落的時候。

面對即將要消逝的最後時刻，你身上所有輪脈裡的記憶在你死亡的時候，會全部把它們照見出來，瞬間就全部把你這一生還沒有解決的問題，讓你清楚地知道，讓你在你這一世即將要結束的狀況下，回憶一下這些還沒有圓滿的、還有執著的部分，以做為你「再來」的重大資糧，讓你再到任何時空去的時候，不要忘記進入一個重大的「滅」的過程。

用一切的死亡愛自身的無知，輪迴到何時？不知去向。叩問的問題，總要寂滅在當下的因果中，以如何的識性知即身的諸苦？宇宙無量，我心不知，我身無明，一念但求無生，自性之海，請讓我有容身之處。

我們常說「轉識成智」，所有「轉」的過程都是「殺」、「滅」的過程，所以，一個生命的智者是會隨時對自己進行「寂滅」的動作。

以人類往外的、相對性的意識型態來講，「殺」、「滅」是一種結果，一種堪忍不住之下所做的動作，好比說：我受不了對方不符合我的意念，不符合我的喜好，不符合我的衡量……等等。當對方處處不符合我的時候，如果這當中有具體的事項、具體的利益糾紛，然後在這裡面所有的前因後果再加上不斷的思議，牽動出兩者之間無量劫來生生世世的因果，用識性不斷地引動出更多無量劫來累積的不安恐懼與仇恨，當堪忍不住的時候，就會有一種「滅」的心念或動作出來，把對方滅掉。滅掉有兩種，一種就是殺掉對方的肉身，一種就是用陰狠的方式毀掉對方的事業、家庭、名譽，讓對方活得很淒慘或很難堪。

滅識性之一切，滅識性無量之流程，寂滅所有之擁有，寂淨無邊無量所有之識性因果，滅無所滅，眾生滅，生死滅，一切滅，滅之以殺，生死之中，佛生生不息。滅即生，生即滅，非生非滅，佛以滅之佛殺，佛以生之佛寶生諸生命。

今天人類的問題出在哪裡？當所有的眾生在日常生活中不斷地看著對方，當他往外看的時候，這裡面會產生無盡方向的思議，這些思議都是識性，不是想盡辦法要滅掉對方，就是想盡辦法躲開以免被對方滅掉。

但是，大智慧的人不是一再的衡量對方可能會用什麼方法滅掉自己，重點是從自身去滅掉自己會用什麼樣的思議與不安去毀滅掉對方。大智慧的人是從自身去觀自己問題所在的，要滅掉的是那些思議，也要滅掉自己在識性裡面為何還有那麼多去衡量別人的不安恐懼。不管用任何的方式去寂滅，重點在於，在第一個當下或在一定的時間之內拉回來，解除掉這樣的狀況，當你能夠解除掉，把這些衡量滅掉，所有的分別心、相對性、識性、所有衡量別人的一切不安恐懼，而延伸到要往外堪忍別人，甚至殺掉滅掉別人的一切思議與不安恐懼，自身即刻寂滅，在自己「自滅」的過程裡面，那才能真正地進入即身成佛的重大奧義。

不思議密即身輪脈密皈依境覺觀無上，非殺無上佛殺。

不思議密即身輪脈密皈依境覺觀無上，非滅無上佛殺。

不思議密即身輪脈密皈依境覺觀無上，非密無上佛殺。

不思議密即身輪脈密皈依境覺觀無上，非義無上佛殺。

當你自己能夠滅掉想要毀掉別人的那些思維、心態、權謀的時候，你就解除了你自身在這個世界無量劫來所有的帝王術，解除了你的識性、思議，在解除的過程，你的佛法就出來了，你就會發覺那個佛法就是「佛殺」——殺掉滅掉自己往外的慣性。

所以，一切的生死生滅你都會從自身去看，不是在肉身死亡的時候才是一種佛殺滅殺，而是在你自身懂得開始不往外，或是有部分往外、但卻即時拉回來，那就是一個佛殺自己往外慣性的部分。而當你即身佛殺自身的時候，滅殺自己的一切慣性，那是即身寂滅自己的慣性，當你滅到「滅無所滅」的時候，那時，你滅的本身已經沒有滅的動作，你滅的本身是不思議的、不辛苦的、不用力的。滅的本身是沒有對象的，沒有對象的當下，連滅的本身都不存在，滅的本身就是殺的等同意思，連殺的本身都不存在，殺之於無形，滅之於無形，沒有滅不滅的問題，沒有殺不殺的問題。

殺非殺，生死殺之，觀生死自滅之。

殺是殺，因果殺之，覺因果寶生之。

殺已殺，慣性殺之，妙識性善逝之。

那個時候的你，都是「生」的——生生不息，都是寶生如來的如來妙用，當你滅之無邊無量的時候，你本身是放光而如如不動的。因為你滅到無盡處、滅到無所滅的時候，你的身口意都是寂靜的，是寂靜身，每一個身口意都沒有寂滅的任何動作，是如如不動的，整個肉身都是如來的光明。在這個時候，你的功德身如何對應一般的世界？你已不會再用任何的殺或滅，因為那還是相對性的殺或滅。

即身無上滅，如如不動自不思議。

即身當下滅，法供養即身佛成。

即身生死滅，虛空藏遍一切處。

大部分的人都是覆蓋在他相對性的不安恐懼之下，用無盡的相對性去引動他生生世世的不安恐懼，來進行一切的思議，而導致出各種不同層次的帝王術。所謂的帝王術就是當生命要通往大我的時候，因為往外而變成一種類似於古代帝王的慣性，大我與帝王是一念之間，生命的初衷是要成為大我的菩薩，但如果往外就會變成不斷地擴大相對性的領眾，成為各系統、各形式的帝王，落入無盡的相對性。

那麼，很妙的地方就在這裡，當你是寂靜身、功德身、如來身，當你是世尊大行的時候，一般的眾生因為因緣、法緣、交會的法會親近於你的時候，你親自示現之，表達之，法供養之，隨緣自在，當下你的每一個放光，會讓他自己在你面前也要走上整個滅掉他自己慣性的開始。在這個時候，他面對你，他本身也會有等同佛殺的狀態，進入一個放下他自身的一切慣性、識性的過程，對方在放下的過程也就是在面對他生命的過程，也就是在演化的過程，他就是在殺他自己的慣性，滅掉他自己的識性。

無量究竟，無窮滅，滅無盡，一念無量滅，滅一念不可說，即身寂滅，自性自示現，滅之生無窮，生之滅無量，引無量識性之寂滅，如來法供養，善逝之莊嚴，寂淨之佛殺，一念無量淨，無生淨宇宙。

那個時候，你就是他的佛，你放的光直接在生活中讓他遮滅他的慣性、思議，解除他所有的不安恐懼，所以，你就是佛，你就是如來，引動他自身如來的重大法流，滅掉他肉身所有一切不安恐懼的身口意，這就是「佛殺」。

「佛殺」是唯佛與佛之間能知，但必須有一人他自身寂滅的功德力足以去承載對方的一切慣性身、因果身，即身身口意的每一個因果，每一個眾生果的寂滅，成就生命本身的畏因，圓成回歸自性如來的究竟。以重大的如來功德力，在眾生回歸的過程裡面，眾生任何的情境、任何的識性都會自發性地自渡自滅，渡的本身就是滅掉他所有的慣性，滅掉慣性才能夠真正地供養內在的如來，供養無量劫前已經成就的即身成佛的如來。

所以，眾生的慣性在佛面前最重大的法供養，就是滅掉殺掉自己的慣性。在日常生活中，所有生命無量劫的演化過程，都是一個重大密因的解脫過程，落入的過程就是解脫的過程，生死的過程就是善逝的過程，在滅的當下佛殺，殺掉自己的慣性，寶生自己的如來。

佛生佛身，佛滅佛成佛法佛因果，佛眾生佛無量劫恆河沙數，不思議法報化。

佛生佛身，佛滅佛成佛法佛因果，佛眾生佛無量劫恆河沙數，密究竟第一義。

佛生佛身，佛滅佛成佛法佛因果，佛眾生佛無量劫恆河沙數，空行法無上尊。

佛生佛身，佛滅佛成佛法佛因果，佛眾生佛無量劫恆河沙數，功德力共本願。

因此，無量生命的無量生死的本身就是佛殺過程，殺慣性，成即身成佛，寶生成佛的前提就是滅殺自己的慣性，這個就是基本型態。今天，我們在這個法義與知見上，全面性地公開給所有的眾生，在第一義的空性裡解碼了所有的生死。

當你面對生死的時候，也就是你這一生功德圓滿的時候，所謂的功德圓滿是指時間到了，你臨終的那一刻，你自身所有不圓滿的部分，全面性地都能夠被照見出來。但是被照見出來的時候，你會有很多的不安恐懼，那個不安恐懼就是你的如來在你消逝之前告知你：你還有哪一些執著、哪一些沒有完成的、哪一些的修行、哪一些的落入……，全面性地透過各種不同的圖騰和訊息提醒你，所有人生的點點滴滴都是法供養的過程。

靈魂的深情，無量感覺源於何處？生命中形成的陰影，是無量生死之後的無助，遍宇宙的不完整，是無量眾生對自性的吶喊，觀不到的音聲，覺不醒的眾生，誰是誰的我？我

是我的誰？終究的歲月，生命中最後一念的深情，深深呼喚我慧命的如來，默然回首的佛眼。

眾生都是從結果去看，所以沒有辦法有任何的覺受，結果就是識性阻礙了所有的覺受。而一個真正的生命智者在面對生死的時候，包括自己的生死、無量眾生的生死，包括面對自己過去生生世世的生死，不是用肉身結束去看待生死，而是他每一個轉換過程都等同生死去看。所以，真正生命的智者他本身的存在就是——無量別人的生死等同我自身的生死，無量萬物的生生世世都等同自身的生生世世。

而為什麼是佛殺？因為所有無邊無量的生死其終極的目的就是「寶生」，大智慧的人從他在滅殺自己慣性的當下，他會深知，滅殺的背後是如來「滅絕的寶生」，在絕對的狀態下，不落入相對性的識性下，在絕對不落入相對性的一切狀態下，所做出來的善逝的動作，就是佛殺的狀態。

人生不再有任何的意義，無時空的年代，不懂永恆的本義，無數的因果中，形成今日所有的結果，無法遺忘的記憶，只剩遺憾的回憶，以永遠守候，卻成生命等待的拖延，如何的傷痛？如今的悲情。

所以，佛殺不一定是肉身消失才叫做佛殺，為什麼是佛殺？如來殺之。在重大世代、空性世代的開始，在正法世代自主親臨的開始，也就是佛殺的開始。佛殺的目的就是，所有的眾生都要成就與諸佛基本的等同等持的能量場，就是「寂滅」——「寂」的世界，十三地的世界，諸佛的世界。而密行的狀態就是「收圓」，收圓就是把所有眾生無量劫來不圓滿的地方在這一世的日常生活中全部收掉，「收」就是解除掉，而令其圓滿之，而收的形式是無窮無盡的。

諸佛之義，圓收無量眾生苦難之解除，毀滅之殺，眾生以生死滅自身之慣性，佛以無邊無量之示現，非殺非滅，即殺寂滅，寂靜寶生，佛示現於眾生之滅殺之運作，密行空性之圓收，收之苦難，納之慣性，圓之無窮正法。

每一個生命在各自的、共同的審判當中，會清清楚楚地界別在所有的因果裡面，你有多少的識性？在生活中你有多少執著？你有多少不安恐懼？這些是反應在金錢流？或反應在男女關係裡面？你種入了多深的慣性而不能夠自拔？你有多少以不安恐懼而形成的無法跳脫的系統、族群、或意識型態？以密因、密行的角度來看，你在日常生活中所做的一切選擇，都已經是在結界中做了因果的動作，而不斷地覆蓋自己的意識型態，不斷地覆蓋自己的眷屬，不斷地覆蓋當世一切的人事物，這些完全往外的一切，都佛殺之，佛滅之，佛殺的重大啟程就是收圓。

感動天際的志業，感性之時，天地之相應，人我無分，生命為何存留於宇宙的深處？生以無量，死以無窮，曠世的漂泊，無不是生命的自我叩問，留下了些什麼？一切的來去，

總為相應出一種點滴的心頭。

在收圓的過程裡面，以寂滅的狀態寶生所有眾生的成佛，在整個中道的世尊大法裡面，會令所有的如來親自親臨他的肉身，把生命無量劫來累積到這一世尚未圓滿的部分，以各種不同的形式收圓其肉身。或者，半收圓其肉身，活著，但清清楚楚地知道自己哪裡不圓滿，不是等到快要臨終的那一刻才知道自己的不圓滿，而是當時空到了，如來親臨的時候，你的如來會讓你在活著的時時刻刻裡知道你的不圓滿在哪裡。覺受之，承受之，敏感度不斷地擴大，以這樣的肉身行走在這樣的世界，感受自己無法改變的無量痛苦，感受別人無法改變的無量痛苦，感受別人拿他無量無法改變的慣性無止盡地丟向你，因為某種特殊關係、親人、或某種利害關係，你只得一直這樣子承受，無法消化掉，無法善逝掉。

生命在愛的人事物中，說生命之間的事情，品味人性的情境，不要有那麼多自以為是的格調，關懷也是一種情懷，不能忘記人性中既存的危機，表面的背後，悲劇的情結，若有一點點的真理，也必須在生活中的小細節對應出來。

每一天，用這樣的肉身活在世上，既解脫不了，又成不了佛，帶著自己跟別人的無量因果，清清楚楚地活在自己的日常生活當中，等到你願意放下、願意改變的那一刻。

不收圓你的肉身才是真正收圓的開始，你在生活裡，表面上你可能擁有一些執著的外在名利，但是，背後的心路歷程是何等無邊無量的痛苦，對別人的無能為力，對自己的無能為力，都無法改善。很多人會開始活在這樣的世界裡，痛苦著，無力著。但是，當他終於願意改變的時候，又不給他這一世肉身有修掉的機會，而直接收掉。

有沒有時間？因為已經把所有最後的空間都埋藏，任何選擇的機會，無法再有等待的歲月，唯一的理由，改變這一切，到底是為了怎樣的意志？唯一能說的，人已在自己的影子中，孤獨出一種絕望的時空。

所以，收圓是無邊無量的寂滅的佛殺，殺之以空性，殺之以密碼，殺之以密藏。無邊無量掌握大威德密碼的地藏王，已在虛空界布滿無邊無量的大軍，等候著；無邊無量收圓的奈何橋、幽冥河正等待著那一些永遠不願意改變的眾生，這是確定的事情，這是諸佛授記的事情。

生命輪動到地獄，就是最後慣性解除的輪迴之地，當來下生正法自主親臨地球的重大功德，就是無量道的生命輪迴，其因果的狀態已到了全面回歸人世間生命面對的開演。地獄眾生其因緣果報也已面對到底的時候，成無形界的靈魂體，將成最能知苦畏因的一群眾生，蒙佛授記，地藏磁場親自引領，和整體世間生命共振提點畏因，協助一切有情無情之生命能夠全面性無量層次、無量道恢復生命的自主，正法天下，無量道的生命皆相應正法的親臨，而入不可思議解因解碼解無量層次、無量苦難而恢復生命的圓滿，所有的生命都能共等同如來的佛果。

人存在的一切經驗，都是佛法本身相應於世間的示現，人存有的一切狀態，都是人對應自身能不能自主的關鍵，人對自己的收圓，是如來對生命本身授記的戒定慧，生活的形式，生命的顯相，人佛成，人自主，如來即人的唯一真實。

今天的重點已經不是各行各業的問題，或哪一個世代的問題，這一次正法的親臨就是佛殺的收圓，「圓」的本身就是殺的動作，圓收慣性，圓滅識性，圓殺之無量，圓之存有，諸佛之寂滅，生死之當下，善逝所有生死因果，圓收收圓，不可思議之圓，圓殺圓滅，圓收圓成，圓不可思議。每一個眾生無量劫來的生滅，其目的就是——殺之以慣性，寶生其如來，圓之本志也。

如來本來就在你無量劫的生命形式裡面，人類都在面對那個無量的生滅過程，但是這一次正法的親臨，對人類來說，最大的痛楚就是——清楚的面對你無量因果的十字架。每一個人都將揹著他自己的十字架，行走在通往自主的路上。願意，也尊重你，不願意，也尊重你，自己揹負著自己無量的因果，用你自己的慣性去殺你自己的執著，用你的苦難去成為你日常生活基本的承載，而且，也同樣承載著每一天對應到的有形無形的眾生，每一天都在進行著，你每一天的明天的明天的明天，會有多少的因果回歸到你身上？該回歸到你身上的同一系統的眾生照常回歸，而你永遠不知道回歸的人其因果比你重了多少倍。那麼，你要不要選擇轉識成智？

有形無量，無形無窮，佛殺虛空，虛空空性自性殺滅密空行，不思議眾生自生滅。

有形無量，無形無窮，佛殺虛空，虛空空性自性殺滅密空行，不思議生命自性法。

有形無量，無形無窮，佛殺虛空，虛空空性自性殺滅密空行，不思議妙有本覺空。

有形無量，無形無窮，佛殺虛空，虛空空性自性殺滅密空行，不思議即身第一義。

而**唯一的肉身是唯一覺醒的機會**，因為若沒有肉身，你無法有清楚的覺受，無法傾聽主性親臨的正法，而當主性親臨的時候，你已經在十字架的揹負裡面，又終將如何？那個重大的遺憾會是什麼？「曾經有機會」，但又沒有任何機會」，「無量劫來沒有任何親近正法的機會，但當有機會親近正法的時候，卻又揹負著幽冥河的自己的生生世世，與眷屬的生生世世」。眾生要嘛就在幽冥河皈依吧，要不然就面對佛殺，以最深的誠意揹負著十字架，面對自己的主性，面對自己的自性，面對自己的如來，在如來的面前做重大的承諾，滅掉自己的慣性，敦請自己的如來，以如來殺之滅之自己的慣性，以最深的誠意懇請自己的如來、自己的主性，把自己的十字架放下吧！

不問夢中的方式，為何觀不到自身苦難的密因？一切的習性都已成當下生活的自己，沉淪的感覺，承受的真實，重複夢中的覆蓋，問題一再反應，是誰的毀滅？如何的不完善？無法再尋求的答案，夢中乾坤，如來知我。

所以，佛殺是所有眾生最後必須面對的，**誰是那個佛？誰必須殺掉那個慣性？眾生**

啊！都是你們自己。

你打算怎麼活？就看著你怎麼樣去活出自己，你若活出那樣無止盡的的慣性，你周遭在意的人就會用無邊無量的慣性去殺掉你，眾生彼此都是用慣性殺之滅之的，在慣性背後是重大的無邊無量苦難的圖騰。

唯一的方向，用解脫的心念，找出生命無量的管道。

形容所有的不可說，竟發覺沉思之後的答案，無法在問答之中了義。

即刻的收圓，對眾生來講是非常痛苦的事情，當世所擁有的一切，都是無量劫來累積一切生死的輪迴。今天以一肉身擁有，那個擁有是假象，那個擁有是在檢視你的功德力，所有的你以為擁有的來來去去，都在檢視著你的執著與不安恐懼。

在大時代很多面臨諸多臨界點的時候，所示現的不同形式的苦難，也應該都是去整合、分別、歸類各種不同的界別，把各種不同的意識型態集中，準備進行重大的審判，末日的審判已經在做歸類整頓的收圓，而且已經在逐步執行了。業力的感召形成系統化的結界，圓收之布局，不可思議之解碼，無量世、無量道、無量層次、無量結界，結界其中，類別分明，解無量劫來所有苦難於無量結界當下。

佛殺無量，你無邊無量眾生到哪裡，我佛殺之，只有一個答案就是——實相的能量場、如來的法流親自淨化你所有經絡與存在裡面無邊無量的苦難磁場。那個淨化過程對眾生來講是何等的痛苦，因眾生不知淨化過程，他看到的就是很多的東西已不再擁有，他失去了擁有。

失去的是否須用力再找回來？失去的是否真的已失去？失去了什麼？難道是為了得到什麼？走過的路，就真的已經走過了嗎？人都在未來走過去曾經走過的路，因為，無法自問自己以何種狀態的自己在走當下的路。

所有生活上所擁有的一切點點滴滴，別人給你的、你給別人的那一個來來去去的每一個過程裡面，無量劫來在生活中任何你以為的偶然、你不以為意的、你覺得根本就不重要的事情、或你非常在意的一切事情，通通都是在檢視你哪裡不圓滿，生活當下的每一個時空、每一時刻當下的每一個即身對應出去的一切生活的狀況，都在審判著你自已還有多少落入意識型態的判別。

機會已經在每一個人的手中，不要把機會交給別人。

機會已經在每一個人的手中，把自己交給機會。

機會已經在每一個人的手中，在機會中創造自己的機會。

機會已經在每一個人的手中，把自己變成所有的機會本身。

而當時間到的時候，每一個人時間到的時候，每一個各別的時間到的時候，每一個系統共同的時間到的時候，每一個類別不同但時間也已經到了必須共同面對審判的時候，就是收圓的開始。沒有任何時空，沒有任何你過去的功德，沒有任何你相對的福報可以做任何救贖，沒有機會再有任何空間的救贖，唯一就是你徹底地放下，接受收圓。

唯一的解脫，在無窮的時空中，成自己的主，不以識性見自己。

唯一的解脫，在無窮的時空中，成自己的主，不以慣性見自己。

唯一的解脫，在無窮的時空中，成自己的主，不以習性見自己。

唯一的解脫，在無窮的時空中，成自己的主，不以因果見自己。

怎麼接受收圓？如何放下？無量劫給你的機會已經沒了，在廣天下的今天的世界裡，人類是怎麼樣活著？除了掠奪別人，那就是一種慣性的重覆，人類的掠奪毀了滋養整個人類的地球多少的功德？地球與人類是等同存在的功德，是等同如一的功德，但是，人類自己從地球分別了出來，人類從自己的分別分別了地球、分別了地球上的萬物，只知納進來，不知道用覺的智慧去迴向，這就是如今人類的慣性。

無量劫佛殺眾生殺生死殺一切殺，廣天下生滅自主。

無量劫佛殺眾生殺生死殺一切殺，廣天下當下自性。

無量劫佛殺眾生殺生死殺一切殺，廣天下不二心性。

無量劫佛殺眾生殺生死殺一切殺，廣天下如來本性。

一切自主親臨的狀態就是滅掉這一切的慣性，這當中，早在無量劫前就把所有的如來植入在每一個眾生的最深的地方，等待著。佛是無邊無量的，所有眾生走過的，都在如來的掌握之中，只等如來自己的系統如何收圓，以此供養自主的親臨。

佛殺的開始，以解脫性來看是解除無量的苦難與因果，但在眾生的角度，卻是要面對無量的苦難。人類讓萬物面對了何等的苦難？人類自己有這麼自主的智慧與這麼大的自由與權柄，是如何對待那麼沒有辦法自主、沒有覺性的一切萬物？何等的殘酷。人類關起了自己，也把所有的萬物關起來，把他們當玩物當寵物，等到對他們沒感覺了，就將之捨棄，如此的惡劣，竟成為日常生活的遊戲、分享、自以為是的良好。當有更高等的其他生物、生命型態這樣對待人類的時候呢？當人類自己被關起來的時候呢？以人類有這麼大的覺性來說，會是何等的痛苦。

緣起無量空觀萬有緣滅眾生萬相，愛之以覺性。

緣起無量空觀萬有緣滅眾生萬相，變之以生命。

緣起無量空觀萬有緣滅眾生萬相，動之以生死。

緣起無量空觀萬有緣滅眾生萬相，行之以妙法。

不只對萬物是這樣，人類對人類自己也是一樣，用盡一切方式，人類自己屠殺人類，毀滅人類，實驗人類，用科技、物理、藥物、酷刑去實驗萬物與人類，以為這樣的方式叫瞭解。科技一定要有人性，科技一定要用覺性做為所有專業技術的基礎，而這個覺性就是如來性，人類才會對自身、對萬物有非常深遠的尊重。我們不能用自己的意志去決定所有生命的生死，每一個生命都有其無量劫來的基本功德，都會在他們自然的生滅裡面有其功德相，我們必須尊重所有的生命來到這個世界基本的生存權，因為那是他們將來成佛的重大基礎，每一個生命都是這樣子。

若有所說，不要用識性緣起一切的分別。

若不必說，不必再用力在任何的言說之中。

若不可說，說於非說，存在一切早已說盡。

我們沒有任何絲毫的權力，用我們自己的不安恐懼，為了擁有一些多餘的私心與享受，就滅掉別人的時空，滅掉任何生命的棲息地與他們應該演化的過程。人類最大的罪惡已經把所有萬物的苦難納進來，人類終將面對的原罪是無邊無量存在的共有的最後的原罪。

所以，主性親臨的時候，所有的如來將親臨在他的肉身，讓所有的生命面對慣性的佛殺，殺掉慣性，以寶生其如來恢復在他即身成佛的成就。

主一切生命之自主，即身不思議，肉身自性說。

主一切生命之自主，即身法報化，肉身自開演。

主一切生命之自主，即身聞思修，肉身自修行。

主一切生命之自主，即身密輪脈，肉身正法智。

寶生生命一切之生生不息，眾生示現之生死，滅之以一切生死之變現，佛之親臨，入一切人存在之一切形式，佛之本義，如如不動，佛非生非滅之佛殺，非佛殺之密因，密佛殺妙用示現，解一切眾生苦難之不可思議，無量眾生圓收皈依之終極如來本位。

「一即一切」，一的佛法就是一切的佛法，我請問：宗教裡面講的是佛法，非宗教難道就不是佛法嗎？一切是不是指包括人類歷史存在的一切經驗值？一切都是佛法。那麼，我要進一步地再請問：任何人類對人類之外萬物的殺戮，算不算佛法？人類對人類自己本身的殺戮，算不算佛法？而天災地變對人類造成的生滅，算不算佛法？以人類的歷史經驗與傳承來看，這是最難以讓人類接受的事實。

密佛非佛滅非滅佛不思議佛殺眾生慣性，殺非殺佛滅無殺之無盡。

密佛非佛滅非滅佛不思議佛殺眾生慣性，殺非殺佛滅無殺之無窮。

密佛非佛滅非滅佛不思議佛殺眾生慣性，殺非殺佛滅無殺之無量。

密佛非佛滅非滅佛不思議佛殺眾生慣性，殺非殺佛滅無殺之當下。

密佛非佛滅非滅佛不思議佛殺眾生慣性，殺非殺佛滅無殺之一切。

密佛非佛滅非滅佛不思議佛殺眾生慣性，殺非殺佛滅無殺之生死。

密佛非佛滅非滅佛不思議佛殺眾生慣性，殺非殺佛滅無殺之因果。

密佛非佛滅非滅佛不思議佛殺眾生慣性，殺非殺佛滅無殺之思議。

密佛非佛滅非滅佛不思議佛殺眾生慣性，殺非殺佛滅無殺之識性。

密佛非佛滅非滅佛不思議佛殺眾生慣性，殺非殺佛滅無殺之人性。

密佛非佛滅非滅佛不思議佛殺眾生慣性，殺非殺佛滅無殺之人我。

密佛非佛滅非滅佛不思議佛殺眾生慣性，殺非殺佛滅無殺之世代。

因為，有史以來，我們被教育的狀態是——宗教裡面的慈悲、宗教裡面的說法、宗教所能夠接受的範圍才叫做佛法，那麼，之外的一切難道就不是佛法嗎？「一就是一切」的心量告訴我們，不是去接受什麼人或什麼系統所預設的標準範圍內，才算是設定的佛法，事實不是這樣子的。

宗非宗，教非教，宗教在於自性教育之宗旨，究竟清明如來妙法之了義，生活本然，教育引領，教導無一切方法，生命如來養育不落入一切相對之法，密行如來正法之宗旨，教導無生妙法之引領，一切存有即如來佛法之當下。

密宗無量密教無盡佛滅佛殺無上無關，實相密莊嚴宗眾生非滅。

密宗無量密教無盡佛滅佛殺無上無關，實相密莊嚴宗眾生寂滅。

密宗無量密教無盡佛滅佛殺無上無關，實相密莊嚴宗眾生生滅。

密宗無量密教無盡佛滅佛殺無上無關，實相密莊嚴宗眾生不二滅。

密宗無量密教無盡佛滅佛殺無上無關，實相密莊嚴宗眾生了義滅。

密宗無量密教無盡佛滅佛殺無上無關，實相密莊嚴宗眾生無上滅。

密宗無量密教無盡佛滅佛殺無上無關，實相密莊嚴宗眾生當下滅。

密宗無量密教無盡佛滅佛殺無上無關，實相密莊嚴宗眾生生死滅。

密宗無量密教無盡佛滅佛殺無上無關，實相密莊嚴宗眾生因果滅。

密宗無量密教無盡佛滅佛殺無上無關，實相密莊嚴宗眾生善逝滅。

我們要莊嚴地去正視因人類無能為力所產生的任何方法，包括解除的方法、非解除的方法、沒有辦法解除的方法本身都是佛法，因為沒有辦法在一定的時空範圍內解除，而不得已用別的不穩定的狀態去解除的方法。比如說：戰爭的殺戮、國家裡面政治權謀的鬥爭、天災地變……各種人為或大自然的現象，這些死傷無數的生滅一再地發生，那個也是佛法。

我知道我這樣說，一定會有人抗議，非常無法接受。但是，我們必須世間尊重，在整個地球上，一切生命的一切過程，我們都沒有辦法不尊重。我們如何能夠知道哪個國家的人民、或哪個地區的居民、或哪個人的無量劫來累積的因果有多輕或多重？我們如何知道他們需要多少時間來面對與解除？這只有當事人的如來最清楚，只有那些地區或國家裡面共願的如來最清楚。發生的一切，我們都必須尊重，這些生死之事才會獲得正視，那就是

「佛殺」的意思。

佛殺非殺，佛滅非滅，滅之非殺，殺之非滅。

佛殺無量因果，佛殺一切相對識性。

眾生之本心即如來之本義，眾生因果，殺之以識性，殺之以分別，殺之以無窮盡之殺。

眾生法亦佛法，相對法亦非相對法。

佛入眾生殺之非殺，眾生殺之慣性，滅之慣性。

殺以密因，殺以奧義，密行殺之妙滅，密用殺之生命之重生。

殺非殺，殺妙覺一切殺之不思議，佛入滅殺之究竟。

佛殺非殺，令世間無量轉識成智。

於當世佛殺，密行終極寶生之根本大用。

不以眾生所殺之知見識別佛殺之不可說之奧義。

佛殺無盡義，佛滅虛空智。

一切妙法，實相莊嚴，密藏入世無量宇宙，生滅一切皆為佛殺眾生殺之等同等持。

自主的正法是無法以人類的識性來預設或理解的，苦難示現的狀態也是無法預設的，有的時候，正法會以苦難的形式，直接摧毀那個國家或地區人民的某些慣性。我們先要有這樣的知見，才有辦法正視所有人世間的一切生滅與苦難，要不然，永遠只能在某一個自以為是的安全範圍裡面修行。這樣，一定是愈修愈不行，因為到了一個臨界點必須要突破的時候，就沒有辦法面對了，產生退轉，然後執著在一個範圍內的清淨相。那麼，就乾脆守著安全範圍的框框，講什麼突破呢？

密主正法佛殺當下苦難佛滅一切生死，虛空佛殺密因殺之以生。

密主正法佛殺當下苦難佛滅一切生死，虛空佛殺密因殺之以因。

密主正法佛殺當下苦難佛滅一切生死，虛空佛殺密因殺之以果。

密主正法佛殺當下苦難佛滅一切生死，虛空佛殺密因殺之以法。

密主正法佛殺當下苦難佛滅一切生死，虛空佛殺密因殺之以妙。

密主正法佛殺當下苦難佛滅一切生死，虛空佛殺密因殺之以行。

密主正法佛殺當下苦難佛滅一切生死，虛空佛殺密因殺之以滅。

密主正法佛殺當下苦難佛滅一切生死，虛空佛殺密因殺之以德。

所以，我們必須表達的是，佛殺是最不得已的，但卻是最直接的。佛殺為什麼是最美的方式之一？因為它一次就徹底解決。

人類最大的殘酷是，擁有者與非擁有者之間不願意解決、卻又不得不解決的一種拖延與拉扯，在一個假象的和平裡面，擁有者不斷地想盡各種不同的方法掠奪非擁有者，難道那種狀態才是美的嗎？其實，那才更是真正的殘酷。因為，假象的和平會讓真相永遠不得伸張出來，讓真正的問題不斷在累積，拖延解除的時間點，那才是永無止盡的痛苦。而殺戮卻可以很快地就產生明確的狀態，從歷史上來看，往往很大的殺戮都是來自於底層受苦的貧窮老百姓的革命與造反，國父不就是清朝最大的造反者嗎？至少從清朝統治者的立場來看，他是一個造反者。所以，歷代國度文明的興衰交替，不就是統治者與造反者之間的識性之殺、慣性之殺、人性之殺、因果之殺嗎？

在其中，滅一切慣性之善逝，生一切生命之寶生，佛殺本義，滅一切慣性之究竟，佛殺即佛生，佛殺當下等同佛生當下，寶生一切生命再造之機之莊嚴。

寂滅無量，寶生無窮，佛殺即佛示現之解一切國度終極苦難之時空，佛殺即時即刻寂滅國度所有結界中一切苦難之存有，解脫之，解碼之，解放之，令生命生生不息，於佛生之淨土國度。

我們並不是主張或鼓吹人民起革命與造反，更不是說殺戮是正當的，而是要人們看清楚事情背後的密因。任何世代的苦難，都有其世代人民一定必然的共同因果，如果今天發生了災難，而人類又沒有這樣的知見，那麼，一定只會一味地不安恐懼於所有的天災地變，或一直抱怨老天爺不公平，讓人類遭遇這樣的苦，不斷地往外投射，那樣根本就沒有辦法看到自己應該在無常的苦難中有什麼樣的改變，與提昇生命的機會。

佛念滅之以生解碼生死密帝王術，解千秋萬世之苦開演天下。

佛念滅之以生解碼生死密帝王術，解千秋萬世之苦開演萬世。
佛念滅之以生解碼生死密帝王術，解千秋萬世之苦開演太平。
佛念滅之以生解碼生死密帝王術，解千秋萬世之苦開演世尊。
佛念滅之以生解碼生死密帝王術，解千秋萬世之苦開演世代。
佛念滅之以生解碼生死密帝王術，解千秋萬世之苦開演終極。
佛念滅之以生解碼生死密帝王術，解千秋萬世之苦開演正法。
佛念滅之以生解碼生死密帝王術，解千秋萬世之苦開演當下。

某個國家或地區所累積的苦難，是因為在上位者、擁有者的觀照力不夠，或即使觀照到了也不願意改變。任何的世代中，在上位者與擁有者絕對知道問題出在哪裡，但是他們願意放下他們自身與眷屬在金錢流裡面的那個安全範圍嗎？放不下，不願意，才會一直累積啊！當世文明不應以識性治國，一國度之政治，不只是在令萬民生活有基本安頓，更在令萬民能在生活當下遮滅識性，非以識性對應一切。

國度之自主，是來自治國者以無分別心等同一切之不同，等持一切之層次，不以識性慣性，而應以如來心性治國，這才是中道的治國，令萬民在國度中以自性自主的心性來成為其基本的生活態度，這是國度當下的人民，以自性智慧互為世間尊重的人民自治於生活之道。國之國治，民本自治，等同等持，即為世尊國度，自主之淨土。

我們講的，包括自身對生活與生命的變革、慣性的變革、識性的變革，是不是一定會發生所謂的大災難來逼迫人類放下識性慣性？不一定，只要人類自身懂得在無常打來之前，先變革自己的識性慣性，所以，重點還是在人心。

解識性識心，分別無量之識心，往外爭戰掠奪之原因，變革之道，在解人性識心之當下，不以識心運作一切心性，人之尊貴，善逝識性識心，寶生生命世代傳承之自我解碼，解識性，解一切慣性，無求無為，無作而天下自作。

完美是不可說的面對。

究竟是無法想的智慧。

機會是當下做的法會。

變革是變動下的革命。

一切是不可說的密因。

我們今天提出來這一點，是代表一個空前的誠意，如果你想要通往究竟，你就要有辦法徹底面對無常，不是你跟諸佛菩薩感應相應的那種究竟而已，更是在你面對苦難時候的究竟。「一即一切」，所有的毀滅也等同宗教裡面那一尊不動的佛，當你面對重大的生滅之時，你的身口意如何能夠不被牽動？人類沒有辦法面對的最深的世代苦難，而如來的密藏就是在那裡面隱藏著。

一種滅是無量轉換的願力，誰滅了誰？是誰被怎樣的誰滅掉了怎樣的自己？一種殺，殺之以情境，殺之以殺之非殺，一切的生死，生死盡虛空無不是滅殺的密行，引動根本究竟密藏的示現。

如來、佛法、宗教傳承，生滅之間，世代轉化進化之開演，佛殺非殺，眾生生滅，世代時空，轉識成智，不預設之傳承，如來眾生等同佛殺佛滅之起承轉合，因果即眾生願力的覺受，正法如來示現的解碼，佛法入一切眾生之妙法，眾生一切生滅即如來不可思議之寂滅、轉換、善逝之根本大法。

國家圖書館出版品預行編目(CIP)資料

叩問無常——切都是最好的安排 / 陳炳宏、阿媞著.
— 第一版. — 臺北市 : 樂果文化出版 :
紅螞蟻圖書發行, 2014.07
面 ; 公分. — (樂生命 ; 1)
ISBN 978-986-5983-74-1(平裝)

1.修身

192.1　　103011688

樂生命 002

叩問無常—一切都是最好的安排

作　　　者／陳炳宏、阿媞
總　編　輯／何南輝
行銷企畫／黃文秀
封面設計／鄭年亨
內頁設計／申朗創意

出　　　版／樂果文化事業有限公司
讀者服務專線／（02）2795-3656
劃撥帳號／50118837 號　樂果文化事業有限公司
印　刷　廠／卡樂彩色製版印刷有限公司
總　經　銷／紅螞蟻圖書有限公司
地　　　址／台北市內湖區舊宗路二段121巷19號（紅螞蟻資訊大樓）
電話：（02）27953656
傳真：（02）27954100

2014年 7 月第一版　　定價／320 元　ISBN：978-986-5983-74-1
※本書如有缺頁、破損、裝訂錯誤，請寄回本公司調換
版權所有，翻印必究　Printed in Taiwan

樂果文化

樂果文化

樂果文化